新闻传播专业“十四五”规划教材

全媒体新闻写作教程

Omnimedia News Writing

周 平◎著

中国传媒大学出版社
·北京·

图书在版编目(CIP)数据

全媒体新闻写作教程 / 周平著. -- 北京：中国传媒大学出版社，2021.10（2023.4 重印）
ISBN 978-7-5657-2984-3

Ⅰ. ①全… Ⅱ. ①周… Ⅲ. ①新闻写作－高等学校－教材 Ⅳ. ①G212.2

中国版本图书馆CIP数据核字(2021)第140111号

全媒体新闻写作教程
QUANMEITI XINWEN XIEZUO JIAOCHENG

著　　者　周　平
责任编辑　李水仙
责任印制　李志鹏
封面设计　拓美设计

出版发行　中国传媒大学出版社
社　　址　北京市朝阳区定福庄东街 1 号　　邮　　编　100024
电　　话　86-10-65450528　65450532　　传　　真　65779405
网　　址　http://cucp.cuc.edu.cn
经　　销　全国新华书店

印　　刷　北京中科印刷有限公司
开　　本　787mm × 1092mm　1 / 16
印　　张　14.5
字　　数　326 千字
版　　次　2021 年 10 月第 1 版
印　　次　2023 年 4 月第 2 次印刷

书　　号　ISBN 978-7-5657-2984-3/G · 2984　　定　　价　59.00 元

本社法律顾问：北京嘉润律师事务所　郭建平

序

周平教授是我国新闻战线上的一位老兵，又长期从事高校新闻教学工作，在新闻采访、写作和教学上积累了十分丰富的经验。他的教学用了大量新鲜生动的案例，能够做到深入浅出，深受学生的好评。难能可贵的是，他用了七年的时间，认真总结自己的采访、写作和教学经验，博采众长，与时俱进，写出了《全媒体新闻采访学教程》（2015 年由南京大学出版社出版）和《全媒体新闻写作教程》两部作品，总计 70 余万字。

他的《全媒体新闻写作教程》完稿后，嘱我作序。我认真读后，认为这是一本颇具特色的好教材，其特点如下：

第一，该书对全媒体新时代背景下媒体如何进行新闻写作进行了比较全面、完整、综合的论述，尤其对网络新闻写作和自媒体新闻写作做了相当深入、详细的剖析，不仅用通俗的语言讲述了网络新闻写作和自媒体写作的基本概念、产生背景、主要特征和对整个新闻写作样态的影响，而且用大量实例讲解了网络新闻写作和自媒体新闻写作的基本技巧、方法。作者不是用抽象的纯理论的方法进行讲述，而是从具体的网络新闻写作和自媒体新闻写作案例入手，再经过生动的分析，总结出可供借鉴的写作规律和方法，实用性、操作性很强，具有很高的借鉴、参考价值。例如，书中在论述“网络新闻的写作特点”时，就从可设置超链接、标题作用巨大、互动式写作、协同式写作、沟通交流式写作、多媒体表达，以及“轻阅读”和“轻写作”七个方面，诠释了全媒体新闻写作的特征和技巧，对读者很有启发意义。

第二，该书对全媒体新时代背景下传统的新闻写作方式，包括基本格式、基本内容和基本写作技巧，进行了很有特点的论述，并结合采写实例，重点对消息、通讯、特稿和深度报道的写作做了深入、具体的剖析，有新意、有特色、有理论、有实践，听起来易懂，学起来易行，极具启发性和示范性，对在当今全媒体新时代背景下迅速、全面地了解和掌握整个新闻写作的知识、技能，具有重要的指导意义。如书中对新闻写作方式越来越“软”、语言表达越来越灵活、写作方式越来越碎片化等特点，增补了许多关于全媒体时代新闻写作的特殊要求的讲解和实际案例的剖析，使教材更富有时代特色。

第三，该书在新闻业务教学工作中如何更好地坚持理论与实践相结合的原则这方面，做出了积极的探索，给了我们许多有益的启示。周平从四川大学中文系毕业后即担任中央人民广播电台记者，战斗在新闻采访与写作一线30多年，积累了大量生动活泼的采写经验，近年来又长期从事高校新闻业务教学工作，所以非常成功地把新闻写作的实际案例和新闻写作的基本理论有机结合起来，既从宏观上讲清了全媒体时代新闻写作的基本技巧，又从微观上讲透了实现这些技巧的基本方法。书中采用“范文与案例教学法”，通过生动活泼的实际采写案例，讲授全媒体新闻写作的理论与技巧，指导学生进行写作练习，边学边练，边练边学；教材讲得精、讲得透、讲得活，学者学得懂、学得快、学得牢，真正达到了知行合一、理论结合实际的最佳效果。

邱沛篁

2020年9月于四川大学

（邱沛篁：四川大学文学与新闻学院教授、博士生导师，四川省新闻教育学会名誉会长，新闻传播学学会奖“终身成就奖”获奖者）

前　言

从15世纪中期德国人约翰·谷登堡发明印刷机算起，历史开始进入大众传播时代，以报纸、杂志、广播、电视为代表的大众传播媒介至今已走过了近600年的历史，媒体和媒介，成为这个大千世界中人们须臾不可离的部分。

单就新闻写作而言，近600年来，一代代的新闻机构和新闻人，依靠他们的不懈努力和经验积累，构建出十分完整的新闻报道写作手法和写作技巧，形成了一系列写作的基本方法与原则。现有新闻写作类教材，尽管编写体例不同，选取的侧重点不同，名称和说法不同，但基本框架大同小异。新闻专业的学生只要照着这些教材，认真学习，足可应对毕业后在职场上的绝大多数新闻类的写作要求。

时光倒回去10年，当时的人们无论如何都不会想到媒体和传播会演化成今天的样子——信息时时刻刻地包围着我们、控制着我们，在任何时间、任何地点——人们拿出手机，随着手指的轻轻划动，海量信息扑面而来，天下大事尽收眼底。

更让人想不到的是，过去媒体传播是一个很高大上的专业事情，如今却进入了寻常百姓家，人人既是信息的接收者，同时又是信息的发送者，人人都是媒体。只要你掌握了一定的写作技巧，并拥有一定的粉丝群和受众群，你就可以成为具有超高人气的“大V”。

在全媒体时代，传统媒体独家垄断的局面被彻底打破了。写作的主体，不仅仅是传统媒体，还有大量的新媒体和自媒体；写作者既有经过专业训练的专业记者，也有大量没有经过专业训练的业余记者；传统媒体的写作方式，正在产生巨大的改变……这些都是在编写教材时需要认真考虑的。

本书编写构想如下：

第一，媒体已经进入全媒体时代，在表达方式上已经发生了根本性的变革，不单是文字的表达，还有音频的、视频的、图片的、图表的、符号的、动画的、数据新闻可视化的……也就是说，在全媒体时代，写作不再是单纯的文字表达，这应该在教材中有所体现。

第二，随着网络与新媒体的发展，一个全民参与、全民写作的时代已经到来。因此，本书在编撰时，不仅要考虑专业写作者的需要，还要考虑大量非专业自媒体写作者的需要。

第三，全媒体时代对传统媒体的写作提出了严峻的挑战。我们要看到，传统媒体的写作方式保留了人类几百年来积累的优秀经验，是一笔宝贵的财富，值得我们认真学习和模仿。加之，基于我国的国情，新闻是党和政府重要的宣传工具，承担着宣传党在新时期社会主义核心价值观的重要作用，传统的写作方式仍然是媒体写作的主要部分。因此，本教材在编写时，注重传承几百年来延续下来的优秀的东西，同时又补充了许多新鲜的案例和写作范例。

第四，我们已经进入了一个媒体融合的时代，媒体无论是在组织结构、传播方式，还是在采访和写作方式上，都发生了巨大的变化。加之目前大量的传统媒体，实质上已经转型为新媒体，写作方式上也发生了很大的改变，比如，写作的方式越来越“软”，语言表达越来越灵活，写作方式越来越碎片化，等等。这都是我们在编写教材时需要认真增补的内容。

第五，本教材立足于高等院校新闻专业、网络与新媒体专业教学，对自媒体写作者也有一定的参考价值。在编写体例上，本教材除了保留传统媒体那些有价值的优秀的写作方式和写作技巧外，还增加了网络新闻写作与自媒体写作方面的内容，以弥补目前市场上教材的短板，使本教材更加符合时代发展的需要。

第六，本教材每章节的设立原则，首先是弄清概念和意义，然后再按照写作要求展开叙述。叙述更多地采用范文与案例教学法，在每个案例、范文后面进行点评，以帮助学生理解。

最后需要说明的是，考虑到教学的需要，本教材在编写过程中，需要兼顾传统和网络与新媒体的写作方式，或许会给人造成中心不突出的印象，笔者以后当在进一步的修改中逐渐完善。

周　平

2020 年 8 月 30 日

目录

CONTENTS

扫码获取本书课件

第一章　合格新闻报道的写作标准

本章要点

本章的基本内容是讨论怎样写出一篇合格的新闻报道。换句话说，是讨论一篇合格的新闻报道有哪些基本的标准。

新闻经过几百年的发展，有一整套行之有效的写作方法、写作原则，这些写作原则，在任何时候都不会有太大的改变。这些原则不仅对高等院校新闻专业和网络与新媒体专业的学生有用，对广大非专业的自媒体人员也有较高的参考价值。

虽然每个人写出的新闻报道，都可能带有自己的写作特点，但大体上，新闻写作有一个较为客观的标准。以此标准，人们可以衡量出哪些新闻写作是合格的，哪些是不合格的。

一篇合格的新闻报道有以下几个标准：把事情说清楚、把价值凸显出来、把观点隐藏起来、通俗、简洁和生动。

第一节　把事情说清楚

不管是专业人士还是非专业人士，也不管文章的大与小，写好一篇新闻报道，首先要做到的就是——把事情说清楚。

当你面对一个新闻事件时，这个事件可能是简单的，也可能比较复杂；你写作的篇幅可能大一些，多达数千字，也可能篇幅小一些，只有二三百字。不管这个新闻事件是复杂还是简单，你首先要做到的就是把新闻事件交代得清清楚楚、明明白白，让人清楚地了解新闻事件的发展过程、来龙去脉、原因结果等，不留下任何疑问。

这看似简单，做起来还真不容易。我们举个小例子，你去参加一个普通得不能再普通的会议，会议结束后，请你把这个会议非常清楚地复述出来：

会议名称；

会议地点；

会议开始时间；

会议开了多久，什么时间结束的；

会议参加人数和身份；
会议主持人是谁，他讲了什么；
会议经过了哪几个流程，谁先谁后；
会议最重要的讲话和程序是什么；
谁是这个会议最重要的人物，他的身份和职务是什么；
会议有哪些重要的核心信息和要点；
会议有哪些精彩之处和细节；
会议的价值和意义是什么；
会议的宗旨和目的是什么。

专业记者会在每次采访时，进行详细记录和询问，把所有的问题都搞清楚，才会离开，因为他知道，一旦采访结束后，在写作中遇到没有搞清楚的问题，是很难事后弥补的。把事情弄清楚是新闻记者的基本功，它需要认真、细致，不遗漏每一个细节和环节，包括许多往往容易被人忽视的地方。

美国布鲁斯·D. 伊图尔和道格拉斯·A. 安德森在《当代媒体新闻写作与报道》一书中，介绍了美国一家小报《托皮卡都市日报》专门进行执法领域新闻报道的记者埃希利曼一天的采访写作工作。埃希利曼撰写一篇关于火灾的新闻报道，在写作前他列举了需要搞清楚的一系列问题：

死者身份；
导致死亡的原因（如吸入浓烟、烧伤等）；
验尸结果；
火灾地点；
火灾原因；
如果有纵火嫌疑的话，描写有关线索或人员；
受伤人员身份；
火灾现场描述；
现场受伤人员的救治情况；
受伤人员送往医院的细节；
受伤人员的现状（一般从医院获得）；
火灾发生的时间；
收到火灾报告的时间和报案人；
消防人员的反应时间；
灭火的时间；
消防人员在现场的时间；
消防人员的英雄行为；
财产损失的程度；
估计损失金额；

保险详情；

警察、消防人员、目击者和邻居等讲的话。

埃希利曼在详细了解了以上情况后，写成了以下报道：

> 周五，托皮卡市的两个小女孩，年龄分别为3岁和1岁，在活动住房火灾中遇难。她们的父亲被严重烧伤，但他还想冲进火灾中救两个孩子，最后被人拦住。
>
> 消防发言人通报说，谢纳·布赖恩和金伯莉·布赖恩这两个小女孩在活动住房的火灾中丧生，她们家位于29号公路245号东第一地块的鹰冠移动家庭停车场内。
>
> 小女孩的父亲肯内恩·布赖恩，全身大部分被烧伤，被送往圣佛朗西斯医院的医疗中心，后被转往位于堪萨斯城的堪萨斯大学医疗中心烧伤科。
>
> 星期五稍晚的时候，他病情危急，但医院没有发布更详细的情况。
>
> 据消防队官员讲，火灾发生时他妻子不在家。
>
> 活动住房被烧得面目全非，只有几块烧焦的木板还竖在那里。铝合金边框大多已熔化，几个铁条还在晃动着，上面布满大火烧过后留下的黑点。
>
> 在后面的卧房找到一具女孩的尸体，这里的火烧得小一些。在现场的消防官员说："她烧得不很严重，很可能是吸入浓烟窒息而死。"在前面客厅找到了另外一个女孩，据消防发言人说，她已烧得无法辨认。
>
> 他说："这个女孩的尸体是在扒开废墟后找到的，当时很难认出是什么。"
>
> 尸体还有待解剖分析。
>
> 火灾的起因和最初起火的位置正在调查之中，到星期五晚些时候还没有公布这些情况。
>
> 邻居们在上午10：11看到火灾后报了警。杰里·菲茨杰拉德是第一个到达火灾现场的人，他住在托皮卡大道2834号，今年35岁，他说火烧了15分钟后才有人喊救命。①

哪怕是一件很小的社会新闻，你用简短的语言把它交代得清清楚楚、明明白白，让人马上就能理解和掌握基本事实和要点，只有做到这一点，才算一个基本合格的记者。如果你连基本的消息都写不好，那么你连新闻的门都没有摸到。

一、逻辑清楚

新闻报道的写作过程，相当于一个推理的过程。任何新闻事件，都经历了一个从发生到发展，再到结尾的过程。写作时，也要跟随事件的发展，经历一个由浅入深、由表及里、逐步展开、层层推进的过程。写作者需要理清事件的前因后果，获得事件发展的清晰

---

① 伊图尔，安德森．当代媒体新闻写作与报道[M]．6版．贾陆依，华建昌，译．北京：中国人民大学出版社，2009：247.

脉络，按照严密的逻辑顺序和线索，用简练的文字，把新闻事件展现在读者的面前。如果没有一个清晰的逻辑线索，就很容易在概念或者文字上绕来绕去，不仅会把自己绕糊涂了，也会让读者不明所以。

我们先来看一篇学生写的报道：

广外在日修学学生暂未有受伤情况

本报讯 国内发生地震，在中国学习、工作的日本人也心急如焚，希望能尽快与家人获得联系。记者昨日从广东外语外贸大学获悉，该校正紧急联系在校的日本留学生和外教，确认家中亲人是否平安。同时，还成立了紧急领导小组，联系在日修学的学生。

广外负责留学生工作的王老师介绍，学校有日本留学生20多人，除去无法联系上的，仅有2人还未与家人取得联系。记者获悉，地震发生后，广外立即组织国际交流处、东语学院等单位，以最快的速度联系日本留学生和日本外教，确认家中情况。东语学院还成立了紧急领导小组，联系在日的交换生，落实师生是否平安。据悉，广外在日修学学生有34人，在日访学教师1人，截至记者发稿时，暂无受伤报告。

来自日本东京石奈川县的桥本司是广外的日语外教，为4个班接近100人授课，其学生分别为大二和大三的本科生。昨天下午，他在网上得知发生地震的消息，还没等他联系家人。学校已打来电话，询问其家人情况。他先后给5个学生家里拨打电话，但一直无法接通。不过，从小经过多次地震考验的桥本司并没有特别的担心，“生命不应该有什么问题”，他说。日本一般都是这样，他每年回两三次日本，都会碰上地震，今年寒假回去的时候还有地震发生。不过，能在东京引发海啸的地震还是很少见的，他通过网上消息得知，东京的地铁和电车都停了。

桥本司家中有父母和一个弟弟，父母都已退休，却选择返聘工作，父亲是负责安全管理，母亲在超市工作。弟弟也已工作，不过具体什么工作他倒还不清楚。桥本司平时与家人也会网上联系，他今天下午还没有收到新邮件。昨天他告诉记者，晚上回到家里以后再给家人发邮件试试。（678字）

笔者点评：读完这篇报道，给人的印象是，逻辑一团混乱，牛头不对马嘴，让人不知所云。

首先，标题是《广外在日修学学生暂未有受伤情况》，内容应该是报道广外在日本修学的学生他们在地震中有没有受伤，但报道中只有一小段涉及这个问题。“据悉，广外在日修学学生有34人，在日访学教师1人，截至记者发稿时，暂无受伤报告。”除这三四十字的内容以外，其他内容全部在谈与主题无关的问题。

如导语和主体中，反复强调“该校正紧急联系在校的日本留学生和外教，确认家中亲人是否平安”“学校有日本留学生20多人，除去无法联系上的，仅有2人还未与家人取得联系”。这里已经变换了主题，由关心学校派出的留学生的安全问题，变成了关心在校的日本留学生和日本籍外教老师以及他们在日本的亲人的安全问题。

更莫名其妙的是，全文用了一多半的篇幅（367个字）来介绍一个名叫桥本司的日本老师与家人联系的情况，甚至还加进了一些与主题相差十万八千里的内容，如介绍桥本司的父母是干什么工作的，他弟弟的情况，等等。文章东拼西凑，不知道在写什么。

这篇新闻报道的问题就在于作者在写作前，不知道主题和应表达的中心思想是什么。

再看以下学生写的报道：

导盲犬进地铁成空谈？

本报讯　8月23日起，成都地铁允许导盲犬伴随盲人进地铁站，盲人在导盲犬指引下乘坐地铁时，只需携带盲人证和狗狗为导盲犬的相关证明。对此事大众都十分赞成，然而赞扬声背后却是省内甚至全国导盲犬的尴尬现状。

成都地铁昨日（8月23日）通过其官方微博宣布，为方便盲人乘客，允许导盲犬伴随盲人进地铁站。同时，出于对其他乘客安全角度考虑，需满足三个要求：一是导盲犬与盲人一同进站；二是盲人需持盲人证；三是需出示导盲犬三个证件之一（出生证、领养证、驯养证）。成都地铁运营公司相关负责人表示，按成都地铁相关规定“不得携带宠物、生禽及其他动物进站”，但导盲犬属于特殊工作犬类，是与宠物区别对待的。

在宣布允许导盲犬可伴随盲人进地铁站后，受到不少热心网友关注，不过目前还尚未有导盲犬伴随盲人搭乘成都地铁。据成都市盲人协会副主席吴军讲，目前成都市内近8万盲人，尚无一人使用导盲犬；而整个国内的视障人士总数为1,691万人，却只有52只上岗导盲犬。究其原因，吴军总结了三点：首先是成都没有导盲犬训练基地，只有到大连导盲犬训练基地才可能申请到；其次，导盲犬虽然可以免费申请，但不仅要花费大量时间，还有金钱；最后领养回来的导盲犬需要盲人自己喂养，这对于盲人也比较困难。

2004年，从日本广岛大学毕业的动物行为学博士王靖宇在大连医科大学创办我国首个导盲犬训练基地。中国导盲犬事业发展很晚、严重滞后，导致中国视障者与导盲犬比例远低于理想水平。就中国社会的现状，要想它们进入成都普通盲人的日常生活，还有很长一段路要走。

如今，本次新闻热点在网上热议开来，民众关注度非常高。希望导盲犬的训练能在全国引起重视，更加关注盲人，关注弱势群体，给他们更加便利的生活。（712字）

笔者点评：从上面习作可以看出，第一，导语中“成都地铁允许导盲犬伴随盲人进地铁站”和下一句“盲人在导盲犬指引下乘坐地铁时，只需携带盲人证和狗狗为导盲犬的相关证明”这两句话略嫌啰唆，可以精简。第二，“对此事大众都十分赞成”中，“大众”是谁，谁代表大众？“十分赞成”，难道就没有一点不同的意见吗？且“十分”过于绝对。第三，“然而赞扬声背后却是省内甚至全国导盲犬的尴尬现状”，新闻内容讲的是成都市的事情，为什么要牵扯上全省和全国？“尴尬现状”，是个抽象的概念，怎么尴尬这里亦语焉不详。

至于正文，问题就更多了。第二段“成都地铁运营公司相关负责人表示，按成都地铁相关规定‘不得携带宠物、生禽及其他动物进站’，但导盲犬属于特殊工作犬类，是与宠物区别对待的。”相关负责人是哪个部门的？什么职务？姓什么名什么？前面既然已经讲了允许导盲犬进地铁，这里又来解释它与普通动物有什么区别，明显多余了。

第三段和第四段，列举全国导盲犬的现状和首个在青岛的训练基地，与本文实在没有多少关系。

笔者对其进行修改，修改稿如下：

导盲犬进地铁成空谈？

本报讯 从昨天（8月23日）开始，成都的盲人可以牵着导盲犬乘坐地铁了。可是先不要高兴，据统计，成都的盲人们至今没有一位拥有导盲犬，所以他们目前牵着导盲犬乘坐地铁仍然是一句空谈。

成都地铁昨日通过其官方微博宣布，为方便盲人乘客，允许导盲犬伴随盲人进地铁站。但必须满足三个要求：一是导盲犬与盲人共同进站；二是盲人需持盲人证；三是盲人需具有导盲犬驯养证。

成都市盲人协会副主席吴军说，目前成都市内近8万名盲人，尚无一人使用导盲犬。究其原因，首先是成都至今没有一家导盲犬训练基地；其次是导盲犬虽然可以免费申请，但到外地去申领需要一段时间；最后是领养回来的导盲犬需要盲人自己喂养，这对于盲人也比较困难。

这条消息发布后，在网上引发热议，不少网友发帖为地铁公司的这条规定点赞，但同时希望引起足够的重视，让盲人尽早地用上导盲犬出行和乘坐地铁。（373字）

二、词语表达清楚

词语表达清楚是指在整个写作过程中，每个字、每个词都能表达准确的意义。整篇文章概念表达清楚，用词准确，没有虚假的不真实的词语，没有多余的废词和废话，从而用最少的词语来表达最多的内容。

传播学中有一个名词叫“冗余信息”，指的是在传播过程中，没有起到传播作用，甚至起到破坏和扰乱作用的多余信息和干扰信息。这种信息没有起到好的作用，反而起到了坏的作用，它破坏了信息的整体性和完整性，引起人们概念上的混淆和混乱。

写作中遣词造句的最低标准是：让每一个字、每一个词、每一个句子都能够体现准确而具体的意义，不能让句子和词语含混不清，更不能让无用和无意义的词语充斥在新闻报道中。

我国有个成语叫“惜墨如金”，在写作中遣词造句要像花钱一样，精打细算。写作中要仔细地审查每个字、每个词、每句话的准确含义和意义，不能让那些无用的冗余词冒出来，应该让每个字、每个词都体现出其最大的价值。

文字表达不清楚，说明写作者的写作水平不过关，写作功底和素养欠缺，不合格的新闻报道极易引起读者的厌恶感和排斥心理。

我们再来分析以下学生写的报道：

分众传媒总监聂启达到我校传经送宝

3月4号，对广告专业的学生来说，是一个重要的日子。下午2：30分，分众传媒客户总监聂启达，在我校广告系领导陈海滨主任、老师胡先勇的陪同下，来到E205教室，向我校2014级广告班同学传经送宝。会前，胡先勇老师先向同学们介绍了聂启达的不凡的商业成就和影响力，引起学生阵阵惊奇声。

在接下来的时间里，聂启达开始了他精彩的讲座，他首先向同学们问好，然后侃侃而谈，向同学们分享了分众传媒近年来不凡的商业经营成就和成功的奥秘，并传授了他著名的“无聊理论”。

聂总监说：“什么时候消费者对媒体排斥心理小？当你处在比广告更无聊的时间和空间。想方设法打入和占用人们的无聊，是分众传媒成功的奥秘。”

聂总监介绍说，分众传媒现在建立的商业楼宇联播网，目前已经锁定了7,000万高端受众，这是因为这些人群在上下班等电梯时，都会度过一段极度无聊的时间，分众传媒通过商业楼宇安装液晶屏并循环播放客户广告，使广告有效到达上述目标受众。

除了介绍分众传媒的优势和传播手段以外，聂总监还向同学们介绍了自己在大学里的创业过程，并逐步走向广告行业，迈进客户总监的人生经历。

接下来是提问环节，在经过一段短暂的沉寂之后，有同学举起了手，向聂总监提出自己的问题。有一位女生问道：“如何在一分钟内说服客户易主并购买分众传媒的广告时间？”聂总监在迟疑了一会后回答说：“我会在一分钟的时间内说服客户给予半个小时的时间！”他巧妙的回答赢得了全场的掌声。

讲座结束后，聂总监与大家进行合影留念，学生代表向聂总监送上了广告班的全家福照片。(647字)

笔者点评：这篇文章充斥着不准确的概念表达和废词废句，读者在读这篇新闻报道时不得不接收大量的无用信息。比如“对广告专业学生来说，是一个重要的日子”“引起学生阵阵惊奇声”“在接下来的时间里，聂启达开始了他精彩的讲座，他首先向同学们问好，然后侃侃而谈”“除了介绍分众传媒的优势和传播手段以外”“在经过一段短暂的沉寂之后”等，都是典型的废话，是“冗余信息”。有些词语用得非常不好。比如“引起学生阵阵惊奇声”，一场小小的讲座，几句开场白，不至于让学生达到“惊奇”的程度吧。“侃侃而谈”这个成语，是一个比较抽象的用法。“聂总监在迟疑了一会后回答说”，这个“迟疑了一会”用得既不准确也不好。

修改稿如下：

分众传媒总监聂启达到我校传经送宝

3月4号下午2时30分，分众传媒客户总监聂启达，来我校向2014级广告班同学开办讲座，介绍他不凡的商业成就和独特的传播理论。

聂启达在讲座中首先传授了他著名的“无聊理论”。

聂总监说：“什么时候消费者对媒体排斥心理小？当你处在比广告更无聊的时间和空间。想方设法打入和占用人们的无聊，是分众传媒成功的奥秘。”

聂总监介绍说，分众传媒现在建立的商业楼宇联播网，目前已经锁定了7,000万高端受众，这是因为这些人群在上下班等电梯时，都会度过一段极度无聊的时间，分众传媒通过商业楼宇安装液晶屏并循环播放客户广告，使广告有效传达给上述目标受众。

聂总监还向同学们介绍了自己在大学里的创业过程，及逐步走向广告行业，迈进客户总监的人生经历。

在提问环节，一位女生问道：“如何在一分钟内说服客户易主并购买分众传媒的广告时间？”聂总监思考了一会后回答说：“我会在一分钟的时间内说服客户给予半个小时的时间！”他巧妙的回答赢得了全场的掌声。

讲座结束后，聂总监与大家合影留念，学生代表向聂总监送上了广告班的全家福照片。（452字）

改编后的文章，少了200多字，但基本内容和意义并没有改变。

三、核心信息清楚

新闻报道的核心信息指的是事件内容中的关键信息和重要信息，即什么时间（when）、什么地点（where）、是谁（who）、什么事情（what）、什么原因（why）和什么结果（how）。一般而言，文章把“5W1H”说清楚了，事件的核心信息就基本说清楚了。

不过也不尽然。在某些新闻报道中，有些概念和内容可能不是核心信息，但如果是关键信息、重要信息，也需要予以准确和完整的表达。

有时候，记者出于这样或那样的考虑，为了突出某个方面的正确性，而有意不写或回避某些关键信息和重要信息，从而造成读者读这篇新闻时，充满了疑惑。

上海家化公司好气魄 1,200万元买回美加净

请扫码阅读《上海家化公司好气魄 1,200万元买回美加净》。

笔者点评：这虽然是一个扬国人志气，力创中国自有名牌品牌的好稿子，但读了这篇稿子之后，却让人有一大堆疑问：

（1）4年前曾“卖”给一家著名合资企业，这家合资企业的名称是什么？

（2）卖时每年获得1,200万元“转让费”，一共30年。现在才刚刚过去了4年，只获得了4,800万元的转让费，却要花好几倍的代价买回来，这到底是爱国行为还是卖国行为？

（3）每年需要向外国企业支付1,200万元，支付多少年？多少年后才停止支付？总共需要支付多少钱？标题说1,200万元就买回“美加净”，完全是有意误导。

（4）重归上海家化的“美加净”销售额已突破1.2亿元，利润是多少？没有利润，销售额有价值吗？

（5）权威人士说，两三年内“美加净”年销售额将达5亿元。5亿元的数据从何而来？有科学依据吗？

这些疑问，可能记者写这篇稿件时也知道，但如果把这些问题写出来，这篇稿件也就不成立了。所以，记者为突出“上海家化集团扬国威，打造让国人骄傲的国产品牌”这样一个主题，有意回避了那些不利的因素，这是新闻报道中“主题先行”的结果。

第二节　把价值凸显出来

常常有这样一种情况，一篇新闻稿并没有什么写作技巧，却获得一致的称赞和好评，而一些写得相当华丽的稿件，并没有得到任何好评。这是因为，新闻是受内容和价值制约的。体现了重大新闻价值的稿件，即便是写作形式上稍差一些，也会获得称赞和好评。

新闻的价值，涉及新闻的评价和价值体系，这里不一一展开叙述。需要强调的是，写新闻报道的人，要知道内容的价值和分量在哪里。按照新闻的价值标准，知道新闻事件中哪些信息最重要，哪些次重要，哪些不重要；知道自己写作的新闻报道，主要的新闻价值在哪里，怎样让报道更具有社会影响、更具有价值和意义。同时，在写作中，按照主题的需要和新闻价值观的需要，决定哪些需要重写，即浓墨重彩地写；哪些需要略写，即轻描淡写。不能对所有信息平均用力，分不出主次。

莫言航班或因暴风雪无法降落瑞典首都机场

2012年12月5日　20：06　中国新闻网　记者：辛闻

中新网12月5日电　据外电报道，当地时间周三瑞典遭遇暴风雪袭击，导致斯德哥尔摩机场瘫痪。

北京时间今天中午，作家莫言一行从北京首都国际机场起飞，前往斯德哥尔摩领取诺贝尔文学奖。据《人民日报》驻瑞典记者刘仲华透露，莫言一行“原本计划今天下午抵达斯德哥尔摩，但由于大雪天气机场已封闭，致使飞机无法降落”。

路透社报道称，当局已经发布天气警告，预计一夜之间将降雪30厘米。另据机场发言人克拉斯·尼尔森介绍，目前有一条跑道仍处于开放状态，但航班仍很有可能会延误。这样的极端天气预计将持续数小时。

诺贝尔奖基金会表示，部分诺奖获得者预定当地时间周三到达斯德哥尔摩。这星期将有一系列的新闻发布会和讲座，正式颁奖仪式预定在12月10日（当地时间周一）进行。

笔者点评：对此消息，中国人最关心的核心信息是诺贝尔文学奖获得者、中国作家莫言，因暴雪耽误领奖的信息。但看此文的导语，只字不提莫言，难道中国读者只关心国外的一个机场因暴雪瘫痪的事情吗？虽然文章中提到了莫言因暴雪误机，但是按照新闻写作重心前置的原则，无论如何导语中不能缺少莫言航班因暴雪无法降落在瑞典斯德哥尔摩机场的内容，所以，这篇报道犯了没有把核心信息和重要信息放在导语中的错误。

上海黄浦江松江段已打捞死猪超过1,200头

2013年3月10日　21：41　新华网　记者：李荣

新华网上海3月10日电　关于近期上海黄浦江松江段水域大量漂浮死猪的情况，记者10日向上海市农委及松江区相关部门了解了最新进展：目前已打捞的死猪数量超过了1,200头。这些死猪基本来源于上海的上游地区。目前上海正加紧协调黄浦江上游周边地区，调查死猪来源，以从源头上制止死猪不规范处置行为。上海市水务局表示，松江当地的自来水水质“数据正常”，符合相关标准。

据松江区农委相关人士说，经过连日来高密度的打捞作业，截至10日已打捞上岸的死猪数超过1,200头。对这些死猪及时地进行集中的无害化处置。目前根据死猪身上的耳标等养殖信息来追溯，这些死猪基本来源于上海的上游地区。

上海市水务局供水处负责人10日晚表示，黄浦江松江段水域漂浮死猪的情况，目前未对当地的自来水供应造成影响。

笔者点评：读者在读这篇消息时，最关心的事情是什么？无疑是水质是否受到污染；生活饮用水有没有受到影响；有关部门在监测水的质量时，有没有让人信服的监测数据；政府是否采取了有效措施来保证人民群众饮用水的安全等。

但此篇报道反而对核心信息采取了避重就轻的写法，对人民群众真正关心的问题基本采取回避的态度，只用“未对当地的自来水供应造成影响”一句话草草带过。这篇文章的语言也非常啰唆，“打捞的死猪数量超过了1,200头”，在文章中重复了两次，完全没有必要。

第三节　把观点隐藏起来

新闻写作有三种表达方式。第一种表达方式是“传达”，写作者只需要摆出事实，把事情讲清楚即可，写作过程中不需要加入自己的任何倾向性和观点。也就是说，写作者在写作过程中只起信息的“搬运工”和“传达者”的作用，至于读者在读这篇报道后有什么感受，产生什么观点，那是读者的事情，与写作者没有任何的关系。写作者只要做到真实、正确、全面地传达新闻事实就够了。

第二种表达方式是“引导”。这种写作形式的着眼点在于，读者不能正确地了解和理解新闻的事实本质，只有借助媒体与媒体人的帮助才能够正确地理解和掌握新闻事实。“引导”主要有两种形式：一是评论，作者用自己强烈而鲜明的观点去引导、启发读者，自媒体的博客和微信公众号大多采用这种形式；二是深度报道，揭示事物和新闻事件内在的特点和规律，或一般人普遍不知情的内幕或黑幕。

第三种表达方式是“感染”。这种形式主要用于通讯和特稿，虽然通讯和特稿也要用事实说话，但如果通讯和特稿仅仅是用事实说话，那它们就与消息没有什么区别了。通讯和特稿的本质特点是“感染”，也就是说，写作者一定力求用文章去感动人、打动人，才算达到了目的。

综上所述，新闻报道并非不让带观点。比如，评论以观点见长，没有观点就没有评论。文章写得好不好，首先看观点好不好，其次看文采好不好、写作形式好不好。通讯和特稿，允许适度地表明观点，但是必须严格控制，把观点控制在一定的范围内。

唯有第一种表达方式，即“传达”，绝对不允许写作者把自己的倾向性、观点带到文章中来，写作者在写作时应该保持中立、客观和公正，秉持对任何一方都保持不偏不倚的态度。那么如何才能把观点隐藏起来呢？

一、只用事实说话

事实是最好的观点。

即便有些事实与写作者的观点不合，与写作者的价值观背道而驰，或者在情感上让写作者接受不了，但写作者除了“用事实说话”之外，没有第二个选择，写作者应该把“忠于事实”看作最基本的道德和行为准则。像消息类的新闻报道，绝对不允许写作者在文章中带观点，带倾向性，也不允许在文章中大发议论。

但在现实写作中，似乎人们都明白要用事实说话，但往往出于这样或那样的原因，写作者有意地回避和屏蔽某些事实，或者说，只讲对自己有利的事实，不讲对自己不利的事实。从表面来看，文章好像并没有造假，说的都是事实，但说的只是“一部分事实”，并没有真正体现新闻事件的全面性和真实性。

二、用典型事实说话

事实有典型和非典型之分。同样的事实，典型的就具有更大的影响力、更强的说服力，更具权威性和信服力。

比如，一场暴雨，造成严重的损害，记者到气象局去采访，文章中引用分管局长和总工程师的话，一定比引用一位普通办事人员的话更具有权威性和说服力，因为分管局长和总工程师掌握着比普通办事人员更全面的信息，更有利于把事情说清楚。

昔日摆床堆柴禾　今朝架设光伏板　吐鲁番房顶之变乐百姓

2019年9月30日 《吐鲁番日报》 记者：闫俊

“因为天气太热，以前我们把床铺摆在房顶上睡觉；现在天气再热，我们也在家里睡觉。看看我们房顶上的变化，就知道我们的生活有多幸福了！”9月28日，指着房顶上的光伏板，吐鲁番示范区居民阿依仙木古丽·热合曼乐呵呵地说。

吐鲁番是著名的旅游胜地，旅游文化底蕴深厚，其中吐鲁番十八怪之一的“床铺摆在大门外”，讲的就是在这座中国最干、最热的城市里，居民为纳凉，夜晚纷纷选择睡在房顶上、院子里。

住上夏季集中供冷的房子，是很多吐鲁番居民的渴望。为满足人民群众追求更美好生活的需求，吐鲁番市加快绿色发展步伐，发挥吐鲁番丰富的光热、地热优势，率先在全国范围内打造绿色、低碳、宜居的新能源建设示范区，采用光伏发电、地源热泵等新技术，为居民家中提供清洁能源，集中供热、供冷。

如今，吐鲁番示范区已经实现集中供冷，在炎炎夏季里，近5,000户居民尽享凉爽、舒适。

房顶的变化，给示范区居民何先生带来了满心欢喜：“即便室外是45℃的高温，但我家室内始终保持着25℃的温度，舒适宜人！”

吐鲁番示范区紧邻葡萄沟国家5A级景区。远远望去，数百栋楼房整齐排列，房顶上光伏板熠熠生辉，形成了吐鲁番一道新的旅游风景线，吸引了众多游客参观。

人气足、财气旺，居民乐、商家笑，吐鲁番示范区居民享受到了绿色低碳发展的成果，收获了满满的幸福感！

笔者点评：吐鲁番是我国夏季气温最高的地方。这篇报道抓住“全国第一高温”的典型特点，详细地叙述了采用绿色环保新能源建成的光伏板，在炎炎夏日给吐鲁番示范区近5,000户居民带来了凉爽舒适的生活环境，让人感受到了科技进步带来的神奇。这篇报道很有现场感，具有很强的典型性和说服力。

三、借用引语说话

引语就是引用别人的话，来证明或说明某些新闻事实和观点。引语提供了重要的信源，在新闻报道中被广泛地使用。

第一，引用采访对象说的话，话语中的观点和倾向性，仅仅是那个特定对象的观点和倾向性，与写作者没有任何关系；但写作者为什么会选择这个人的话，而不选择另外一个人的话，这就体现了写作者的倾向性。也就是说，写作者的倾向性，只能通过材料的选择来体现，而不应该在文章中直接表露出来。

第二，使用引语，会让文章更具现场感。人在文章中一“说话”，文章马上就有了生气和活力。

第四节　通俗

大众传播所面对的对象复杂多样，加之现代人生活工作节奏快，信息选择面广，传播内容一旦让人费解，就有可能遭到读者的抛弃。这决定了大众传播往往“就低不就高”。让普通老百姓轻轻松松地看懂、看明白，当是大众传播的基本原则。

10 日美丽天象：“月亮船”邂逅“黄帝星”上演“星月童话”

2020 年 11 月 8 日　新华社　记者：周润健

新华社天津 11 月 8 日电　天文专家介绍，11 月 10 日，一弯残月将与狮子座中最明亮的恒星——轩辕十四在朦胧晨曦中浪漫邂逅，上演“星月童话”，煞是好看。

按中国古代星座划分，轩辕十四隶属轩辕星座。轩辕星座由 17 颗星组成，其形状如黄龙蜿蜒于天际，轩辕十四是其中最亮的星，即主星，呈蓝白色。由于轩辕是黄帝的名字，因此，轩辕十四也被古人称为“黄帝星”；又由于其位于黄道上，自古以来就受到人们的重视。

天津市天文学会副理事长李梅丛介绍，11 月 10 日晨，一弯残月将像一条小船在东南方低空游弋徘徊，漾着碧辉，看上去非常精致；在残月右上方不远处，一颗泛着蓝白色光芒的星星眨着眼睛，这就是轩辕十四，它似乎在为“月亮船”导航。晓色朦胧中，亮星与残月近距离接触，竞相辉映，成为天边一道美丽的风景线。

“感兴趣且有条件的公众在欣赏这幕美丽天象的同时，还可借助小型天文望远镜或双筒望远镜欣赏狮子座的风采。在全天 88 个星座中，狮子座的面积排行第十二位，星座中亮星很多。每年的11月中旬，该星座还会带来一场浪漫的流星雨。”李梅丛说。

笔者点评：这是一篇报道奇特天文现象的新闻。通常，这类报道会涉及一些比较难懂的天文术语，但本篇报道却写得非常通俗和优美，采用了通俗的比喻，把残月比喻成“月亮船”，把轩辕十四星比喻成“黄帝星”，两个星的相见比喻成“星月童话”。

文字如诗一般优美，读后让人浮想联翩。比如：“一弯残月将像一条小船在东南方低空游弋徘徊，漾着碧辉，看上去非常精致；在残月右上方不远处，一颗泛着蓝白色光芒的星星眨着眼睛，这就是轩辕十四，它似乎在为‘月亮船’导航。晓色朦胧中，亮星与残月近距离接触，竞相辉映，成为天边一道美丽的风景线。”不愧为一篇出色的科普新闻报道。

让文章通俗的方法有很多，常见的有以下三种。

一、举例子

现实生活中，有许多的新闻报道单就新闻事实本身而言往往比较枯燥，比如会议新闻、经济新闻、说理性的新闻等。如果照着新闻内容本身写下去，文章的可读性就会很差，除非是重大新闻，一般很少有人能够耐着性子读下去。

要让文章通俗好读，有一个方法，那就是举例子。一个生动、形象而又贴切的例子，可以让艰深的道理变得浅显易懂。

“漫天威胁”和“坐地要价”的背后（节选）

2010年8月3日　中国广播网　作者：周平

话说有这样一个船夫，他驾着一艘摆渡船往来于一条河的两边，来来往往的行人很少，船夫好不容易捞到一单生意，所以态度极好，每每服务到家，还搀扶老幼病残上下船。随着经济的发展，往来河两岸的人越来越多，一艘船远远不够需求，还有不少的人等在岸边。现在好了，船夫态度大变，不仅傲慢了起来，而且漫天要价，船票一天一个价，你爱坐不坐，反正有的是人坐，我就是要涨，你怎么的！许多人急于过河，只得忍气吞声。

这个船夫，有点类似于我们现在世界三大矿业巨头——淡水河谷、力拓、必和必拓。想当初，世界经济危机时，铁矿石全球过剩，三大矿业巨头竭力推销，不惜使出大幅降价等多种招数。不过，时过境迁，现在世界经济复苏了，世界铁矿石需求量大增，三大巨头看准了这一点，卡住别人的脖子，漫天威胁，坐地要价，刚刚宣布完废除铁矿石长协价，涨价90%—95%，才没多久，又宣布三季度再涨30%—35%，而且涨价不容商量。再看我国众多钢企，虽然有中钢协在其中协调，统一抗衡，但终因脖子被别人卡住，不买吧，众多钢企嗷嗷待哺，正急着找米下锅；买吧，铁矿石成本越来越高，本来就很微薄的利润，转眼间全为铁矿石巨头打了工。仅巴西淡水河谷一年向我国出口铁矿石 1.4 亿吨，不到一年涨价一倍多，眼看着辛辛苦苦赚来的一点真金白银，就这样进了三大巨头的腰包里。

……

笔者点评：这是一篇在全球经济危机中，一些铁矿石垄断集团借机涨价的时评。为了让文章通俗易懂，写作者在文中举了一个例子，讲一位摆渡的船夫借供不应求之机漫天要价。两下对比让文章内容一看就明白，读起来饶有情趣。

二、讲故事

尽管许多消息不需要讲故事，但如果能用故事来表达，有时也会很精彩。或者说，新闻事件中本身就有故事，如果写作者在写作过程中把它舍弃了，没有把它讲出来，是一件很可惜的事情。在不增加篇幅的基础上，新闻要想写得好看，“讲故事”不失为一个好方法。

“夜经济”点燃中国发展新引擎

2019 年 7 月 23 日　新华每日电讯　记者：王明浩　李鲲

灯光漫秀、音乐盛典，万人观演艺；花车市集、鲜啤名吃，熙攘游购娱。盛夏之夜，位于天津五大道的民园广场热闹非凡，市民多了休闲娱乐的好去处，商家多了扩大收益的好机会。子夜时分，广场边的一家甜品站虽已打烊，但因为还亮着灯，仍不时有人前去询问购买。服务员沈玉鑫说，有了夜市以来，店里一天能销售 2 万多单，比过去增加不少！

近代史上的五大道位于英租界内，曾是中国城市夜间照明最完善的街区之一。100 多年后的今天，作为天津市级夜间经济示范街区，五大道夜市开街 2 个月来，客流量超 90 万人次，总收入同比增长 40% 以上。光与影的变幻中，原本平淡的气氛一扫而空，城市夜景变得曼妙多姿，令人沉醉其间。

……

为支持夜间经济发展，增强服务的可达性，天津提出推动购物中心、大型百货商场延长营业时间，引导“7–11”“全时”等企业建设 24 小时便利店；上海允许有条件的酒吧街开展规范的“外摆位”试点，尝试建设分时制步行街；北京提出鼓励有条件的博物馆、美术馆延长开放时间，并对 3,000 座以下的演出场所的营业性演出给予一定比例的低票价补贴……

戴斌表示，以旅游业为例，2018 年中国旅游总收入已近 6 万亿元，如此巨大的消费大部分发生在白天，“晚 6 点至 10 点是夜间消费的‘黄金 4 小时’，如果将这个时间段的旅游资源充分开发出来，按照 10% 的增量计算，全国就将增加约 6,000 亿元的旅游收入。”

掘金“夜经济”，要有“新姿势”。记者在刚开业的天津首个室内夜市“老门口儿”看到，这里通过单车、青砖、红瓦、灯笼、老式邮局、煤炉等实景，将人们记忆中的天津搬进室内，摆脱了时间、天气的困扰，开业前10天平均每天客流量约7万人次，日收入约320万元。

夜深了，成都宽窄巷子的壹丁咖啡馆内，热心公益的老板丁志习惯坐在自己建的公益图书室内看书。他说，夜晚才是体验一座城市韵味的最佳时刻，而夜间经济则是连接城市街区文化、经营者精神故事、消费者内心需求的最佳平台。

笔者点评：通常写作经济类新闻，写死容易写活难，原因在于经济类新闻很容易涉及一大堆经济术语和数据，严肃有余，活泼不足。此文的最大特点是角度较好，专门挑选了夜间经济这个角度，从一座城市的夜生活来看经济的繁荣和活跃程度；很有现场感，用记者的眼光，到全国各地——天津、上海、北京、成都，去逛一个又一个热闹非凡的夜市，让人深切地感受到，夜市已经成为拉动中国经济的新引擎。

三、换角度

什么叫换角度？就是当记者面对一个需要报道的新闻现象和新闻事实的时候，这个现象和事实要么太宏观，要么太抽象，如果照实写出来，很可能会非常呆板和枯燥，这个时候，需要为这个新闻事件找一个新颖的切入点和观察角度。换一个角度，就会使同样题材的新闻报道，既具有说服力又通俗易懂。

请扫码阅读《一幢楼和一个县——追寻40年间桓仁主政者的工作轨迹》。

笔者点评：2018年，我国改革开放已走过40年的历程。40年间社会经济翻天覆地的变化，是值得大书特书的报道对象，但如果只聚焦于一个地区的成就报道，很容易把新闻报道写死，使读者失去阅读的兴趣。此文的优点在于，作者巧妙地找到了一座县城“变”与“不变”的角度，通过对县委、县政府办公地点的描写，衬托出13任县委书记、14任县长艰苦奋斗的优良传统，把主要资金和主要精力都放在造福于民，发展和壮大地方经济之上。这个角度一换，不仅深刻地说明了“发展经济必须首先抓领导干部作风建设”这个道理，而且也使报道更加生动形象。

一幢楼和一个县——追寻40年间桓仁主政者的工作轨迹

第五节 简洁

简洁一定不是简短，也不是越短越好。许多新闻，尤其是消息类的新闻报道在把新闻事件讲得清清楚楚、明明白白的基础上，越简短越好。新闻永远是写长容易写短难，尤其是几百字的小消息，把事情交代清楚明白、毫无瑕疵，很能考验一个记者写作的基本功。

新闻作品的长短，是由文章类型和新闻事件内容来决定的。比如，一般的通讯，在字数上都会比消息多，如果是涉及重大题材的长篇通讯，字数会更多。至于调查性报告、深度报道，由于涉及的方面较多、问题较多，要想把事件说清楚，没有两三千字一般是拿不下来的。

文章的长短因文而定，该长则长，该短则短。我们这里讨论的是简洁，即让每一个字、每一句话都能表达明确的含义，全文没有废字和废句。文章的至高境界是宋玉在《登徒子好色赋》里写的“增之一分则太长，减之一分则太短；著粉则太白，施朱则太赤”的程度，语言精练到惜字如金的程度。

给贼留机会？女子急着打牌，把电瓶忘在踏板上

2020 年 11 月 6 日　大河网　记者：李岚

一女子赶去跟几个好友打牌，因电动车没电，在朋友家楼下停车时，将车上电瓶抽出，放在电动车的踏板上就走了。这种疏忽大意，简直是给窃贼留机会，好在被热心人发现妥善保管。

11 月 6 日凌晨 1 时 25 分，金水区经八路巡防队员贺占成、孙启源、刘玉秀等人巡逻到黄河路与健康路向南 150 米外，发现有一辆黑色电动车占压机动车道，队员准备把它移到路边停车位上，发现电动车踏板上放着一个包，提起仔细一看，竟是一组电动车用的电瓶。

见电动车边无人，队员担心有人顺手牵羊，留下一人看守，另两人到附近饭店、网吧查寻车主。一个小时过去，仍没有车主信息，队员孙启源只好从网吧借来纸和笔，给粗心的车主留下一张字条，将电瓶带回巡防室暂时保管。

凌晨 3 时许，孙启源的电话响了，打来电话的是一名自称电瓶主人的女子。队员贺占成、刘玉秀立即赶到现场，见现场除了车主郭女士外，还有她的四位朋友。经过询问得知，五人都是外地人，在郑州打工，十分要好。昨天晚上，5 人约好到附近的棋牌室打牌，小郭骑电动车来赴约时，电动车途中没了电。到了此处，她把电瓶抽出来想去充电，后因走得急，竟将电瓶忘在了踏板上，直到打完牌过来骑车时，才想起此事。

“幸亏你们及时发现并帮我保管，要不然电瓶丢了，我还要花上近千元去买，这半夜三更的，没电瓶连车都骑不成，回家都困难。”小郭向队员连连道谢。

“夜间是窃贼盗窃电动车电瓶的高发期，你这样将电瓶放在踏板上，就等于给窃贼留机会。”队员贺占成提醒郭女士以后不要再马虎，以免财物损失。（615 字）

笔者点评：此文显得非常啰唆，有一些与主题关联度并不大的内容表述，有些字句也在不断地重复。尤其是导语，显得非常冗长，“这种疏忽大意，简直是给窃贼留机会”，是典型的议论和废话。而且，导语没有当事人的名字，没有事件发生地点的交代，这些都是硬伤。主体内容也过于啰唆了，“队员贺占成、刘玉秀立即赶到现场，见现场除了车主郭女士外，还有她的四位朋友。经过询问得知，五人都是外地人，在郑州打工，十分要好。昨天晚上，5 人约好到附近的棋牌室打牌”，这样的内容，可以更简约一些。

笔者修改如下：

给贼留机会？女子急着打牌，把电瓶忘在踏板上

2020 年 11 月 6 日　大河网　记者：李岚

11 月 5 日晚上，一位郭姓女子将电瓶遗忘在电动车的踏板上，幸被巡防人员及时发现，在经过几个小时的寻找等待后，电瓶终于回到丢失者手中。

这位女子当天赶去跟几个好友打牌，因电动车没电，在朋友家楼下停车时，将车上电瓶抽出，放在电动车的踏板上就走了。

11 月 6 日凌晨 1 时 25 分，金水区经八路巡防队员贺占成、孙启源、刘玉秀等人巡逻到黄河路与健康路向南 150 米时，发现这辆黑色电动车踏板上放着一个包，打开一看，竟是一组电动车用的电瓶。

巡防人员在等待了一个多小时后，仍无车主信息，队员孙启源只好从网吧借来纸和笔，给粗心的车主留下一张字条，将电瓶带回巡防室暂时保管。

凌晨 3 时许，该女子才发现电瓶不见了，遂根据留在车上的字条与巡防队员孙启源打通了电话，巡防队员把电瓶亲自送还到该女子手中。

“幸亏你们及时发现并帮我保管，要不然电瓶丢了，我还要花上近千元去买，这半夜三更的，没电瓶连车都骑不成，回家都困难。”小郭向队员们连连道谢。

“夜间是窃贼盗窃电动车电瓶的高发期，你这样将电瓶放在踏板上，就等于给窃贼留机会。”队员贺占成这样提醒她。（448 字）

我们再来看另外一篇新闻稿的导语：

江西贵溪幼儿园校车落水　11 名幼儿死亡

2012 年 12 月 24 日　大江网　记者：秦海峰

大江网讯　12 月 24 日 9 时左右，江西贵溪滨江乡洪塘村合盘石童家村小组发生一起面包车侧翻坠入水塘事故，车上载有 16 人（其中 15 名幼儿园学生、1 名司机）。事故当场死亡 3 人，12 人送往医院抢救。截至 24 日 17 点 30 分，4 名儿童脱离危险，另有 8 名儿童因抢救无效死亡，死亡人数已上升至 11 人。（131 字）

这篇稿子最大的问题是导语过长，违背了导语简洁的原则。导语应高度地概括新闻事实，是新闻内容的浓缩版，一般不应超过 50 字。导语过长，很容易使人厌烦，从而放弃阅读。此稿很多内容可以放入主体部分去详细叙述，而不是体现在导语中。

为此，可以改为：

大江网讯　今天（12 月 24 日）9 时左右，江西贵溪市滨江镇一辆面包车侧翻坠入水塘，截至记者 17 时 30 分发稿时，共有 11 名幼儿死亡。（58 字）

总之，新闻写作应该用最简洁的语言来表达最丰富的内容。

第六节　生动

许多新闻作品是不需要生动、形象、有趣的，比如严肃的政治新闻、会议新闻，普通消息类的新闻报道、新闻评论，大多数以分析说理为主的深度报道和调查性报告，等等。如果硬性用生动、形象、有趣来要求，就会让新闻内容极不严肃，文章也显得不伦不类。新闻写作要服从于内容，对许多重大的新闻事件而言，受众感兴趣的也只是内容，对形式并不苛求。如果采用生动、形象、有趣的写作方法去写，反而会让新闻失去严肃性，也不利于用最小的篇幅把新闻事件说清楚。

但是，我们要强调的是，生动、形象、有趣的新闻报道一定比呆板、枯燥、单调的新闻报道更让人喜欢阅读、更受人欢迎。

请扫码阅读《“胖五”问天记——中国“最强火箭”长征五号复出纪实》《“胖五”蛰伏两年一飞冲天，科研团队小姐姐笑着笑着却哭了》。

“胖五”问天记——中国“最强火箭”长征五号复出纪实

“胖五”蛰伏两年一飞冲天，科研团队小姐姐笑着笑着却哭了

笔者点评：“胖五”是长征五号火箭的简称，它由于在长征系列火箭中体量最大、技术最先进、运载能力最强而被亲切地称为“胖五”。

这两篇报道，均是 2019 年 12 月 27 日我国在文昌航天发射场用长征五号火箭成功发射实践二十号卫星的现场报道。《“胖五”问天记——中国“最强火箭”长征五号复出纪实》采用纪实的方式，绘声绘色地展现了发射时的现场场景；较多地使用引语，“火箭飞行正常。”“跟踪正常。”“遥测信号正常。”“星箭分离！”给人以“如闻其声，如临其境，如见其人”的强烈现场感，让人感受到火箭发射现场庄严而紧张的气氛。

《“胖五”蛰伏两年一飞冲天，科研团队小姐姐笑着笑着却哭了》则采用拟人的写作手法，把“胖五”想象成一个具有思想和感情的人，将火箭发射的艰辛和曲折向人们娓娓道来。这种写作方式，具有极大的通俗性和人情味等特点。如形容“胖五”体形到底有多大，体形与燃料箱的厚度对比有多大，如果用普通的叙述，可能很难描写准确。这篇报道

采用比喻的方法，“我的芯级直径达5米，燃料箱内壁最薄只有几毫米。这是什么概念呢？如果等比缩放成一个鸡蛋，这个鸡蛋壳厚度，仅有正常鸡蛋壳厚度的十万分之四。如果把我比作一个成年人，把我的燃料箱比作成年人的外衣，那么我的外衣就是‘薄如蝉翼’”，给人的感受和印象十分直观。

尤其是“胖五”在历史上经历过一次失败，这篇报道采用拟人的手法，“我的心脏……‘坏掉’了”“我的体力不支”“我非常自责”“我没有丝毫气馁和退缩”，折射出航天人自强不息的拼搏精神。当成功的喜悦降临时，“胖五”却谦虚地说：“怎么样？我这个‘让人不省心’的‘胖子’，还是能干成大事的吧！”一种油然而生的自豪感顿时跃然纸上。

这两篇报道，采用形象生动的写作手法，增强了新闻报道的感染性。

当前，新闻竞争越来越激烈，受众的选择面越来越宽，对新闻的要求也越来越苛刻，新闻呈现出越写越软、软消息所占的比例越来越高的趋势。让人们在轻松愉悦的氛围中阅读新闻，已经成为现代新闻写作的一种时尚。

“最佛系”交通事故处理方式：两车擦剐后　车主划拳定赔偿

2018年8月30日　封面新闻　记者：于婷

封面新闻讯　“争哈子争嘛，来划拳！”8月29日下午，成都市科华中路与长荣路交叉路口，一辆奔驰车和一辆出租车停靠在路边，出租车右后侧和奔驰车左前方都有不同程度的受损。而在车的旁边，两名车主却悠哉悠哉地划起了拳，来决定究竟是谁的责任，应该赔偿多少钱。

8月30日下午，封面新闻记者找到了其中一位交通事故车主，还原了事发经过。

8月29日晚上7时许，奔驰车主谭先生下班后开车路过科华中路，正准备右转进入长荣路时，一不留神蹭上前方也正准备右转的一辆出租车。谭先生和出租车司机第一时间下车，查看了车辆受损情况。出租车司机提出要700元，用于修理车辆。谭先生想稍微还点价，于是提出支付给出租车司机500元。

两人就赔偿款的问题在路边争执了近一分钟后，仍然没有结果。谭先生随即提议，“不如划拳决定吧！”于是，就出现了最初的那一幕。“在四川这边，大家聚会喝酒经常都会划拳嘛，小事故停在路边影响交通，天气也热，不如简单点。”两人先是划起了成都的“乱劈柴”，由于出租车司机并不是十分熟悉规则，两人又改为更加简单的石头剪刀布。

最终，出租车司机获得了游戏的胜利。谭先生也愿赌服输，当即支付给出租车司机700元现金的赔偿款。两人不撞不相识，还互留了微信。一场擦剐的意外，也在划拳、石头剪刀布中，迅速圆满地得到了解决。

笔者点评：此文最大的特点是新。一般人发生轻微的交通事故，大多会以争吵、拒不妥协来处理。这次小事故，双方却以极其幽默的方式来处理，既使事故得到了较快地处理，双方又没有伤和气。尤其是在刚刚发生了昆山宝马男与骑自行车的白衣男发生擦碰，宝马男“龙哥”提刀砍向白衣男，结果刀失手落地，被白衣男“反杀”的事件，更显得这条新闻的可贵。新闻内容本身写得现场感很强，读来趣味盎然，此文发出后，获得了极高的点击率。

杭州动物园：游客搓雪球砸非洲狮取乐

2013 年 1 月 6 日 《都市快报》 记者：许康平

都市快报 1 月 6 日讯　“嗖”，一个年轻人用力把雪球扔向非洲狮，狮子慌忙闪开，游客开怀大笑。

昨日下午，一群游客冒着飘扬的雪花游览杭州动物园，来到狮山，看见非洲狮，一个年轻男子顺手抓起地上的积雪开始搓雪球。感觉不妙，母狮子迅速躲在一块木板下，公狮子则利用树干当掩护，双眼直视游客。

见这个男青年没砸中，另外几个游客和孩子也开始有样学样，向狮子扔雪球。其中一个拿起凝结成块的雪，连续使劲砸下去。

母狮子吓坏了，绕了一大圈，和公狮子躲在一起，紧紧缩在墙脚。

每次雪块、雪球落下，它们都不知道往哪里躲。

游客“尽兴”离去的那一瞬间，公狮子死死盯着他们的背影，一声吼叫。

记者在动物园逛了一圈，羊驼园、猴山、长颈鹿馆、小动物乐园、虎山，都看到人们用雪球袭击动物。

笔者点评：此稿是一篇批评性报道，只有 300 多字，却写得很有现场感和动感。记者描写了一连串动作：用力扔、慌忙闪开、开怀大笑、感觉不妙、迅速躲在一块木板下、利用树干当掩护、双眼直视游客、使劲砸下去、紧紧缩在墙脚，生动地展现了游客种种不文明的举动和动物无奈躲藏的神态。“游客‘尽兴’离去的那一瞬间，公狮子死死盯着他们的背影，一声吼叫”，把动物无奈而又愤怒的神态描绘得淋漓尽致。

所以，写作者应当善于挖掘和发现新闻内容中那些生动有趣的材料，并把它们有效地运用起来。写文章考验的是写作者选取材料、组织材料和应用材料的能力。让文章人人都读得懂，人人都明白，读起来有吸引力并让人兴趣盎然，是写作新闻类文章的至高境界。

思考题

1. 举例说明，为什么新闻报道中把事情说清楚并不容易。
2. 把事情说清楚涉及哪几个方面？

3. 消息类新闻报道为什么需要隐藏观点？隐藏观点有哪几种方式和方法？
4. 新闻报道生动、形象、有趣是一个普遍的标准吗？

练习题

练习一

在校内寻找一项活动进行采访写作。要求：不一定遵循新闻写作的基本格式，但一定要把事情说清楚，详细记录整个活动的基本信息、核心信息和重要信息。

在进行采访之前，列出每个活动需要弄清楚的所有要点。

根据这项活动，写出一篇新闻报道类文章，字数300—500字。

练习二

阅读以下文章，根据本章所学知识，把这篇文章存在的问题一一找出来，并说出自己的理由。

一个普通的女孩

小玥是一个普通，又好像不那么普通的女孩。她和其他女孩一样，活泼开朗，是家里的独生女，她又和其他女孩不太一样，爱打篮球，爱做模型，留着一头短发，小麦色的皮肤，要不是她那双有着又长又密睫毛的，会说话的大眼睛，大家都会以为她是个男孩子呢。

小玥在学校里一直很引人瞩目，因为她的妈妈是学校里的数学老师，她的爸爸是酒店经理，加上性格开朗的她非常喜欢结交好友，因此身边的人都特别喜欢她。小玥的中考没有考好，因此只是去了一所普普通通的高中，在小玥的妈妈看来，在这所高中学习，并不能让她拥有一个特别好的未来，因此让小玥准备出国读书。小玥告别了在中国的朋友们，踏上了去澳洲求学的路。

刚刚来到澳洲，一切都是那么新鲜，小玥住在寄宿家庭里，与那里的主人相处得还算愉快，但在一开始的新鲜感渐渐退去之后，随之而来的就是对父母朋友的想念，在这里，基本上都是外国人，来自不同地方的人们会聚在一起，但是却没有几个能与小玥说得上话的人，也许是因为文化差异吧。小玥也在心中苦恼，为什么从前在中国就有那么多的人愿意和我当朋友，在这里，却连一个说得上话的人都没有呢？

每天早起贪黑的日子渐渐地让她感到疲倦，她甚至开始怀疑自己到底为什么要来这里念书呢。小玥并不是像其他留学生一样有着丰厚的家底，来澳洲读书高昂的费用，家里是勉勉强强支撑着，生活费也没有那么富裕，小玥有时候甚至不敢吃晚饭，更别说什么像其他留学生一样买零食买衣服化妆品了。国外的学习又辛苦又难，自主化的学习令她焦头烂额，她问自己，既然来这里是自学，那我又何必支付高昂的学费在国外学习呢。身边的一些留学生也有着与她相同的烦恼，孤单寂寞的情绪和学习上的困难充斥着他们的生活，小玥甚至有同学患上了抑郁症。小玥告诉自己，这是每一个留学生都要经历的过程，她想，只要我认真努力地生活，这样的情况就一定会有所好转的。小玥说自己是一个“白天不懂夜的黑”的人。在白天，她对朋友同学们展现出来的是开心的一面，但到了夜晚，她自己一个人在房间里，就会静静地思考，默默地忧伤。小玥在为自己疗伤，所幸，她渡过了这段艰难的时期。

她来到了墨尔本上大学，这里有着许多和她一样来自中国的同学。刚上大学，小玥非常兴奋，她终于也可以当一个大学生了。她迫不及待地寻找自己喜欢的并且适合自己的社团。

她找到了，那是一个剧社，她可以在里面担任设计师的工作，因为她所学的正是建筑设计专业。在剧社的日子令她感到疲惫又幸福。剧社在准备一个年度大戏，剧里面需要用到的所有道具都要由他们设计组来承担，所有的道具都要他们自己亲手制作，刚刚进入大学的她学业方面就已经有很繁重的任务了，但是却要从这繁忙的学业中分出一些时间去完成剧社的任务。她一直对这部年度大戏非常期待，她认为只要他们认真地完成每一个任务，最后的成果一定会非常棒。

但是小玥最近非常困惑，剧社里有一个级别比她高一点的女孩总是针对她，她不知道是为什么。但是那个女孩的咄咄逼人，所有的同事们都发现了，却不好说什么。那个女孩总是驳回她的意见，否定她的成果，甚至还在许多人参加的会议上给她泼冷水，小玥一开始很伤心，她不认为自己做错了什么要被这么对待。她感觉到自己步入了半个社会，只是因为那个女孩级别比她高一点点，自己却要被处处压制，不能坚持自己想做的事情，这让她真的很苦恼。但是很快小玥就自我调节过来了，她想，别人要怎么对她是别人的事，她自己问心无愧就好了。

剧社表演的日子在慢慢接近，任务越来越多，时间也越来越紧迫，可是期末也正在临近，设计组的很多成员都对她说不能再来剧社了，一下子少了很多成员的设计组的任务就更加难完成了。作为组长的小玥不得不担起这艰巨的任务，她把道具搬回了家，在每日的学习完成之后，她熬夜制作道具，连续通宵了三个晚上，终于把所有的道具完成了。小玥看到网上一些青年熬夜猝死的新闻还有些后怕，但是看着完成的道具她感到很开心很开心，那都是她完成的杰作，是可以为她期待已久的年度大戏增色的重要组成部分。

年度大戏顺利地完成了，看着这一切的小玥流下了激动开心的眼泪，她觉得自己受的这些委屈，自己与导演去争执坚持下来的东西，自己通宵去制作道具，这一切一切都是值得的。她觉得自己在慢慢地成长为一个大人，学会控制自己的情绪，学会承担责任，学会像个成年人一样去处理事情，她觉得自己长大了许多。

小玥想，这可能就是出国读书的意义吧，我要一个人面对这些困难，我要一个人去解决这些困难，天将降大任于斯人也，必先苦其心志，这就是我要面对的苦，也许未来也会有许多许多其他的苦，但是我也一定会努力地坚持下去的。

放假了，小玥回到了国内，但是她不敢像其他留学生一样放假回家了就到处玩，而是选择去打工当家教补贴家用，她不想让父母那么辛苦了，国外高昂的学费已经让他们付出了许多，她自己已经是一个成年人了，也可以为家里尽一份力了。

小玥有一个藏在心里的想法，她想用挣取的一部分费用去旅行。“我一定要多去外面走一走，看一看外面的世界，感受不一样的人和物。”小玥这么对自己说。

第二章　新闻语言

本章要点

本章第一节论述了大众传播媒体的特征，列举了三种不同的语言形态（专业语言、文学语言和新闻语言），让学生对新闻语言有一个直观的印象。

第二节详细探讨了新闻语言的特征，第一是用词准确，主要包括概念准确、数字准确和词语表达准确。这三个准确，每一个新闻专业学生都要牢记。第二是语言有时代感。第三是体现不同的写作风格与个性。

本章的重点是第三节。本节详细论述了白描语言的写作要求，比如多用动词，多用子概念，少用含混不清、笼统的词语，注意句子和段落的长度。这些要求，既体现了白描语言的本质特征，又具有很强的可操作性。

第一节　新闻语言的概念

什么是大众传播媒体？是指超越时间和空间距离，采用现代机器设备，以社会上一般大众为对象而进行大规模信息生产和传播活动的媒体组织。虽然我们笼统地把报纸、杂志、电视、广播、网络、手机客户端都称为大众传播媒体，但某些过于专业化、小众化的报纸和杂志并不属于大众传播媒体。所以，一个社会有 25% 以上的民众接受和使用某个媒体，这个媒体才可以被称为大众传播媒体。

既然是大众传播媒体，那么其受众对象有知识多的，有知识少的；有有文化的，也有没文化的；有精英人士，也有贩夫走卒、引车卖浆之流。因此，任何媒体都有一个基本的原则，就是要让文化水平参差不齐的大众读得懂，看得清楚，听得明白。

大众传播媒体的特殊性，决定了大众传播媒体使用的语言一定是通俗化的。

我们先来看以下几种语言形态：

专业语言（长虹电视机介绍）

本电视机采用大规模集成电路设计了内藏式微电脑画质提高电路，采用的黑/蓝/绿电平延伸扩展电路能大幅提高图像的对比度和透亮度，动态亮度和彩色瞬态改善电路能充分扩展图像通道的信号带宽，提高图像的边缘清晰度和色彩鲜艳度，提高彩电的信号灵敏度和抗干扰能力。

文学语言（余秋雨《寂寞天柱山》片段）

水也来凑热闹，不知道从哪儿跑出来的，这儿一个溪涧，那儿一道瀑布，贴着山石，幽幽地流，欢欢地溅。此时外面正是炎暑炙人的盛夏，进山前见过一条大沙河，浑浊的水，白亮的反光，一见就平添了几分烦热；而在这里，几乎每一滴水都是清澈甜凉的，给整个山谷带来一种不见风的凉爽。有了水声，便引来虫叫，引来鸟鸣，各种声腔调门细细地搭配着，有一声，没一声，搭配出一种比寂然无声更静的静。

新闻语言（一篇经济新闻报道）

朋友，如果我向你提一个小小的请求，请你帮我煮一个饺子，地道的韭菜、肉末、虾仁做馅儿，精白粉做皮儿的三鲜饺子，但不要多，只煮一个。你一定会说，别开玩笑了，要吃，咱就好好地下一锅，只煮一个，别那么傻。

是的，即使只煮一个饺子，也要买菜、剁馅、擀皮儿、包馅、生火、烧水、下饺子……一道程序不能少。饺子虽然还是饺子，那"成本"恐怕就高得令人咋舌了。

但是朋友，你可知道，在咱们一些地区、一些企业，过去，现在（也许将来），还在干着"只煮一个饺子"的傻事呢！

不过那不是煮饺子，而是办企业，出产品。

这就引起了"规模经济"和"产品经济规模"的话题。

以上三个例子，第一个例子，有大量的专业术语，如"内藏式微电脑画质""黑/蓝/绿电平延伸扩展电路""动态亮度和彩色瞬态改善电路""灵敏度和抗干扰能力"，这些术语，不光老百姓看不懂，就是有相当文化水平的人也不一定能看懂，只有彩电方面的专业人士才能看懂，因此，它绝非是为社会大众服务的语言。第二个例子是文学语言，用丰富的想象力和优美的语言来激发人们阅读的美感。这一例子中使用了大量修辞手法，如把自然人格化，"水也来凑热闹，不知道从哪儿跑出来的""贴着山石，幽幽地流，欢欢地溅"，完全没有新闻真实性可言。第三种是新闻语言，具有通俗性、口语化、大众化的特点，人人都能够明白其中的准确含义。这篇文章要论证一个经济学术语"规模经济"，举了"煮一个饺子"的例子，来说明企业生产没有一定的规模，就不可能取得好的效益。包饺子人人都经历过，流程人人都知道，这样一对比，深奥的道理马上就变得浅显易懂了。

综上所述，新闻语言是让社会绝大多数人（包括大量文化水平较低的人）能够顺利接受并正确理解的语言，它以通俗为基本原则，文风质朴平实。

第二节　新闻语言的特征

一、用词准确

新闻报道的前提在于真实。没有真实，就没有新闻，应该把真实看作新闻的生命。

在写作上，维护新闻真实的唯一办法就是保证事实上的准确，禁止造假，把没有的东西、虚构的东西写进新闻里去。

除了事实准确以外，还要保证某些概念、某些数字、某些语言的准确。也就是说，新闻的真实性是全面的，既包括整体，也包括局部。

有的记者出于种种原因，为了“溢美”，报道先进典型和先进事迹时，往往采取“夸大”的办法，把“三分”的说成“五分”，“五分”的说成“八分”。溢美可能会带来很多的“好处”，但它终究是有害的。正确的方法是有一分就说一分，有五分就说五分，既不溢美也不克制，这样才能保证新闻事实的真实性和准确性。

1. 概念准确

记者在写作时，对各种术语和说法，要先经过自己的把关和过滤：这个说法准确吗？这个概念经得起推敲吗？如果不准确和经不起推敲，则要舍弃。

我们先来看一篇学生写的关于某种业公司的报道。

农业的美好未来——禾嘉（节选）

“在目前的基础上粮食产量必须翻番才能满足人口增长的需要，人口和农产品需求的不断增长要求我们用更少的资源生产更多的粮食。”禾嘉种业公司总经理助理张明胜向我们详细地介绍说。他认为只有致力于发展高产、稳产的良种，才能把粮食的大幅度增产变为现实。

文中提到“在目前的基础上粮食产量必须翻番才能满足人口增长的需要”，这是一个什么概念呢？

根据资料可知，2016 年我国粮食总产量达 12,324.8 亿斤，人口为 13.85 亿，人均粮食占有率为 889.88 斤，基本满足人口需要，供需缺口不大。

截至 2020 年，我国耕地面积为 18.65 亿亩，仍呈逐年减少趋势。从这个趋势来看，粮食增产在良种上挖潜力的说法是成立的，但良种增产的潜力极为有限。也就是说，在目前我国粮食缺口不大的情况下，在良种上挖潜，适度地增加粮食产量是可行的，但让粮食产量翻番，难度较大。

但这位学生在写作时，人云亦云，结果造成这种概念上的错误。

概念上的准确，需要记者严格把关。当然，前提是记者具有丰富的知识积累，这样才能发现问题，避免问题，否则，即便明显的常识性错误摆在面前也发现不了。

2. 数字准确

消息报道尤其是经济报道，离不开数字，有经验的新闻记者，都非常重视关键的数字信息。

刑事侦探记者马莎·米勒调查一起枪杀事件，她在现场了解到，一个女人向自己的男友布朗开枪，布朗逃到附近商店求救，最后，布朗死在医院。

马莎·米勒来到现场，她注意到地上的血迹。最初马莎用 1 角银币去比量血迹，发现血迹比银币大一些，于是她用一枚大一些的 5 分镍币再试，并数了血迹的数量。

马莎·米勒在报道中写道："布朗被击中后，摇摇晃晃地出了公寓，经过两个房子后，来到弗吉尼亚街上的路边便利店，在他经过的人行道上，可以清楚地看到 41 个 5 分镍币大小的血迹。"①

需要注意的是，一篇文章中数字不可太多，数字一多，容易引起读者的反感。因此，在写作中要注意控制数字的数量，最好只选用最关键、最典型的数据。

一些特别拗口和难以理解的数据，需要换一种方式，用通俗易懂的方式表现出来。

比如，美国一位记者写了一篇报道，说全美一年要吸掉 6,000 亿支香烟，编辑认为人们很难理解 6,000 亿支是什么概念，为此他给大家算了一笔账：

> 6,000 亿 ÷5,000 万烟民 =1 个烟民 1 年平均吸掉 12,000 支香烟
> 12,000 支 ÷365 天 =1 个烟民 1 天平均吸掉 32.87 支香烟（相当于 1 天 1 包半）
> 即全美 5,000 万烟民，每天每人要吸掉 1 包半香烟。

"全美一年要吸掉 6,000 亿支香烟"，换成"全美 5,000 万烟民，每人每天要吸掉 1 包半香烟"，后者比前者明显要通俗多了。②

3. 词语表达准确

在写作时，每个字、每个词的使用都要斟酌：这个词，用在这里合适吗？它表达了什么含义？它准确吗，有没有更准确的词语来代替它？

比如"大"的含义很多，有重大、巨大、盛大、高大、伟大、博大、广大……

为了表达某个对象的价值和意义，我们常常会用到"重大"这个词，甚至还会再加一

---

① 里奇．新闻写作与报道训练教程：第 3 版［M］．钟新，译．北京：中国人民大学出版社，2009：65.

② 门彻．新闻报道与写作：插图第 11 版［M］．展江，译．北京：世界图书出版公司，2014：107.

个程度副词——“十分”。但是，在写作时我们不妨问问自己，有些事情，够得上有一定的价值和意义就不错了，到什么程度才称得上“重大”和“十分重大”？

> 有一定的价值和意义
> 有重大的价值和意义
> 有十分重大的价值和意义

以上三种表述，需要记者在写作时仔细衡量，不要动不动就给某某事情安上一个“十分重大”的帽子。

在新闻写作时还要慎用形容词，因为许多形容词普遍表达了一种不确定的含义。

以下是一个用词不当的例子：

3.5万元救命钱留给病友（节选）

2005年8月24日 《长沙晚报》 记者：陈国忠

前日19时许，在长沙湘雅医院，当白血病患者彭敦辉送走病友欧阳志成回到病房后，看到欧阳志成留给他的3.5万元现金和两封信，读罢信件，捧着救命钱，彭敦辉顿时泪雨滂沱。

这篇报道获得了第16届“中国新闻奖”一等奖。文章内容好，但也留下一个很大的缺陷——泪雨滂沱，什么样的泪可以流到“滂沱”的程度？这个形容词明显用过头了。

二、语言有时代感

新闻语言具有强烈的时代性，没有哪一种语言能够像新闻语言一样，紧跟时代的步伐。

新闻工作者要与时俱进，跟紧时代的发展。比如，目前整个世界已经进入网络时代、手机时代，人们的阅读方式越来越碎片化和快餐化。如果新闻语言不做改变，仍然板着面孔说话，写作上仍然遵从一些僵化呆板的格式，就很容易显得格格不入。

随着人们阅读方式的改变，新闻语言总体上变得越来越大众化，写法上变得越来越软，即由过去的“硬消息”逐渐向“软消息”转变。

三、体现不同的写作风格与个性

在网络时代和手机时代，媒体写作者越来越多元化、大众化。除了有专业的媒体人以外，还有更多的“准专业”“非专业”人士的参与，一个全民写作的时代已经到来。

在这种状态下，媒体的渠道多了，竞争更激烈了，读者也越来越挑剔了。新闻媒体需要针对读者多元化的需求，写出既能够满足读者需求，又具有鲜明个性特色的文章。

在写作个性方面，传统媒体由于受客观性和公正性的影响，侧重于客观叙述，个性可能会稍弱一些，自媒体与新媒体可能个性会强一些，但不管怎么说，新闻写作区别于其他形式的写作，是个性化的产物，要体现写作者的写作风格和特色。可以说，每个人写出的新闻都会不一样，越是资深的记者，越具有自己独特的风格。

第三节　新闻语言的写作技法

一、什么是白描

白描，是新闻写作独特的语言特征。我们甚至可以说，新闻语言，其实就是白描语言，是以白描为主要特征的语言。

白描，是中国绘画中的一种传统技法。它有别于工笔画，也有别于写意画。在作画时，它纯用黑线勾勒物象，线条简练而传神，不用颜色渲染，有时是略施淡墨，一气呵成。采用此技法，可起到用极简的笔墨突出对象神韵的作用。

新闻写作中的白描，就是指文字描写的具体方法。它不尚修饰，不用或少用形容词渲染，以质朴的文字，简练而直接地勾勒出事物的特征，突显新闻的通俗化和大众化特点，让读者能够迅速地读懂内容、明确其意义。

二、白描语言的写作要求

1. 多用动词

动词是所有词类中最活跃的。句子中一旦有了动词，词语所描绘的意象马上就生动活泼了起来，对象就有了动感。正如沃尔特·福克斯在《新闻写作：报刊记者指南》一书中所强调的："在任何句子里，动词都是让句子的其余所有部分流动起来的关键。"①

我国的古诗词中，有很多动词用得非常好的范例。比如唐代大诗人杜甫的名句"好雨知时节，当春乃发生。随风潜入夜，润物细无声"，动词"知""潜""润"，把一场春雨无声无息慢慢浸润到土壤中的场景描写得惟妙惟肖，韵味十足。唐代苦吟诗人贾岛作诗"鸟宿池中树，僧推月下门"，动词"推"他总觉得太平常，再三推敲，将"僧推月下门"

① 福克斯. 新闻写作：报刊记者指南[M]. 李彬，译. 北京：新华出版社，1999：78.

改为“僧敲月下门”，一个“敲”字，既有动感又有声感。

历来新闻教科书在讲述新闻语言时，都非常重视对动词的使用。《美联社语法和用词的 10 条规定》中就明确说：“牢记一个句子中至少应有一个实体动词，这个动词应当是句子中最重要的词”，“通常的规则是尽可能选用及物动词，并用主动语态。”①

这里讲的“及物动词”是后面带宾语的动词，动词带了宾语，就会使形象变得实在而具体。比如动词“吃”，如果不带宾语，就会比较抽象，如“他吃得很饱”；如果带宾语，就如“他吃了两个鸡蛋，同时又吃了两片面包”。很明显，后者比前者具体得多。

准确使用动词，指的是使用具有准确含义的动词。现代汉语词义表达越来越细腻，要注意词义之间的细微差别。比如同样说“死”，有“病逝”“殉职”“牺牲”“死了”“蹬腿”“毙命”等词语，有的是中性的，有的是褒义的，有的是贬义的，要根据对象来决定选用哪类性质的词语，绝对不能用错。

2. 多用子概念

母概念和子概念是形式逻辑学术语，两者属于包含与被包含的关系。母概念包含着子概念，子概念属于被母概念包含的从属概念。一般来说，越是小的概念越具体，越是大的概念越抽象。

普通语义学创始人、波兰裔美国哲学家柯日布斯基曾提出著名的“抽象阶梯”原理，他以苹果为例，做了如下说明：

◎ 经济制度——为生活程度、机械化、金融事业等抽象出的共同点
◎ 生活程度——从食品、房屋、汽车等抽象出的共同点
◎ 食物——由水果、蔬菜、肉类等抽象出来的共同点
◎ 水果——由苹果、橘子、梨子等抽象出来的共同特征
◎ 一般性的水果
◎ 放在桌上的那个苹果

从以上阶梯可以看出概念越往上走越抽象，其外延就越大；而概念越往下走越具体，其外延就越小。

在新闻写作中有一个规律，就是尽可能地多用子概念，少用母概念，概念越具体越好，越抽象越不好。

具体讲：

今天天气很热——母概念
今天温度达到 39℃以上——子概念

① 黎信. 美联社语法和用词的 10 条规定[J]. 新闻战线，1980（11）：49.

他的演讲受到热烈的欢迎——母概念
掌声持续了大约5分钟——子概念

他把教室打扫得非常干净——母概念
他打扫完教室后，地上的垃圾和废纸屑都没有了——子概念

《美联社新闻报道手册》有对新闻语言的特殊要求：

不要去说乔治·华盛顿神经紧张，要像某一篇稿子那样描写："在一次40分钟的飞行中间，他嚼了21根口香糖，他洗了一副牌，数了数，又洗了一遍。他看了看头上和脚下的云彩，系紧安全带，又把它松开了。"

3. 少用含混不清、笼统的词语

有时由于采访不深入，很多情况尤其是细节没有搞清楚，于是记者不得不在句子中使用一些含混不清的词语。比如说时间是"不久以前""最近""一段时期以来""近来""早些时候"；说数量是"很多""无以计数""很少""越来越多"；讲性质是"差不多""也许""可能"。这些都是要尽量避免的。

4. 注意句子和段落的长短

句子和段落的第一个作用是对意义做出明确的划分，当一个小的意义过渡到另一个小的意义时，会用"，""。"等标点来划分；当一个较大的意义过渡到另一个较大的意义时，会用段落来划分。因此，句子与句子之间、段落与段落之间，会产生明确的意义跳转。

句子与段落的第二个作用是产生停顿，也就是让人休息。"、"是最小的停顿，"，"和"。"停顿的时间依次增长，段落的换行是较大的停顿。

如果句子很长，或者段落很长，这就意味着读者在阅读时较长时间内不会停顿下来，思维需要跟随着语义而运转。由于不能及时产生意义的跳转，过长的段落和句子极易引发读者理解上的混乱。

从这个角度来理解，新闻写作应该尽量使用较短的句子和较短的段落。当然也不是句子和段落越短越好，除了某些特殊的文章外，一般性的文章意义跳转过快，停顿过多，也会造成理解和逻辑上的混乱。

国外有媒体研究，按英文词的排列，认为"每句最长不超过30个词（英文）"。合众国际社甚至就句子用词的长度做了具体的测量：

◎ 最易读	8个词以下
◎ 易读	11个词
◎ 较为易读	14个词

◎ 标准句子	17 个词
◎ 较难读	21 个词
◎ 难读	25 个词
◎ 很难读	29 个词以上[①]

以上只是一个参考，不能成为一个标准的格式，再说英语和汉语也有所不同。但总体而言，写作时要严格控制句子和段落的长度，提倡多用短句子和短段落，以控制文章阅读的节奏。

综上所述，我们在这里讲的白描手法，用通俗的话来说，就是说大实话，让人一听就清楚，一看就明白。因此，写作的对象越具体越好，传达的概念越准确越好，意义越清晰越好，句子结构越简单越好，读起来越容易越好。让普通百姓都能读懂、都能明白的文章才是好文章。

"胖五"发射"嫦五"，这次"广寒宫"探索之旅，将创造五个首次

2020 年 11 月 24 日　中国新闻网　记者：陈婧

11 月 24 日凌晨，身强体壮的"胖五"长征五号运载火箭再一次从文昌航天发射场刺入苍穹，带着"五姑娘"嫦娥五号探测器飞向远在 38 万公里外的月球。

这一次的"广寒宫"探索之旅和以往有哪些不同?

这位嫦娥"五姑娘"从"月宫"潇洒走一回后，还能捎点"特产"——月壤，再次回到地球母亲的怀抱。

从 1 克到约 2,000 克，从首次接触月壤到自主采样返回，42 年如白驹过隙。此番，中国自主采集月壤令人期待。

这位嫦娥"五姑娘"为何不一般?

"此次嫦娥五号探月任务将有望创造 5 个'中国首次'：一是地外天体的采样与封装，二是地外天体的起飞，三是月球轨道交会对接，四是携带样品高速地球再入，五是样品的存储、分析和研究。这在我国都是首次。"国家航天局探月与航天工程中心副主任、探月工程三期副总设计师、嫦娥五号任务新闻发言人裴照宇介绍道。

与嫦娥家族中的几位"姐姐"相比，嫦娥"五姑娘"有什么不同? 其在大家族中扮演着什么样的角色?

……

月球家族中年长的几位"姐姐"有一个共同点，那就是谁也不能再次回到"娘家"了。而嫦娥五号比几位"姐姐"幸福多了，因为她从"月宫"潇洒走一回后，还能捎点"特产"——月壤，再次回到地球母亲的怀抱。

① 门彻. 新闻报道与写作：插图第 11 版[M]. 展江，译. 北京：世界图书出版公司，2014：174.

笔者点评：这是一篇报道嫦娥五号登月的新闻，写得非常通俗易懂。文章大量使用比喻的手法，比如把长征五号运载火箭比喻成身强体壮的“胖五”，把嫦娥五号探测器比喻成“五姑娘”，把月球比喻成“广寒宫”，把采集月球土壤比喻成捎点“特产”回家，把以前的几个探测器比喻成月球飞行家族中年长的几位“姐姐”，有所不同的是，这几位姐姐没有返回功能，因此它（她）们不能再次回到地球母亲的怀抱。这样一比喻，不仅让人读来饶有情趣，而且给人极大的亲切感，增强了文章的感染力。

我们再来扫码阅读《冲击奶茶店的南京野猪到底有多猛》。

笔者点评：此文写得极有现场感和幽默感，也充满了情趣，语言极其通俗易懂。导语采用第二代引语式导语，只有一句话“喂，110 吗？一头野猪刚才闯进了奶茶店……”，虽简短却具有极强的吸人眼球的能力。接着的第二段，非常符合美国《纽约太阳报》约翰·博加特关于新闻的定义“狗咬人不是新闻，人咬狗才是新闻”——“在其他城市的市区报警说看见了野猪，警察可能会怀疑你在报假警，但是在南京则完全不一样”，激发起人们强烈的阅读欲望。

冲击奶茶店的南京野猪到底有多猛

在整篇文章中，作者采用幽默调侃的语言风格，列举了野猪“横行”的诸多例子，让人忍俊不禁。例如：“前几天，南京一头野猪闯进了商场奶茶店。店员眼见猪快跑到跟前，机灵翻身一跳，猪也紧跟着从一米高台一跃跑出店外。”

“两个小时之后，这只野猪在警察麻醉枪的围堵下，终于缴械投降，最后它将在红山动物园醒来，迷迷糊糊地回忆奶茶店里的味道。”这两段运用了拟人修辞手法，极具现场感和动感。

此文的结尾也非常出色：“总之，没有任何办法对付野猪，有机会跑路就赶快跑，赌一把它没有发现你。如果发现它在追你，不要慌，拿出手机打开微信，发个朋友圈，这样至少会比较有尊严。”采用调侃的方式，给人留下无穷的回味和联想空间。

思考题

1. 概述新闻语言有哪些基本特征。
2. 什么叫“白描”，它在写作上有哪些具体要求？
3. 说说如何在写作中多用动词？
4. 什么叫“子概念”？谈谈它在写作中的具体应用。

练习题

练习一

改写以下天气预报，最好采用拟人手法使之通俗、形象、生动，注意不能改变基本的内容和原意。

成都气象台发布强降温黄色预警，四川盆地将进入“极寒模式”

2018 年 12 月 17 日《成都商报》

成都气象台今日下午 4 时发布四川盆地强降温黄色预警，预计从今天中午开始，受西伯利亚超强寒流大举南下影响，我国大部分地区将出现大幅度降温，局部地区气温会下降 10℃—12℃，局部地区甚至可能达到 15℃以上。这股超强冷空气将在明天（12 月 18 日）越过秦岭进入四川盆地，给我省带来一次强降温过程。预计盆地西部、北部和东部本周内将大幅降温，降温幅度将达到 7℃—8℃以上。强降温会伴随着雨夹雪，但盆地大部分地区降雪量普遍不大，仅为 1—2 毫米，只会有短暂积雪现象，盆地部分地区积雪将达到 5—10 毫米，部分高海拔地区积雪可能达到 10 毫米以上。

气象专家提醒说，这次超级降温，为近年来罕见，上一次这样强度的降温，已是 6 年以前的 2012 年。近年来，成都冬季气温总体偏高，所以这次盆地气温大幅下降，但寒冷度也许并没有想象的那么严重。仅从积雪来看，积雪不多，说明气温并不会下降太多，盆地中心地区最低气温仅为 –3℃左右。

成都市气象局同时又发布地质灾害预警。受盆地大范围降雪影响，部分高速公路可能会出现积雪和积冰，车辆容易打滑，司机驾驶员需要谨慎驾驶，降低车速，保证行车安全，少数积雪较厚地区也需要预防山地滑坡等地质灾害的发生。

气象专家同时提醒市民说，市民外出出行或耍雪时需要注意安全，防止跌倒摔伤和冻伤发生。

预计本次大降温将在三天内结束，也就是说，从 12 月 21 日开始，降温和降雨都将结束，盆地气温将重回正常模式，盆地 22 日甚至可能出现一个久违的艳阳天，天气转为多云和晴，但白天晚上温差较大。

练习二

请仔细品味以下文章中动词的用法，用有色笔把动词画出来，说说这些动词的特色。

姚明不知自己有多少钱　最大投资在纳斯达克

2004 年 5 月 24 日 《体坛周报》 记者：杨毅

一年多以前。

姚明坐在康柏中心球馆更衣室的衣橱前，手里捏着一张刚从纽约 NBA 总部寄来的支票。面额上写着 20,000 美元，这是他第一次参加 NBA 全明星赛，那是作为获胜西部明星队员才有的奖赏。姚明往支票上面瞥了一眼，立刻扔到了站在边上的翻译潘克伦手里。“柯林，”他随口说，“帮我到银行给存了。”

三年多以前。

姚明骑着辆二八黑色飞鸽自行车，从老沪闵路上的上海梅陇体院里冲出来。他穿着宽大的白色T恤，后襟在风里面飘着，远看好像一艘冲刺的帆船。姚明的兜里掖了张稿费单子，当时他在《体坛周报》上开设叫作《姚指冠军》的专栏，每期报酬是1,000元人民币，扣税后是960多块。姚明往离驻地最近的邮局蹬着车，来回路上要15分钟的时间。

流水一样的光阴，转瞬到了眼前。八年前把兜里的纸票数了又数的姚明，如今已经讲不清楚自己银行账户里的数字究竟是多少。

练习三

分析以下文章的镜头感和语言特色，并写出来。

北京有个李素丽（节选）

1996年《工人日报》记者：郭萍　吴晓象

北京。西直门站。

大雨滂沱。一幢幢巍峨的高楼隐现在一片烟雨朦胧之中。

雨幕中，挂有“工人先锋号”标志的1333号公共汽车缓慢进站。乘客朝汽车蜂拥而去。

男的、女的、老的、少的，有的扛着行李，有的拎着提包，争先恐后，步履匆忙。在各种各样的雨伞下、雨衣里藏着一张张焦虑的面孔。

“哗啦”一声，车门打开了，紧靠车门的窗口探出女售票员半截身子，她打开一把花格伞，遮在车门口。

雨点如断线的珠子砸在雨伞上，她的脸上、胳膊上都溅上了雨水。她招呼乘客们上车。拥挤的人群变得有序了：他们一个个在雨伞下跺脚，脱下雨衣，折好雨伞，抖去雨水，依次上车……

她就是李素丽。中等身材，30多岁。海蓝色的套装整洁可体，淡妆轻抹的脸上，闪动着一双笑眼。

车厢里，人头攒动。

一位戴墨镜的乘客摸着朝售票台挤去。他从挎包里掏出一个纸包，放在售票台上。“同志，你……”李素丽莫名其妙。

“姑娘，我就是爱听你说话。这几天，我觉得你的嗓音有点哑，这点胖大海是我专门给你买的，泡着喝吧。”

车到站，乘客被扶着下车了。原来他是盲人。

练习四

改写以下文章，尽量采用短句子、短段落，并给它取一个合适的标题。

本报讯　近日，四川德阳、什邡、广汉等地的农民朋友纷纷致电党报民生热线反映，雨季来临以后出现了一些带着特殊工具的“捕蛙者”，给当地农田生态环境造成了严重破坏，希望公安、农业部门尽快采取措施制止这种滥捕行为。

俗话说：“春捕一只蛙，秋少一担谷。”青蛙在维护农田生态平衡方面起着重要的作用，青蛙是众多水稻类农作物病虫害的天敌，它每年吞食大量的害虫，它不仅可以帮助农作物更好地生长，而且减少人们施用有毒农药的可能性。青蛙对粮食增产具有良好的作用，据省农业科学研究院的专家杨明金介绍说，近年来，由于青蛙的减少和灭绝，每年大约有 20% 的粮食会被各类病虫害吃掉。

“这种滥捕青蛙的行为，真是不应该。”广汉市向阳镇杨先生介绍。近年来，当地政府在保护生态环境方面做了大量的工作，河流污染问题得到彻底解决。今年雨季到来后，乡间的河流和河塘里积下的雨水形成大片湿地，这给青蛙提供了一个良好的繁殖环境，多年不见的“蛙声一片”场景再次上演。但是，大量青蛙的出现随即吸引了捕食者的眼球，他们带着渔网、叉子等特殊工具在青蛙栖息的区域随意捕杀。杨先生说，这些“捕蛙者”大约都在晚上 8 点以后出现，一晚上能捕食青蛙近百斤。随后，他们会当夜把捕来的青蛙运往县城或大城市，以每斤 20 多元的价格卖给当地的餐馆、酒店。据记者暗访了解，虽然国家三令五申，并出台了相关法律法规，禁止捕捉青蛙、禁止餐厅和饭店出售青蛙等国家保护动物，但在成都市周边县城和乡镇上，仍然有不少的餐厅和饭店偷卖蛙类菜品，有的甚至在餐厅外挂出“正宗青蛙，绝无假货”的牌子。

对于“捕蛙者”的这种违法行为，什邡的王先生气愤地说：“青蛙是庄稼的卫士，害虫的天敌，属于国家三级保护动物。但是，个别人受利益驱使仍肆意捕杀，这是法律所不容许的。希望我市公安、工商、农业等部门加强合作，对乱捕杀青蛙等野生动物的人进行必要的保护生态环境的宣传教育，对屡教不改的人要绳之以法。同时，各类媒体也应向广大农民、城镇居民广泛宣传保护青蛙的重要意义，使之自觉做到不捕捉、不食用青蛙。”

另外，市疾控中心的工作人员介绍，捕杀青蛙十分有害，一是影响了生态平衡；二是在捕食青蛙过程中，有可能染上曼氏裂头蚴寄生虫病。人吃了带虫的青蛙肉后，这种虫子可寄生于人的皮下或体内，给人的生命健康造成危害。

练习五

请分析以下文章的语言特点。

分析以下文章的段落和句子特点，数出文章中最长的一段有多少字，最长的句子有多少字。

将以上内容写出来，字数为 500 字以上。

偷猪贼扫过的村庄

2008 年 4 月 30 日 《南方周末》 记者：徐楠

李养治在猪圈边上睡了 22 天——因为新生的小猪淋不得雨、挨不得饿，可怎么也想不到：就在他把床搬回屋里的第二个晚上，一窝小猪不翼而飞。

在陕西省蓝田县洩湖镇的崔家坪村，这个春天丢掉 14 个猪娃儿，等于丢了 7,000 元钱，也就等于半年的光景白干了。

这一窝是阴历二月二十一那天下的。一窝 14 个，算多的了，李养治心里美着。

他把 14 个分放到两个大竹筐里，下面铺稻草，上头盖棉袄——天冷、猪小，不捂起来就怕活不了。每过两三个小时，要放到大猪跟前吃一回奶。只有 8 个奶头有奶，要是 14 个猪娃儿一起上，抢着踏着，哪个也吃不好，所以得分两拨儿。头一拨儿吃上半个钟头，再换下一拨儿。

这么一次，就是一个钟头，李养治夜里 12 点起来喂一次，睡上一个钟头，再起来喂一次，再睡上三个钟头的光景，天就亮了。

睡在外面的 22 天里，有两天夜里下雨。睡着睡着听见雨声，李养治赶紧先拿塑料布盖在猪娃槽子顶上——小猪淋了雨容易拉肚子。然后才把他自己的行军床支到浅浅的门檐下面。

14 个，一想起来就觉着美。

第 23 天，猪丢前一天，他挪回屋里睡了。他想着：天气暖了，猪娃儿也硬实了，挪回屋里也没啥事了。夜里一到猪娃儿吃奶的钟点，李养治自己就醒了，披衣服到猪圈，照例三次放猪娃儿吃奶——天刚黑时、12 点和 2 点，都还是好好的。

猪丢的那天，也是一样。12 点，他醒了；2 点，又醒了，可在外面睡那么多天到底不胜屋里，24 天来，他头一回“睡热乎了”，实在不愿意动。

他悔得要死。

那天夜里，隔壁家的狗吼了几嗓子，邻居听见猪娃儿在叫唤，以为是李养治夜里起来张罗小猪吃奶，没太在意——在人们的印象中，实在是没有过偷猪丢猪的概念。

第二天早起，李养治的头一件事照例是去猪圈。

大狗歪在门边上，吐着白沫，骨头还在嘴边。“一看这，就知道不好。”

贼给下了药。

那个早上他“天昏地暗”。这一窝儿刚下来时，一个猪娃儿也就是 480 元的样子。到它们被偷，价钱已经在 520 元上下。李养治每天都掰着指头算，老话讲：“猪离母，四十五。”这 45 天，就像在和价钱赛跑。这个春天，人们跑在上坡路上。

而偷猪贼，也跑在同一个方向上。

当天中午，蓝田县公安局洩湖派出所民警接到报警赶到李养治家查看了现场。

三天之后，隔壁村子杜家坪又传来丢猪的消息。

杜红利家的猪圈外墙上给掏了两个1平方米见方的大洞，女人听见猪叫赶出来的时候，一口大猪给扔在门口，贼跑得不见影子。被掏出来的砖头，竟然还给整整齐齐地码在旁边。

两头150多斤的猪不翼而飞——主人的响动吓走了小偷，一口大猪来不及搬上车，只好丢在门口。

贼娃子的阴云，弥漫在整个镇子的养猪户上空。

李养治印了50张寻猪启事，贴遍了周围村镇。

那个丢猪的早晨，李养治惊慌失措的叫声，把消息传了出去。人们涌到他的院子里，遍寻无果之后，马上回家加固猪舍。

崔小平家的三个大猪栏在房子后面，原本四通八达，左右望去，就是隔壁人家的猪栏。现在，他在两面堆放起棘刺枝子，形同两道带刺的墙，黑天半夜要是有人挨近猪圈，扎他狗日的。

李养治也加高了猪圈，砌得和房屋一样高，又逢出一圈外墙，甚至连紧邻水泥路的家门也挡了个严严实实，开始从后门进出。一路改造下来，把猪圈彻底圈在了院墙之内。

此前，人们的猪栏一般都是半开放式的。

在每一个猪槽的门上，李养治都加了铁锁。那口丢了幼仔的母猪，门上还加了一根横木，给死死地卡住。

杜红利的邻居蒋根社，把猪暂时放到了屋里的过堂。他们在原来猪圈的位置向地下挖了3米深，上面封成一个小平台，准备砌间小屋，彻底把猪圈改成“地下宫殿”。

除了加固和改造，人们还想着各种防贼的办法。

有人说：拉根电线，狗日的再来就电他！养猪户张宽利说：“算逑！把人电死了还麻瘩（麻烦）！”

想来想去，还真是没有足够保险的办法。终于，一张张行军床被搬了出来。起初，每天天亮就收回屋里去，后来索性折叠起来立在猪圈的角落里。

兀坤顺老两口守着40多头猪，住在距离崔家坪几里外的兀家岩村。丢猪的消息让他格外忧心——自家圈里，两窝小猪正在一天天长大，还有两个母猪临产在即。

年届六十的兀坤顺，睡进了靠门的一个空猪槽。他家里没有行军床，用的是稻草和塑料布。这恰恰是养猪人家现成的用料——塑料布用来为猪崽挡雨，稻草用来为猪崽取暖保温。三两分钟内，老汉就能铺好自己栖身的被窝。一堵矮墙的另一边，是母猪和小猪的家。

兀坤顺躺在地上，能清清楚楚听到猪便溺的声音。尿液溅在地面上的哗哗声，让他安心。

后来，一头猪需要分栏，兀坤顺便让出来，自己睡到另一个更狭窄的空槽。“我得尽着它（猪）。”他说。

在崔家坪，一百余户养猪人中，一旦有人开始睡猪圈，其他人便不敢不睡。“贼娃子熟门熟路的，谁家没人睡便要偷谁家了。”

所以，尽管竖起了棘刺枝子，尽管加固了围栏，崔小平还是加入了睡猪圈的行列。猪圈里总是气味刺鼻。

似乎的确没有更好的办法。于是，在崔家坪和杜家坪，养在200户人家中的600多头猪，几乎每晚都与主人相伴。

男人们无奈地嬉笑：“咦，这现在都不跟老婆跟猪睡了。”女人们也笑着，嘴上抱怨男人把猪看得比媳妇重，晚上却紧着帮自家男人在猪圈边上铺被。

一个月过去了，丢失的猪仍然不知下落。派出所的警车，开始在周边进行夜间巡逻。

在这一带，人们一直管喂猪叫“看猪”（“看”为平声）。“看”了不知多少年，如今头一回遭贼了。

一个不知起于何处的传言，让养猪人张红计的媳妇心惊不已：“贼娃子说了，你看猪，我发财。你再看，我还来。”

第三章　消息写作

本章要点

消息，是新闻报道中最基本、应用最广泛的一种新闻体裁，具有时效性强、简短、用事实说话、重心前置、一事一报、有消息头等主要特征。本章分别介绍了标题、导语、主体、背景、结尾、结构等方面的写作方式和技巧。

第一节　消息的主要特征及构成

一、消息的分类

消息的种类很多，按分工的范围来划分，有经济新闻、科技新闻、军事新闻、体育新闻、文娱新闻、会议新闻、社会新闻等；

按篇幅长短来划分，有一句话新闻、简讯、碎片式报道、短消息、长消息等；

按照报道写法来划分，有软消息和硬消息；

按照是否有“事件性”来划分，有事件性新闻和非事件性新闻。

二、消息的主要特证

1. 时效性强

新闻，是高度时效性的产物。有人甚至说，新闻的生命力只有一天。这句话的意思是说，新闻的报道速度越快，价值越高。随着时间的流逝，新闻的价值越来越低，最后变得完全没有价值。

在众多对“新闻”的定义中，陆定一对“新闻”的界定被引用最多。他说，“新闻是新近发生的事实的报道”，这个“新近”，当指最新发生的，如果新闻失去了时效性，变成了“旧”闻，就失去了传播的价值和意义。

在高速传播的互联网时代，新闻对时效性的竞争不仅没有削弱，反而进入了白热化的阶段。

突发！成都龙泉世茂城小区一高层住宅起火

2020 年 11 月 10 日　红星新闻　记者：杜玉全

11 月 10 日上午 9 时许，据多位网友称，位于成都龙泉驿区的世茂城小区一栋高层住宅楼起火。多段视频显示，起火位置为居于高楼层位置的一住户住宅，火焰从多个窗户窜出。

记者从龙泉消防获悉，正在进行扑救处置。火势详情及是否有人员被困或伤亡的信息正在核实中。

这样的消息，在网络上十分常见。原因在于，第一，在网络时代，新闻变得越来越平面化和透明化，只要有人的地方，几乎人人都可以化身为记者，他们随时随地可以用手机上传文字与图片；第二，除了传统媒体外，众多的新兴媒体竞争力惊人，如新闻类网站、门户网站、手机新闻类 App、社交平台等，任何新闻只要有足够的吸引力，马上就可以进行病毒式传播。

如果是重大新闻，记者的报道稍有迟缓，落后于别家媒体报道，马上就会被铺天盖地的同类报道所淹没，所以，在网络时代，媒体与媒体之间的新闻竞争，已经到了争分夺秒的程度。

目前许多较大的媒体，都普遍建立了“多媒体数字化平台”，即“中央厨房”，媒体与媒体之间的界限被打破，在数字化平台上，“新旧融合、一次采集、多种生成、多元传播”。

2. 简短

人类的新闻传播一度受传播条件的限制。17 世纪初，西方社会诞生了第一张报纸，但当时的信息传输靠邮局邮寄，新闻完全没有时效性可言。

19 世纪 30 年代，英国和美国开始率先使用电报。这种通过电线和电流，采用莫尔斯电码进行信息编码的远距离传输方式，大大提高了新闻的时效性，几百公里甚至上千公里的超远距离都可以同时传输。由于编码的复杂和操作的困难，电报只能发送极少的字数，这迫使新闻记者在写作新闻稿时为保证新闻的时效性，需要先写一个简单的新闻稿件，用电报发回报社，然后再写一个详细的新闻报道，采用邮寄的方式发往报社编辑部。这就形成了新闻写作最初的模式：一个简写版，突出新闻的时效性，我们把它称为“消息”；一个详写版，突出新闻内容的丰富性和详尽性，我们把它称为“通讯”。

这就是新闻报道中“消息”和“通讯”体裁的由来。参照历史的发展，我们可以用一个比较形象的话来说：消息，是一个新闻事件的简写版；而通讯，是一个新闻事件的详写版。

时至今日，新闻到底是该采用通讯形式写作还是采用消息形式写作，已经不再受传输条件的限制，而受内容本身的需要和版面的限制。

通常，绝大多数新闻完成的都是“告知”的任务，它把新闻事件用最快的速度、最简洁明快的写作方式传播出去，告诉受众，它的任务就完成了。所以，消息具有字数少、信息量大的特点。同样的时长和同样的版面，多用消息，可以有效地增加新闻的信息量和丰富新闻报道的内容。

一篇消息，大多300—500字，100—200字的消息也不少见，800—1,000字的消息已经算是大消息和特长的消息了。

一篇消息，究竟需要多少字，这要看新闻内容的多少和复杂程度。通常，只要把事件交代清楚，不留下不解之处和疑问、逻辑和层次清楚、重心突出，一篇消息的任务就完成了。所以，简短不是越短越好，简短要与“把事情说清楚”结合起来才能成立。如果过于简短，没有把事情说清楚，甚至让人摸不着头脑，消息传播的任务就失败了。

或者我们换一句话来说，简短就是用最少的文字来表达最多的内容。记者把内容表达清楚、完整了，能用200个字绝不用210个字，在清晰完整地表达内容的基础上，当然是文字越少越好，越精练越好。

3. 用事实说话

我们在前面已经反复讲过，记者在采写消息时，需要严守中立的立场，把自己的观点隐藏起来，禁止用自己的观点和倾向去影响客观事实的报道。在写作中只接受事实的指引，把新闻事件真实全面地再现出来；不能在新闻报道中将主观情绪倒向事件的某一方，更不能“拉偏架”。

如果在文章中一定要把自己写进去，那么只能采用客观叙述的方式，如“记者在现场看见……”“记者在现场听到……”转述自己在现场看见或听见的客观事实。记者可以写自己在新闻现场的所见所闻，但绝对禁止加入自己的观点和看法。

4. 重心前置

消息这种新闻体裁，有固定的写作方式——重心前置。但当我们认真思考什么是重心前置时，可能会有许多疑虑和困惑。第一，重心前置是消息必须遵循的原则吗？为什么必须要用重心前置？重心前置的目的和作用是什么？第二，如果重心不前置，会出现什么情况？有没有不用重心前置方式写出来的消息呢？

如果换个角度看，我们可以认为重心前置是对的。何谓重心？就是新闻事件中的核心信息和重要信息。什么是核心信息呢？用简单的话来说，就是“5W1H”，即什么时间（When）、什么地点（Where）、谁（Who）、什么事情（What）、什么原因（Why）和什么结果（How）。一般来说，把5W1H说完了，一个新闻事件最核心的信息就出来了。

广州一公路地陷直径 15 米巨坑　司机跳车逃生

2008 年 9 月 8 日　新华网　记者：陈海生　周强

昨日中午 12 时 30 分，（广州）白云区金沙洲凤岐里村前的沙凤一路突然出现地陷，一辆私家车陷入直径约 15 米、深约 5 米的大坑。随后，坑内涌出大量的水把小车淹没，所幸司机及时跳车逃出。附近村民称，地陷可能与附近一隧道工地施工有关，具体情况有待调查。

这一消息拆解开来就是：

时间：昨日中午 12 时 30 分。

地点：白云区金沙洲凤岐里村前的沙凤一路。

主体：一辆私家车。

事件：陷入直径约 15 米、深约 5 米的大坑。

原因：可能与附近一隧道工地施工有关。

结果：坑内涌出大量的水把小车淹没，所幸司机及时跳车逃出。

重心并不完全指核心信息，还包括重要信息。某些信息即便不是核心信息，但如果是重要信息，没有它新闻事件就会不完整或不清晰，那么它也应该按照重心前置的方式去处理。

重心前置的目的是什么呢？

最早的重心前置写作方式，出现在无线电报刚刚发明的年代。那时电报的传输线路非常不稳定，经常出现没等电报传完，线路就中断的情况。为了确保消息顺利发布，记者与编辑部约定，把最重要的信息放在前面，即便电报传了一半断了，也能保证新闻事件最重要的事实能够报道出来。

现代重心前置最重要的依据是为了吸引用户的注意，调动读者的阅读兴趣。时时刻刻被各种各样信息轰炸的现代人，在快节奏的生活状态下，习惯于快速浏览新闻信息。如果一篇文章标题不吸引人，导语不吸引人，读者就会很快放弃继续阅读。

因此，我们可对“重心前置”进行新的理解。所谓“重心”，可以是核心信息，也可以是重要信息，还可以是最精彩、最能吸引人眼球的信息。某些信息，即便不是核心信息和重要信息，但如果它足够精彩，足够能引起读者的兴趣，也应该放在文章的前面。

5. 一事一报

消息这种体裁，一篇稿件只能写一件事。如果是两件事或者三件事，则必须用两篇或者三篇稿子来完成。

一条消息只能写一个新闻事件，如果一条消息写了多个事件，就会引起概念上的混乱，甚至事件与事件之间会相互打架、相互冲突和矛盾。

在写作消息时，需要把那些与内容和主题无关的东西通通剔除，围绕着一个中心、一个主题去选择材料、组织材料，集中精力把一个新闻事件写好、写透，讲清楚。

6. 有消息头

消息头是消息这种体裁特有的标志之一。通常区分一篇报道究竟是消息还是通讯，就是看它有没有消息头。

消息头的产生，是知识产权保护和明确新闻稿件责任主体的结果。一篇消息报道，可能会被很多媒体转载和刊用，但稿件的写作者、发稿媒体、发稿时间和地点却始终不会改变，这有助于对知识产权的保护；评好稿奖或追责时，也容易找到谁是第一责任人。

消息头一般是指电头。它位于消息标题的后面、导语的前面，通常由发稿单位 + 发稿地点 + 发稿时间 + 发稿方式 + 记者姓名构成。

我们知道，新闻传播最早是采用邮寄的方式，即通过信件寄送发稿，花费时间较长，基本没有时效性。过去的报社多采用这种方式，所以称为“通信”，后来这个名词成了报社的专利。随着技术的发展，报社的新闻传播改为电报和电话的方式，“通信”改为“通讯”，“讯”遂成为报社发稿的标志。所谓的“本报讯”，就是这样来的。

通讯社由于设立时间较晚，一开始就用“电”的方式发稿，如电报、电话、电传等，所以通讯社发稿一般称“电”，如“新华社北京 3 月 25 日电（记者 ×××）”。

现在处于互联网时代，发稿的传输方式不再有差别了，但不同媒体有不同消息头专用方式的习惯却沿袭了下来。

如报社消息头称为“讯”，通讯社消息头称为“电”，而电台和电视台则一般直呼“消息”（或“报道”），如“本台消息”或“本台记者 ×× 报道”。

如果是转载其他新闻媒体的稿件，消息头必须与消息一起刊用。除通讯社的通稿模式以外，其他消息头要做一定的改变，如“本报讯”要改成“据《××× 报》报道（记者 ××）”，“本台消息”改成“据 ×× 台记者 ×× 报道”，等等。

三、消息的构成

一篇完整的消息由六部分构成，即标题、消息头、导语、背景、主体和结尾。

六个部分都具备的消息实际上非常少，大多数是只具备其中的几个要素。

通常认为，有四个部分是绝对不能缺少的，即标题、消息头、导语和主体，其他两个部分——背景和结尾则是可有可无的。背景是对文章内容进行补充、说明和解释的，需要的时候才有。结尾更是可有可无，绝大多数消息都是自然结尾，不需要再多一个尾巴。特殊情况除外。

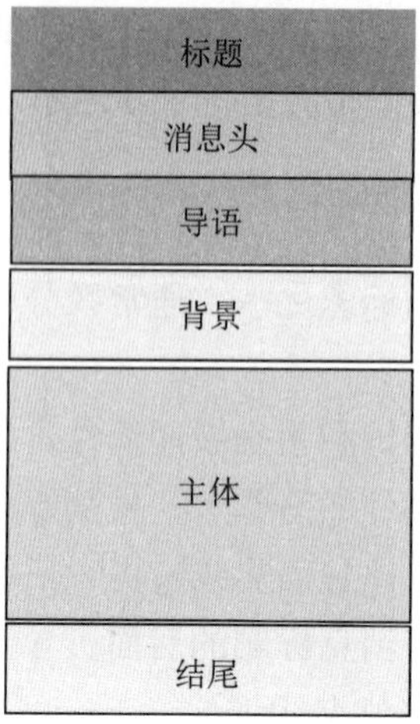

图 1　消息的构成要素

第二节　消息标题

标题在文章中的字数最少，通常只有几个字，最多不会超过 20 个字。

标题在新闻写作中极为重要。俗话说，“看报看题”，这就是说，人们的习惯是在打开报纸时，首先浏览标题，根据标题的内容提示，再来决定是否阅读消息主体部分。

报纸的标题通常用最大号的字标出，让人们一目了然，以达到醒目、吸引人阅读的目的。在纸媒上，标题只在字号上做加大加粗的处理，让它更加醒目和显眼，但它毕竟是与内容共存在一个平面上。在网络上，人们满眼看见的都是标题，内容以超链接的方式被隐藏在标题的后面，只有当鼠标点击进去时，才能阅读内容。因此，在网络时代，标题的重要性愈加明显。

做标题是一门深厚的学问，甚至有的大学专门开设有“标题学”课程，以教授标题的写作方式与技巧。在很多的纸媒中，设有专门的标题编辑，他们的工作就是审查和重新设计整个版面的标题，旨在让标题更加醒目，更加艺术化，更加能吸引读者的注意。

一、消息标题的构成

报纸标题与网络标题有明显的不同。从不同的角度进行划分，报纸标题可分为主标题、引题、副标题，单一型标题、复合型标题，单行标题、双行标题、多行标题，虚标题、实标题，等等，而网络标题由于超链接的原因，读者第一眼看到的只有标题，网络标题原则上只能采用单行题和实标题，但标题的长度比报纸长一些。

1. 主标题

主标题又叫正题，是标题中最主要的部分，通常居于最显眼的位置，一般用来点明主要的新闻事实，或是全篇文章核心信息的浓缩、提炼，所用的字号也最大。任何消息都不可能没有主标题。

2. 引题

引题位于主标题之上，又被称为上辅题、肩题和眉题，它的作用是介绍背景，烘托气氛，揭示新闻意义，引出正题。

引题通常用三种方式引出主题，一是交代和说明相关背景、意义、目的、气氛、性状等引出主题；二是直接叙述主要事实的起始部分引出主题；三是使长主题短化，提出疑问或发表议论引出主题。

3. 副标题

副标题位于主标题之下，又被称为下辅题。它紧随主题之后，对主题内容做补充说明，或交代主题的来源、结果，或补充新闻要素，或点明新闻意义所在，从而增强新闻的传播效果。与主标题相比，副标题一般字号较小。

4. 单一型标题

单一型标题和复合型标题是从结构角度进行划分的。单一型标题顾名思义只有主题这一标题命名方式。这一标题方式非常常见，如《博鳌亚洲论坛发布〈全球新冠疫苗应用图景报告〉》《云南大象“出走”真实原因疑曝光！专家：并非因为森林减少》。单一型标题多为单行标题，也有双行主题（无辅题）。

5. 复合型标题

复合型标题由多行题组成，至少有两行。其形式多样，常见的主要有：

◎ 引题 + 主标题

哈啰关联公司成立旅行社（引题）
出行平台缘何偏爱旅游业（单行主标题）

占地 2,100 平米，体重 3,450 余吨，58 只“脚”踩滑轮（引题）
滑轮上的“凌波微步”
三层小楼每天走 3 米（双行主标题）

◎ 主标题 + 副标题

为了雪域高原不再遥远（主标题）
——“两路”精神形成记（副标题）

穿越大地的梦想 （主标题）
——追忆安县桑枣中学原校长叶志平 （副标题）

原则上，双行标题无论是“引题 + 主标题”形式还是“主标题 + 副标题”形式，主标题如果是虚标题的话，引题和副标题则一定是实标题，如：

装车刹那，大熊猫“大毛”心有灵犀 （引题）
带着伤感和憧憬 “挥手”别家乡 （主标题）
它将携重庆“美女”去加拿大开始一段情缘 （副标题）

当年最豪华小区，整个24栋楼使用年限不到一半成危楼 （引题）
央视曝光深圳“海砂楼”钢筋一折就断 （主标题）
部分楼盘和地铁项目使用未处理的海砂，会腐蚀钢筋，隐患极大 （副标题）

6. 单行标题

单行、双行、多行标题是从排列形式角度进行划分的。

单行标题就是只有一行主标题，它在消息类新闻标题中运用最多。

单行标题严格来说不应用虚标题，至少不能用过虚的虚标题，否则读者看完标题后容易造成理解上的歧义和困难。

7. 双行标题

双行标题主要有“引题 + 主标题”或者“主题 + 副标题”的形式，由上下两行构成。两行不等于两句，如果两句并在一行中，就是单行标题。

8. 多行标题

多行标题是指三行及三行以上的标题。三行标题同时具有引题、主标题、副标题的形式。三行以上标题，除了引题、主标题、副标题之外，还有提要题或插题。三行以上标题占用了过多的版面，会显得冗长，再加上稍有不慎很容易弄巧成拙，所以并不常见。

9. 虚标题

虚标题和实标题是从内容角度进行划分的。

虚标题是指标题虽然与文章内容有着某种必然的联系，但是根据某种修辞手法，如比喻、假借、借代、双关、排比、对仗、谐音、拟人等所形成的标题。这种标题本身并不能直接反映文章内容，只有把文章内容与标题结合起来才能正确理解标题寓意。虚标题需要深厚的文学底蕴，甚至需要一定的创作灵感。虚标题既能够揭示文章的内涵和意义，又能够带给人一定的艺术享受。

10. 实标题

实标题是根据文章具体内容提炼出来的，读者往往根据标题便可知文章的具体内容。所以，实标题是对文章内容的高度提炼，是文章内容的超级浓缩。

二、标题的写作要求

1. 高度浓缩和概括新闻事实

我们前面讲的重心前置，核心信息和重要信息不光要前置到导语中，更要前置在标题中。导语是新闻内容的浓缩版，标题则是新闻内容的超级浓缩版，往往只需几个字或十几个字，就要把新闻事件最关键、最核心、最精彩的内容表达出来。

高度概括新闻事实是实标题的主要特征，是新闻标题的主要表现形式。尤其是网络新闻标题必须是实标题，不允许用虚标题。

制作实标题的主要方法是选取新闻事件的关键信息（核心信息、重要信息），用几个字或十几个字，构成一个较为完整的事实概念。最典型的核心事实就是“5W1H”。

比如《俄罗斯坠机事故原因初步查明：或与空速管结冰有关》，这一标题直指事件的主体——俄罗斯坠机事故，告诉读者调查的结果——或与空速管结冰有关，这是读这篇新闻的人们最希望了解和最希望看到的重要核心信息。

2. 吸引人眼球，把最吸引人的内容放入标题

做标题的目的是什么？是为了吸引读者阅读，激发阅读兴趣。以这个标准来衡量，即使有些标题内容不是核心信息，但只要它足够吸引人，也可以作为标题内容来使用。关键是记者在做标题时，要在内容中找到“亮点”——让人一看眼睛一亮的那些内容。一句话，既符合文章内容又让人眼睛一亮的就是好标题。

比如《四川土豪村分红千万前夜：看守者睡成捆现金上》，这是一篇描写四川凉山州冕宁县复兴镇建设村村委会给农民现金分红的报道，这一报道的核心信息应是现金分了多少，人均多少，为什么会赚这么多钱，等等。但记者为了突显“现金分红”这个特点，有意造成现金数量惊人的特殊效果，所以用了分红前夜看守者睡在现金上这样一个概念。为了进一步强化这个概念，文中甚至用了“800 万作床垫，400 多万当枕头”做小标题。

这样的例子很多。比如一篇报道“十一”黄金周期间，杭州西湖著名景点“断桥残雪”人山人海场面的新闻，记者有意用了一个特写镜头作标题《记者断桥目测 1 分钟往来游客 700 人以上》，一座小小的断桥，1 分钟竟然来来往往 700 多人，标题的画面感很强。

3. 简洁工整

标题一般文字不多，最多也不会超过 20 个字，这要求记者在做标题时，不仅要准确

地反映文章的核心信息和重要信息，而且还要体现出一定的美感和艺术性。相较而言，报纸对标题的要求更高。

同样的内容，《华西都市报》记者做的标题是《15 岁少年杀害两名 6 岁女童》，而《成都商报》记者做的标题是《6 岁小姐妹除夕遇害　15 岁嫌犯 3 天落网》，明显《成都商报》的标题要更胜一筹，不仅内容贴切，而且更工整，更具有艺术性。

再比如《成都商报》发表的一篇关于农村村民自治和民主化建设的新闻报道，用的标题是：

钱，政府出——用，村民定　　（主标题）

——成都发展故事系列政策解读之一　　（副标题）

此标题既对仗又工整，而且内容也非常贴切，用极少的文字高度概括了农村民主化管理的实质性内容。

4. 新颖别致 不拘一格

人在阅读上都是“喜新厌旧”的，文章是如此，标题也是如此。新颖别致的标题，能够给人耳目一新之感，从而达到先声夺人、吸引读者的目的。制作新颖别致的标题，既取决于记者高度提炼内容的能力，也取决于他丰富的想象力和语言修辞能力。比如：

“秀山”“明山”不爱山　“树林”“玉林”不惜林　　（引题）

宣恩查处五起林业案件　　（主标题）

湖北省宣恩县一起林业案件，涉及 5 个被处理人。其中有 4 个人的名字分别为“秦秀山”“陈明山”“赵树林”“陈玉林”，引题巧妙地把 4 个人的名字嵌了进去，并把他们与乱砍滥伐、破坏森林的行为联系在一起，既巧妙又贴切。

三、虚标题修辞手法

1. 双关

在一定的语言环境中，利用词的多义或同音的条件，有意使语句具有双重意义，言在此而意在彼，这一种修辞手法叫作双关。陈望道在《修辞学发凡 · 双关》中说：“双关是用了一个语词，同时关顾着两种不同事物的修辞方式。”

双关分为“意义双关”和“谐音双关”两种。意义双关是指利用词的同义，有意使语句具有双重意义。例如《红楼梦》中“将那三春看破，桃红柳绿待如何？把这韶华打灭，觅那清淡天和”，“三春”表面指三个春天，其实内含元春、迎春、探春三人的境遇。谐音双关指的是利用词的同音，有意使语句具有双重意义。如《农药过敏的海归博士　研发可“喝”的农药》中，“喝”指的是农药的安全性而不是真的可以喝，属于意义双关。

2. 夸张

夸张，就是对事物的形象、特征、作用、程度等做扩大或缩小的描述，即抓住事物的某一个特点或方面，对它进行变形，甚至变形到不合情理的程度。夸张能起到鲜明、突出地表现事物的作用，使主题更加醒目、更加吸引人。如《红星路上美眉翻栏杆动作“赶超”刘翔》，刘翔是世界 110 米跨栏冠军，不守交通规则的“美眉”动作再快，也不可能赶超刘翔。此标题的夸张处理，讽刺意味十足。

3. 比喻

比喻就是打比方，就是根据联想，抓住不同事物的相似之处，用浅显、具体、生动的事物来代替抽象、难理解的事物。

比喻的构成，必须有两个成分、两个条件。比喻必须包含的两个成分，一个是所描绘的对象，即被比喻的事物，叫作“本体”或“主体”；一个是用来作比的事物或现象，叫作“喻体”或“客体”。两个条件，一个是本体和喻体应当是不同的东西，有质的差异；另一个是二者之间又有某种相似之处。通常情况下，本体比较抽象、深奥，是交际对象感到生疏的；而喻体则比较具体、浅显，是交际对象所熟悉的。如《我是刀，女儿是磨刀石　19 年，分不清我们谁磨砺谁》中，把“我”比喻成刀，“女儿”比喻成磨刀石；《得志便猖狂　狒狒变匪帮》中，将狒狒比作匪帮；《寻找创业板“高帅富”》中，直接用人中的“高富帅”比喻创业板中的好股票。

4. 借代

借代指的是不直说某人或某事物的名称，而是借和它密切相关的名称去代替，这种修辞方式也叫“换名”。其中，用来代替的事物叫“借体”，被代替的事物叫“本体”。

借代有四种类型：一是特征代本体，指的是用借体的特征、标志代替本体事物的名称；二是专名代本体，是指用具有典型性的人或事物的专用名称作借体，代替本体事物的名称；三是具体代抽象，指的是用具体事物代替相关的抽象事物；四是局部代整体，指的是用事物具有代表性的一部分代替整体。如《春熙路上，巡警踩上“风火轮”》中，“风火轮”是中国神话人物哪吒的行走工具，它行走非常灵活迅速，这里用它来借代现代的单人站立电动车。

5. 对仗

对仗又称队仗、排偶。它是把同类或对立概念的词语放在相对应的位置上使之出现相互映衬的状态，使语句更具韵味，增加词语的表现力。通常会采用两句或两行标题，以形成对仗关系。如《钱，政府出　用，村民定》《市区又见雪花，只是飘过　呼朋唤友赏雪，生怕错过》。

6. 谐音

谐音就是利用汉字同音或近音的条件，用同音或近音字来代替本字，产生辞趣的修辞方式。如《土飞机飞不过土飞鸡》。

7. 仿词

仿词是根据表达的需要，更换现成词语的某个语素或词，临时仿造出新的词语，改变原来特定的词义，创造出新意的修辞手法。如《每斤不足一毛“蕉”头烂额》《新政后，地产商成了“焦郁碌”》《飞檐走壁半小时，“蜘蛛贼”还是没逃脱》《竹丝如发谁裁出？技能大师一把刀》。

8. 比拟

比拟是借助想象力把甲事物模拟作乙事物来写的修辞方式。可以把物当作人来写，也可以把人当作物来写。前者称为拟人，后者称为拟物。如《火锅“吃”多了？6棵树光秃秃》，采用了拟人手法；《永远的巴山红叶——追记巴中市南江县委原常委、县纪委原书记王瑛先进事迹》，采用了拟物手法，用红叶比拟王瑛的一颗共产党员的红心。

第三节　消息导语

美国学者唐纳德·默里在《为读者写作》一书中，这样强调导语的重要性：“三秒钟内读者会决定阅读或转到下一个报道。你必须在三秒钟内抓住读者视线并留住读者视线，你必须在这个时间里吸引读者并向其提供信息。”可以说，中外新闻工作者无一不高度重视导语的写作，把写好导语当作新闻消息写作的至高境界。①

一、导语的作用及任务

贴士

和导语相关的两个问题

1. 开门见山，尽快报道主要新闻事实

消息写作需要记者在写稿前，对主题及内容进行仔细审视，把内容中最新鲜、最核心、最重要、最精彩的内容，高度浓缩在导语中。这是由导语“导”的特性所决定的，也是新闻类报道重心前置写作手法的必然要求。

① 里奇．新闻写作与报道训练教程：第3版[M]．钟新，译．北京：中国人民大学出版社，2009：121．

所谓“开门见山”，是指记者在写作时直切主题，不绕弯。确定了新闻主题之后，导语中的每一个字、每一句话都要与主题有关。不出现与主题无关的废词和废句，是导语写作最基本的要求。

2. 吸引读者，使人“一见钟情”

导语除了概括重要信息和核心信息外，还在于激发读者强烈的阅读兴趣。当然，前提是导语必须涵盖新闻主体内容，不能夸大编造，更不能虚构。选取那些最能够吸引人、最能够激起读者阅读兴趣的内容作为导语，为记者写作更具有特色的导语提供了广阔的创作空间。

3. 概括基本内容，为全篇定下基调

导语为什么难写？是因为导语写好以后，整篇报道的框架和基调就定下来了，主体无论有多少段落，都是导语基本内容的完善和补充。好比画一个人，导语先要把这个人的骨架搭起来，然后再在躯干上加血、加肉、加毛发、加皮肤，最后才能成为一个栩栩如生的人。

我们换一种说法，一篇新闻报道相当于要写两遍。第一遍相当于一篇文章的略写，用简略的笔触交代新闻事件的梗概，这就是导语；第二遍，是对新闻事件的详写，这就是主体。

男子深夜命丧车轮，无人轿车倒退惹祸？

2009 年 2 月 17 日 07：31　四川在线－华西都市报

15 日凌晨，乐山市区青果山路段，一辆颐达车与一辆自行车发生交通事故，导致骑车男子死亡，颐达车司机受伤。现场痕迹显示，颐达车在撞上自行车后，又退回将骑车男子压在轮下。面对围观者二次碾压的质疑，颐达车司机说，他在两车相撞中就被甩出了驾驶室，颐达车倒退时他并在不车上。

这一导语，几乎把新闻事件的主要基本事实说完了，由于事件稍有些复杂，发生了两次事故，所以导语用了稍长的篇幅来叙述。读者看完导语，就能明白新闻事件是怎么回事了，主体部分无非是对这个事件的详细补充。

不管是简写版，还是详写版，导语在写作上与主体难免会有重复。一个基本的要求是：写作时可换不同的词语来表达同样的内容，不能用同样的词语或同样的句子。导语和主体出现同样的词语或同样的句子，是新闻写作上的败笔和大忌。

二、导语的类型

我们之所以将导语进行分类，主要是便于分析和指导人们写作导语。实际上，导语是什么类型并不重要，重要的是写出一个既切中报道主题，又能激发读者阅读兴趣的导语。

1. 概叙式导语

概叙式导语的特点是开门见山，直接将最有价值的新闻事实直叙出来。针对单一的新闻事件，采用重心前置的方式，把新闻事件的核心信息、重要信息放在导语中，让人一目了然什么时间、什么地点，当事人是谁，发生了一件什么事情，什么原因，有什么结果，等等。此类导语是新闻事件的简写版。

大熊猫受困瓦屋山　连夜营救

2009 年 2 月 11 日　新华网　记者：刘忠俊　蒋麟

新华网眉山频道　2 月 9 日下午 4 时许，洪雅县瓦屋山自然保护区，一只成年雄性大熊猫外出觅食，被山间野藤缠住右后腿不能动弹。在接到群众报告后，由洪雅县相关部门组成的救援组立即展开营救行动，不到两个小时，受困大熊猫获救，重新回到了大自然。这是在洪雅瓦屋山第二次发现活体大熊猫。

笔者点评：这篇报道的导语已经把新闻事件的内容叙述得很全面了，主体只是详细讲解大熊猫被困是如何被发现的，有关部门如何克服重重困难进行营救，经历了哪些过程，采取了哪些措施，完全没有超出导语概括的内容。

2. 对比式导语

对比式导语在我国的新闻报道中经常被使用，原因在于，我国的新闻报道要反映一个地区、一个部门、一个单位的新发展、新变化和新成就。要突出“新”的最好办法就是把它与“旧”进行对比，好比是一个高个子，要把他放在矮个子中，才能显出他的高来。反过来说，要反映一个问题，也需要找一个更大的问题来反衬。

新疆柯坪在盐碱地上“闯”出脱贫致富路

2020 年 11 月 10 日　新华社客户端　记者：于涛　张曼　董博婷

新华社乌鲁木齐 11 月 10 日电　行进在新疆阿克苏地区柯坪县，眺望原野，目光所及是白花花的一片，像洒落一层雪花。土地盐碱大、耕地稀缺曾令这里的群众深陷贫困之中。脱贫攻坚战打响以后，当地干部群众拓展思路、革新观念，深挖特色产业增收潜力点，多途径推进稳定就业，闯出了一条脱贫致富路。

笔者点评：记者按照惯常对比式导语的写作要求，先说新疆阿克苏地区柯坪县之前的环境恶劣、群众贫困，“目光所及是白花花的一片，像洒落一层雪花。土地盐碱大、耕地稀缺曾令这里的群众深陷贫困之中”。再对比今天，经过脱贫攻坚战后，阿克苏地区柯坪县走上了富裕之路。过去和今天，形成鲜明的对照。

3. 描写式导语

与概叙式导语相比，这类导语的特点是，在消息的开头部分出现画面和场景，用形象和镜头说话，有着强烈的现场感，给人以身临其境的感觉。

宿舍偷牛奶、图书馆翻书……西昌泸山顽猴下山滋扰校园

2021 年 5 月 11 日　红星新闻　记者：江龙

最近，四川西昌的一群顽猴在网络上很火，它们跑进西昌学院校园内，在教室里抢东西、去女生宿舍“串门”、溜进大学图书馆翻书、在电线上“走钢丝”、坐在操场上看踢足球……

笔者点评：这类导语的特点在于现场感，因此，是否重心前置，并不是重点。随着传输条件的大大改善以及人们阅读方式的改变，新闻为了更好地满足读者的需要，在写法上有了很大的改进，变得越来越“软”，越来越多的消息由“硬消息”变为“软消息”。写作引人入胜的“软消息”，已经成为一种时尚。

写作这类消息要求记者在采访时，尽量捕捉有形的画面，用生动形象的画面来说话，但前提是新闻事件一定要有能吸引人的画面存在。如果没有，非要生造一个出来，也会适得其反。

咱家的麦子能做面包了！

2018 年 6 月 6 日 《河南日报》 记者：李英华　陈慧

6 月 5 日，晴空万里，太阳火辣辣的，尉氏县张市镇沈家村的麦收进入尾声。联合收割机隆隆驶过，秸秆打捆机随之跟上，金黄色的麦粒从收割机里倾泻而出，撒进专门装粮食的农用车里，堆得冒出了尖。

笔者点评：这条消息的导语部分，全部采用现场描写的方式。2014 年，习近平总书记调研指导河南工作时，曾经来到这里，对提高小麦的种植质量提出了要求。4 年过去了，尉氏县张市镇沈家村群众交出了满意的答卷，种出了高质量的小麦。全文整个写作，尤其是导语很有现场感。

消息的特征是简短，即便是描写式导语，也要尽可能地简短，不能出现大段大段的描写，点到即可，这一点一定要注意。

4. 引语式导语

引语式导语，就是引用新闻事件中人物的话来作为导语的内容。

引语式导语有两个好处：一是引用别人的话来表达某种倾向性或观点，可以有效地把记者自己的观点隐藏起来。别人是怎样想的、怎样看的，引用出来，表达了某种观点和倾向性，这只是记者引用了某个信源，不代表记者具有这样的看法和观点。二是增加了现场感，让人在新闻现场说话，能突显新闻现场气氛和动感。

引语的方式有两种：直接引语和间接引语。

直接引语是加引号的引语，而间接引语是不加引号的引语。

引语在导语中不能过长，一般引用1—3句话即可，切不可大段引用。

深夜挨户敲门寻找　救下昏迷夫妇

2016年11月17日　《长沙晚报》　记者　彭放

《长沙晚报》讯　“医生，我妻子晕倒了，快来！”前晚10时54分，长沙市第四医院急救站医生李良义，接到长沙市120急救中心转来的呼救信息：岳麓区王家湾桃花锦绣安置小区有患者出现意识障碍。可急救车赶到现场时，对方电话却无人接听。医生挨户敲门寻找，终于救下煤气中毒夫妇。

5. 设问式导语

记者故意在导语部分提出某个问题，制造悬念和疑问，目的在于激发读者的好奇心，调动他们的阅读兴趣。设问式导语在提出问题时，可以有问号，也可以没有问号；可以在导语中就揭开谜底，也可以把谜底放在文章中间慢慢揭开，以吊足读者的胃口。

铁路公布一季度成绩单

2021年5月17日　《经济日报》　记者：齐慧

日前，中国国家铁路集团有限公司披露了2020年度和2021年一季度财务决算。如何看待这份成绩单，数据背后释放了哪些重要信号，有何亮点？会对经济社会发展带来哪些影响？

笔者点评：2020年和2021年，我国经济受疫情冲击很大。各地发现疫情后果断地采用“封锁”方式把疫情消灭在萌芽状态，成功地阻断了疫情，为全世界树立了榜样。不过，对公共交通和旅游等流动性行业来说，损失惨重。记者并没有把人们关心的统计结果直接写在导语中，而是抓住阅读者心理，提出大家关心的问题，吊起读者胃口后，再在文章中披露相关数据。

6. 评论式导语

在论述新闻事件的同时，对事实做画龙点睛的总结，一针见血地指出其中蕴含的因果关系和现实意义。

评论式导语的写作要点，是高度总结和概括全文，点出问题的实质。

某化工厂发生燃爆事故导致污染物泄漏？别慌，这是川渝两地应急演练

2020 年 11 月 26 日　红星新闻　记者：李彦琴

11 月 26 日，广安市某化工厂发生燃爆事故导致污染物泄漏，并随消防水进入长滩寺河和嘉陵江，威胁下游武胜县真静乡场镇及重庆市合川区饮水安全，甚至可能对出川断面水质造成影响，形势非常严峻……

别慌，这只是四川、重庆两地在广安联合举行“天府行动——2020 年嘉陵江川渝跨界突发环境事件应急联合演练”的一幕。

笔者点评：这个导语的前半部分，是讲一个化工厂发生“爆炸事故”造成了多大的危害；导语的后半部分，则指出这只不过是一次演习，从而指出这个新闻事件的实质。

7. 悬念式导语

悬念式导语与设问式导语一样，都有疑问在里面，但不同的是，悬念式没有问号，只把疑问藏在导语中。造成的悬念随后在导语或主体中解开。

延迟解开答案型：

好蹊跷　这个大院 17 次冒“无名火”

2009 年 2 月 13 日 《华西都市报》 记者：王聪

昨日下午 6 时许，温江永宁镇天王村 12 组村民赵秀英家中又出现明火，据悉，这已是大院发生的第 17 次“自燃”。从 1 月 23 日起，大院里 10 户人家房屋都出现过明火。村民自发组成了巡逻队，但“自燃”现象似乎没有消停的意思，“我们真的被烧怕了。”

直接解开答案型：

商家食物失踪，离家少年偷吃了

2008 年 3 月 16 日 《成都商报》

几天来，八里庄二手交易市场一些商家有些郁闷，不知怎么回事，莫名其妙地发现商铺里的米被煮成熟饭，而饼干糖果也经常神秘失踪。13 号晚上，市场管理方在检查时，在一家商家搭建在房梁上的储物间里，发现一个17岁的少年，而这个少年正是市场内拉三轮车的朱师傅失踪了近3个月的儿子小朱。小朱承认，市场内失踪的食物都是被自己吃的。

三、网络与新媒体中的导语

在网络与新媒体中，导语有被弱化的倾向。主要原因是在超链接的背景下，导语被藏在链接的后面，也就是说，导语和标题发生了分离。标题能决定网民是否进一步打开页面阅读，这迫使网媒挖空心思在标题上大做文章，以至于造成“标题党”的产生。

近年来，网络和手机App上的标题变得越来越长，有的标题甚至达二三十字，目的在于弥补导语被分离后的缺陷。也就是说，网络与新媒体的编辑试图把标题变成一个小导语。

随着技术的进步，这个缺陷已经被弥补了。现在手机上大量出现的不占流量的内容推送，重新复活了导语。手机屏幕上每时每刻不断跳出，并用声音提示人们浏览的，实际上就是一个标准的导语。看完一个简短的推送内容后，人们如果感兴趣，只需要点击，就可以阅读到详细的内容。

在这种状态下，导语的作用不仅没有被弱化，反而被强化了。

第四节　消息主体

消息主体又称消息主干，是整个新闻事件内容的展开部分。在整个消息类新闻报道中，通常导语只有一段，而主体却由若干段构成，是整个新闻报道中内容最多、情节最丰富、过程最详细的部分。导语从写作难度上高过主体，但主体从信息量上却高于导语。

一、主体的功能及作用

1. 展开导语，使之具体化

我们在讲导语时反复说过，导语把新闻事件的核心信息和重要信息和盘托出，光看导语，可以让人知道发生了一件什么事情，但事件的具体过程、详细内容和具体细节都没有。也就是说，看导语只看了事件的一个梗概，却不能了解具体详细的内容。具体详细的内容，只有借助主体才能完整地展现。

消息的特征是用事实说话，因此，在展开主体时，要具体翔实，切忌空洞、抽象。

2. 把事情说清楚

主体写作要服从于新闻写作的一般规律——简短、准确、真实、通俗、形象、生动，逻辑性强，没有废词和废句，等等。导语可能因过于简短，不能把新闻事件说清楚，所以，在导语中没有说清楚的新闻事实，一定要在主体部分充分展开。如果主体都没有把新闻事件说清楚，整篇报道也就不可能说清楚了。

杨先生痛说给孩子诊病遭遇——看个“咳嗽”要掏 1,065 元

2002 年 8 月 10 日 《武汉晚报》 记者：李红鹰

本报讯　7 日，武昌杨先生带着 2 岁的女儿到市儿童医院看病，没想到看一个“咳嗽”就要花 1,000 多元。因此，他于昨日投诉到本报新闻 110。

据称，杨先生被导医引到专治哮喘的陈教授诊室，陈问了几句，让他先带女儿去验血，发现孩子对常见的 31 种物质的过敏反应均呈阴性。

陈教授根据孩子患过湿疹，判定孩子是过敏性体质，便在病历和处方单上分别开了处方。杨先生见药开得很多，病历上字又看不懂，便问孩子得的什么病，陈教授说：“按我开的药吃就行了。”

一划价，药费加治疗费 765 元，加上验血费 300 元，共 1,065 元！有医务人员小声提醒杨先生：“你的药开多了。”杨先生返回诊室问陈教授，陈教授称这是一个疗程的药。

杨先生回家后发现，一种叫“贝亚宁”的药上写着：过敏性体质慎用。杨不解：既然孩子是过敏性体质，为什么还要给孩子开这种药呢？细看病历又意外发现：陈教授开给药房的处方里写的是贝亚宁 6 盒、臣功华芬愈美颗 3 盒、力欣奇 4 盒……而病历上没有“贝亚宁”和“臣功华芬愈美颗”这两味药，“力欣奇”也只写有 2 盒。再深入解读药品说明书：6 盒“贝亚宁”可用 5 个半月！

面对杨先生的质疑，陈教授昨日解释：“贝亚宁”是一种免疫调节剂，虽然是“过敏性体质慎用”，但她是在给孩子开了脱敏药的前提下，开出这种药的。

至于为何病历上处方药品数量比购药处方单上少，陈的原话是：为患者家长的经济承受能力作考虑。

该院负责人就此表示：陈教授的行为肯定是有差错的，院方会根据院内质量管理条例对其进行处理。

最后，应杨先生要求，院方将杨手上的价值 210 元的“贝亚宁”退掉。

笔者点评：这篇报道的导语只讲了几个核心信息：杨先生带着 2 岁的女儿到医院看“咳嗽”；药费花了 1,000 多元；杨先生进行了投诉。

这些内容还不足以体现这次看病怎样“离谱”。为此，在主体部分需要进一步展开：杨先生带着女儿到哪家医院看的，哪一位医生接待了他，医生的初步诊断是什么，医生给他开了什么药，这些药的名称和疗效是什么，杨先生买这些药花了多少钱，杨先生是什么时候发现不对劲的，杨先生找医生反映情况，医生是怎样回答的，院方对此事持什么态度，最后的结果是什么。

至此，杨先生带女儿到医院看一个咳嗽花了 1,000 多元这件事才算基本讲清楚了。要把新闻事件交代清楚，有一个重要的方法，就是看主体提供了多少信源。

信源，又称信息源，指信息的原始创造者。信源可以是一个人，可以是几个人，也可以是机构或组织，还可以是记者独立的观察和信息收集。

新闻报道要重视交代信源，即提供信息的来源——谁说的，说了什么，信息来自哪里。一般来说，信源提供得越充分、越权威，就越有助于把一件新闻事件说清楚。例如《广州路面坍塌现 5 米深大坑　积水淹没小车》。

广州路面坍塌现 5 米深大坑　积水淹没小车

有些记者不太重视信源，交代新闻事实时不注意提供出处，则会成为典型的“三无”消息。

苏州：男子二楼坠落　自称为躲避两女子“求欢”

2012 年 9 月 27 日 《姑苏晚报》 记者：叶永春

昨日上午，苏站路新天地家园一名男子从二楼坠楼，腰椎受伤。

昨日上午近 10 时许，记者赶到新天地家园南区，看到小区居民楼下，一名中年男子侧躺在草坪砖上，不断呻吟。他身旁有一个挎包，手边还有塑料袋装着食品等。“他是从二楼跳下来的，不知道怎么回事。”有目击者称，该男子坠楼后一直躺在地上，看样子伤势不轻。附近居民告诉记者，该男子所坠落的二楼平时用于出租，但男子坠楼后租客已不知去向。经居民联系后，120 救护车赶到现场，将男子送往医院。

对于事发原因，该男子介绍说，他来自安徽，早上刚乘坐火车到苏州，从火车站出来正要寻找住处时，有两名女子主动上前询问其是否要住宿。“他们说住宿费只要 20 元，我觉得很便宜，就跟着他们去了。”他说，却没想到两名女子将其带到了新天地家园一居民楼中，等他一进屋，她们便突然将门锁住，围着他称要和他发生关系。男子称，他在苏州人生地不熟，害怕被骗，就提出要离开，但发现门已经被锁住，情急之下，从二楼跳了下来。经医生初步诊断，发现该男子腰椎有骨折现象，需要接受住院治疗。

笔者点评：这是一个典型的“三无”消息，当事人、相关者、知情者均无一人有明确的名字和信息，全部用“目击者”“该男子”“附近居民”“居民”“两名女子”“医生”代替，如果记者连采访对象的姓名和身份都没有搞清楚，这样的稿件是不合格的。新闻写作首先是要将核心信息写清楚，谁说的，说了什么，需要提供明确的信源出处。

当然，并不是说信源越多越好。消息的特征在于简洁，如果内容过于烦琐，反而不利于把事情讲清楚，不过至少要保证一个新闻事件要有多个信源来相互印证，防止在写作时，由于采访不深入而出现单信道、单信源的现象发生。

3. 补充说明导语中未提及的新闻事实

虽说导语中要写出新闻事件的核心信息、重要信息，要高度浓缩和概括新闻事件中的关键信息，但导语毕竟过于简短，难免会遗漏一些读者关心的信息。

因此，凡是在导语没有提及的那些对说明新闻事件有帮助的内容、有价值的内容，都需要在主体中说清楚；把导语没说完整的内容补充完整，以便让读者了解事件的全貌。

居民楼着火老人被困——消防还在路上时，这位19岁的辅警小伙已率先冲向火场……

2020年11月1日　红星新闻　记者：王超

“救我呀，快来救我呀！”10月29日16时30分许，四川省南充市西充县晋城街道工农街某居民楼七楼突发火灾。飘出阵阵黑烟的窗户前，一位被困老人一边拍着墙壁，一边大声向窗外呼救，引得楼下大街上的驾驶员纷纷停车观看。有人立即拨打119、110报警。

“当时，我就在楼下面马路上执勤，看到驾驶员们的反应，抬头往上一看，发现老人情况非常危险！”此时，正在东门桥附近执勤的西充县公安局交警大队辅警罗磊立即骑上警摩，火速赶往着火现场。

到达现场后，罗磊看见居民楼下已聚集了一些群众，大家满脸焦虑，不知所措。罗磊通过询问得知，现场的群众已经拨打了报警电话，但是消防救援人员和派出所民警还在赶赴现场的路上。随后，罗磊一口气冲到了起火的七楼房间，发现防盗门微掩，现场火光四射，浓烟滚滚。“找床棉被来！”面对熊熊燃烧的大火，罗磊转身去了六楼的房间，找来了一床棉被披在身上，尝试冲入火场救人。

“让开！”当同事和群众帮忙把房门打开后，罗磊准备冲进去救人，但冒着高温往前冲了几步，从房间里冲出来的火焰和热浪将他逼了回来。

“进不去，进不去，快出来！”楼下的群众不停地朝着罗磊喊叫。试了两次之后，罗磊只得无奈地退了出来。随后，他跑上楼顶，试图从楼顶找到救火的突破口。

但到了楼顶后，罗磊才发现，着火的房屋没有安装防护栏，但是邻居家有。他试图踩着防护栏进入着火房间，但是防护栏太滑，无法借力。于是，他给同事打电话，准备让同事送绳子，想利用绳子连接“生命通道”，从窗户爬进去救人。

就在罗磊打电话让同事送绳子的时候，消防救援人员赶到现场。罗磊及时将掌握到的情况告知了现场指挥员，并配合消防队员实施营救，为接下来科学有效地救援争取了宝贵时间。待到现场火势被控制后，来不及歇口气的他又马不停蹄地赶到街面上，配合同事紧急排查路障，疏散围观群众。

十几分钟后，在消防队员与民警的合力下，大火终于被扑灭，房内的老人被救出并送往医院救治，现场无其他人员受伤。

据悉，当天参与救人的罗磊今年19岁，才加入公安队伍1年多。“勇敢”“好样的”“感谢有你”……11月1日，罗磊披着棉被试图冲入火场的视频被网友放到网上后，引来一片赞誉。

笔者点评：这篇消息的导语十分简单，只介绍了某居民楼发生火灾，楼上传来喊叫声，居民们驻足观望并报警。但全文辅警罗磊英勇救人的核心信息却只字未提。

本文的主体则用了大量的篇幅，详细介绍了罗磊冒着熊熊大火英勇救人的感人过程。罗磊发现火灾后，第一时间冲向现场，一口气冲向起火的七楼。在发现火大到无法进屋之后，他返回六楼，“找来了一床棉被披在身上”“往前冲了几步，从房间里冲出来的火焰和热浪将他逼了回来”“他跑上楼顶，试图从楼顶找到救火的突破口”，但没有成功。罗磊没有气馁，又“试图踩着防护栏进入着火房间，但是防护栏太滑，无法借力”，于是，“他给同事打电话，准备让同事送绳子”。直到消防人员到来后，他才把救火现场交给消防人员，自己则到街面维持秩序。

主体中交代了很多内容，把导语没有说的事情讲得清清楚楚，尤其对罗磊救人救火的感人事迹做了详细的描述。

二、主体的写作要求

在消息的写作中，导语的写作难度最大。导语字数虽少，作用极大，具有“一锤定音”的作用。但主体非常重要，俗话说，写文章是“凤头、猪肚、豹尾”，这个“猪肚”指的是主体要内容翔实，要丰富多彩，才能引人入胜。

写作主体时要注意以下几点：

1. 注意词语的变化，不能简单地重复同样的概念和词语

不光是新闻写作要注意这一点，其他写作也都要注意，字句和概念不能简单地重复，一旦同样的字句反复出现，马上就会给人留下非常不好的印象。

导语是新闻事件核心信息和重要信息的高度浓缩，它与主体的关系用一个比较形象的比喻来说就是：导语是新闻事件的简写版，主体是新闻事件的详写版。因此，内容上的重复在所难免。

需要注意的是，即便是内容重复，在行文时也要换一种说法，不能简单地照搬原字句和原概念。如果有重复，也要做到写法有所不同，即内容不变，但需要换一种表述方式。

比如，我们在第一章中举例的一篇报道《上海黄浦江松江段已打捞死猪超过1,200头》，报道中连续多处出现“打捞的死猪数量超过了1,200头”，让人看了很不舒服。

2. 只能有一个主题、一个中心思想

一篇短小精悍的消息，原则上只能说清楚一件事。把一件事情说清楚，消息的传播作用就完成了。所以，一篇消息只能有一个主题、一个中心思想，所有的叙述都要围绕着一个中心转，与中心无关的内容通通去掉。

3. 尽可能地提供信源的出处

尽可能地在新闻报道中提供信源的出处，这是判断一名记者是否合格的重要标准之一。一个新闻事件有五个信息来源，即当事人、相关者、知情者、记者客观叙述和记者现场观察。除了最后两项之外，凡当事人、相关者和知情者，都要提供明确的信源出处。如《飞机竟遭老鼠逼停！航司回应：第一次遇到》。

飞机竟遭老鼠逼停！航司回应：第一次遇到

4. 叙述尽可能生动，行文要有波澜

如果一篇消息既简短，条理逻辑清楚，又充满生动性和情趣感，那是再好不过的事情了。消息写作既要传递清晰的新闻内容，又要让人读起来有情趣，给人留下深刻的印象。

第五节 消息的背景

一、什么是背景

贴士

和背景相关的三个问题

很多消息都存在着背景介绍。从严格意义上来说，背景不是新闻事件本身，而是新闻事件的补充说明。

概言之，新闻消息的背景是指在新闻事实以外，对新闻事实或新闻事实的某一部分进行解释、补充、烘托的材料。当新闻报道本身有让读者不清楚、不明白之处，容易产生误解或歧义时，需要适当地加以解释和补充。

哈工大教授破解“T细胞”世界之谜

2019年8月30日 《黑龙江日报》 记者：赵一诺 衣春翔

T细胞是脊椎动物适应性免疫系统的关键细胞，在病毒感染、癌症以及自体免疫疾病中起着关键作用，是世界生命科学领域重要的研究方向。28日，世界顶尖学术期刊

《自然》在线发表了哈工大生命学院黄志伟科研团队题为《人T细胞受体—共受体复合物组装的结构基础》的研究文章。该研究揭开了T细胞受体复合物结构这一世界之谜，有助于人类理解细胞适应性免疫机制，为开发免疫疗法提供关键基础。

免疫系统是生物抵御周围世界中各种病原的重要屏障，高等生物的免疫系统可以分为天然免疫和适应性免疫。适应性免疫不但有错综复杂的特异性，还可以产生免疫记忆，是发展疫苗的基础，为人类防治传染性疾病起到了重要作用。T细胞是免疫系统的重要成员，黄志伟教授在接受记者采访时形象地说，T细胞就像是人体免疫系统中的"警察"，专门追击那些发生感染、病变的坏细胞，在治疗病毒感染、癌症以及自体免疫疾病中起着关键作用。

过去的二十年，人们对T细胞进行了很深入的研究，但作为细胞免疫基础科学问题之一的TCR–CD3复合物组装以及信号转导的结构基础仍然未知。黄志伟科研团队的研究，首次回答了免疫领域关于T细胞受体复合物结构的基础科学问题，对解析T细胞活化的分子机制具有重要的科学意义，同时也为开发基于T细胞受体的免疫疗法提供关键结构基础。

《自然》杂志文章审稿人对黄志伟科研团队的该项研究给予高度评价："该研究工作代表了细胞适应性免疫的分子机理研究的一个重要里程碑。通过阐明第一个在膜上组装的人T细胞受体和其共受体CD3复合物的结构，极大地增加了我们对T细胞识别抗原反应的激活机制的理解。"西湖大学校长、中国科学院院士施一公教授也对该项研究给予高度评价——T细胞受体复合物结构之谜一直是世界顶级科学家们梦想解决的细胞适应性免疫学的重要科学问题，哈工大黄志伟团队对该复合物结构的解析是理解细胞适应性免疫机制的重要里程碑。

笔者点评： T细胞是人类免疫系统的关键细胞，对治疗病毒感染、癌症以及自体免疫疾病起着十分关键的作用。哈工大生命学院黄志伟科研团队的研究，揭开了T细胞受体复合物结构这一世界之谜，这篇新闻报道具有十分重要的新闻价值。但一说到T细胞，绝大多数人都不明白，所以本文在导语后，专门拿出一段来介绍什么是T细胞，让人们明白它在人体免疫系统中所起的重要作用，从而达到提升此消息新闻价值的目的。

二、背景的类型及作用

1. 解释性背景，让新闻变得更加通俗易懂

解释性背景在新闻报道中运用最广，也最常见。

解释性背景又称说明式背景，是指当新闻事件出现某种说不清、道不明的情况时，需要运用另外一种材料对它进行解释补充，从而使主题更鲜明、意义更突出、内容更清晰。

也就是说，在写作时，记者发现某个概念、某个问题读者有可能难以理解，不知道其

内涵价值，不明白其作用和功能，就会找相关背景资料来解释补充。

9天，216小时，青海改写世界纪录（节选）

2018年6月30日 《西海都市报》 记者：魏金玉

截至6月28日24时，国家电网公司在青海电网策划开展的“绿电9日”——清洁能源在身边活动圆满结束。连续9日，216小时，国家电网圆满实现全清洁能源对青海供电，电网保持安全稳定运行，再次改写全清洁能源供电的世界纪录。

“绿电9日”是从6月20日零时至28日24时，在青海全省连续9天216小时全部以水、风、光等清洁能源供电，实现用电零排放。根据国网青海省电力公司调控中心统计数据显示，“绿电9日”期间，青海电网最大用电负荷853.8万千瓦，全省用电量17.6亿千瓦时，清洁能源发电量20.31亿千瓦时，其中，水电电量16.12亿千瓦时，光伏电量3.23亿千瓦时，风电电量0.96亿千瓦时。新能源电量占全部用电量的23.8%，实现了高占比发电。清洁能源除满足省内供电外，还实现外送2.71亿千瓦时。

……

笔者点评：本文的新闻价值，是一项名叫“绿电9日”的活动。什么是“绿电9日”，如果不解释，读者肯定不知道，因此需要背景解释。因此，在导语结束后，文章立即开始背景介绍，指出“‘绿电9日’是从6月20日零时至28日24时，在青海全省连续9天216小时全部以水、风、光等清洁能源供电，实现用电零排放。”让人明白“绿电9日”是怎么一回事情。

2. 补充性背景，揭示事物的价值与意义

有些材料，如已经过去的某个历史史实，对补充和说明新近发生的新闻事实很有好处，也可以在文章中使用，并成为新闻报道的一部分。

蓝田发现迄今为止中国最早的人类活动痕迹

2018年7月13日 《陕西日报》 记者：郭青

来自中国科学院等机构的研究团队，在陕西省西安市蓝田县境内发现了迄今为止中国最早的人类活动痕迹。7月12日，《自然》在线发表的这一突破性发现将中国的人类史向前推进了约40万年。

这项研究由来自国内外11家单位的11名学者共同参与。文章报告位于黄土高原南部、秦岭北麓的陕西省西安市蓝田县上陈村一带新发现了一个早更新世的古人类旧石器遗址，其所处时代距今126万年到212万年。上陈旧石器遗址拥有连续性较好的人工制品文化层序列。研究人员在遗址黄土—古土壤序列的17个原生层位（S15—L28）中发现了96件石器。

自2004年起，中国科学院广州地球化学研究所朱照宇团队开始在上陈村周边进行考古发掘。朱照宇团队详细描述了上陈旧石器遗址早更新世黄土—古土壤序列S15至L28层位中82个被打击过的石头和14个未经打击的石块。这些被打击的石头包括石核、石片、刮削器、尖状器、钻孔器和石锤等，是古人类早期使用工具的证据。上陈旧石器遗址17个文化层的时间跨度约为85万年，出土的96件石器大部分位于11个古土壤层中，少量位于6个黄土层中。

学术界普遍认为古人类可能起源于非洲。目前已知的人类最古老的化石，是来自埃塞俄比亚的一块约280万年前的骸骨。到目前为止，非洲以外发现的最古老的古人类是位于格鲁吉亚的德马尼西人。在德马尼西遗址发现了大量约185万年前至178万年前的多种古人类遗骸与人工制品。中国云南元谋曾发现两颗可能属于直立人的门牙，其历史在170万年以上。此前在蓝田公王岭发现的直立人头盖骨，最近确认其历史大约距今163万年。而这次发现上陈村有古人类存在过的证据，主要是分布在发育完整和连续沉积的风成黄土—古土壤地层中人工打制的石器。该发现将古人类离开非洲的时间前推到约212万年前，比格鲁吉亚的德马尼西遗址显示的时间还要早约27万年。

笔者点评：本文的重大意义在于，它把整个中国的人类史向前推进了约40万年。综观整篇新闻报道，具备新闻内容的是第一段和第二段，后面的段落全部是背景资料介绍，但若没有这些背景资料的介绍，整个研究成果的价值和意义就不会让更多的人知晓。我国对蓝田县境内古人类的考古发掘，从2004年就开始了。10多年来，考古工作者进行了大量的工作，目前的新闻结论和内容，是建立在考古成果基础上的科学总结。因此，这些背景资料的介绍，成为本文价值和意义必不可少的组成部分。

3. 对比性背景，突出事物的特点，显示变化程度

所谓对比性背景材料，是指在运用新闻背景材料时，与新闻事实形成新与旧、前与后、正与反的对比关系，运用对比来反衬或强化新闻主体的内容和意义。作者通过新闻事实与背景材料的对比，把新闻的是非曲直、先进落后、真假黑白，真实地展现在读者的面前。

4. 注释性背景，为新闻增加知识性和趣味性

注释性背景材料常用在某些知识性、趣味性的新闻报道中。适度地增加某些知识背景、历史背景、典故背景、考据背景，可让文章饶有趣味，具有可读性。

“李焕英”身后那座城，原来有那么多惨烈感人故事（节选）

请扫码阅读《“李焕英”身后那座城，原来有那么多惨烈感人故事》（节选）。

笔者点评：2021年春节期间，电影《李焕英》在全国上映，该电影的拍摄取景地——襄阳跟着火了起来。记者抓住这个时机，采写了这篇以背

景资料为主要报道内容的新闻消息。

该文旁征博引，历史典故和资料信手拈来，读起来饶有趣味。比如，分别介绍了20世纪60年代“三线建设”时期的襄阳，介绍了春秋战国时的楚文化浸润下的襄阳，介绍了唐宋时期众多文人墨客笔下的襄阳，还介绍了襄阳的种种历史传说和故事，是一篇以背景资料为主来吸引读者的好文章。

第六节　消息的结尾

消息通常没有结尾。在绝大多数情况下，事情说完了，自然就结尾了，没有必要去特意安一个“尾巴”。

但是，确实有少数的消息，后面拖着一个明显的“尾巴”，不过，这个“尾巴”通常是有一定讲究和考虑的。

消息的结尾主要形式有：

一、总结式结尾

总结式结尾相当于评论式导语。不过，这个总结不是出现在导语中，而是出现在文章的最后面，其作用在于给整个文章来一个最后的升华。

18年坚守　凉山悬崖上教师夫妇感动中国（节选）

2009年2月8日《成都商报》

……

李桂林和陆建芬夫妇俩这次一起入选“感动中国人物”，是他们那种全身心投入山区教育事业的精神感动了国人，他们身上闪耀着让人敬佩的光芒。

二、待续式结尾

待续式结尾相当于有意留一个尾巴，告诉读者此内容（或此报道）还没有完，记者还将继续跟踪报道，敬请读者留意。相当于过去读章回小说，每章的后面有意地留一句话“且听下回分解”，起一个告知的作用。比如“记者还将继续对这起新闻事件进行跟踪报道”“本案件还在继续审理之中”等。

第七节　消息的结构

一、什么是消息的结构

消息的结构是指一篇消息在写作过程中的谋篇布局，即一篇文章应该怎样展开，先写哪一段，后写哪一段，段与段之间的逻辑关系是什么，用怎样的方式把一篇文章有机地连接起来。

一般来说，不同的新闻消息，一定要用一个最佳的逻辑顺序去适配它。最佳的结构是最好的表达主题的形式，它有助于主题的顺利展开。

二、消息的结构类型

1.“倒金字塔”结构

前面已经讲过，重心前置不是“倒金字塔”，重心前置是把文章的关键信息、核心信息和重要信息等“重心”前置到标题和导语中；“倒金字塔”是一种结构样式，是按照内容的重要性依次排列的写作形式。

“倒金字塔”结构又称“倒三角”结构，因文章的重要性在图形上展开像一个倒立的金字塔而得名。依照事实的重要性和受众关心的程度依次递减来安排文章各段内容的结构方式，在新闻媒体报道几百年的历史中，“倒金字塔”是运用最多、最受记者欢迎的一种结构形式。

其原因在于：

第一，符合读者的阅读习惯，符合新闻重心前置的要求。

第二，便于记者快速写作，不用在写作结构上花费太多心思。

第三，便于编辑在不影响全文重要性的情况下进行快速删减。

2.“非倒金字塔”结构

“非倒金字塔”结构是指其他与“倒金字塔”结构相对应的结构的统称，通常用于非事件性的新闻报道，即具有一定的故事性、人情味和趣味性的软消息类报道。“非倒金字塔”结构主要包括时间顺序式结构、悬念式结构、并列式结构等。

（1）时间顺序式结构

这种结构又叫编年体结构，意思是说，顺着新闻事件开始、发展、高潮、结束的先后顺序来写作，不打乱事件发生的先后顺序。

这种写作方式的好处是，记者不用去谋篇布局，只需按照事件发生的过程依次写下来既可，既交代清楚了事件，又便于读者阅读和理解。读者可以沿着时间的顺序，自然而然地跟进新闻事件的发展。这种结构方式没有重心前置的要求，关键信息、核心信息和重要信息都不在前面，导语一般属于延迟式导语。所以，这类写法大多适合于故事性比较强，有一定情节的新闻事件。

（2）悬念式结构

悬念式结构与悬念式导语不同。悬念式导语指的是把悬念设置在导语中，在导语中提出悬念，在导语中或主体部分解开。悬念式结构则是在文章前面设置悬念后，一定要把悬念搁置到文章的最后才解开，以充分地吸引读者。

例如，美国《迈阿密先驱报》一篇报道，导语只用了一句话"寡妇埃尔金的丈夫们遇上了倒霉事"，到底遇上了什么倒霉事，导语中却不说。正文依次叙述她四任丈夫的神秘死亡：有人谋杀了她的第四任丈夫塞西尔·埃尔金，当时塞西尔·埃尔金正在看电视《家族世仇》，有人用一个长柄平锅敲碎了他的头；第三任丈夫塞缪尔·斯米利奇掉进了南戴德一个杂草丛生的沟渠里；第二任丈夫劳伦斯·迈耶斯不知所踪……

直到文章最后一段，记者才揭开谜底："正是杀死她第四任丈夫的凶手让玛格丽特·埃尔金陷入了麻烦，她被指控雇用一个养蜂人来杀死他，审判定于9月9日举行。"

（3）并列式结构

并列式结构又称分章节结构，是指在文章主题和主标题确定之后，大体把内容分成几个相对独立的部分，然后把内容分门别类地装进去。这种结构常用于文章较长、内容较多的报道中。

较长的文章或者内容较为复杂的新闻报道，如果不对内容进行梳理的话，很容易眉毛胡子一把抓，引起读者理解上的混乱。并列式结构的好处是，让读者阅读的思路更清晰，更容易掌握和理解文章的内容。好比是看一个事物，把它分成几个不同的观察角度，读者观察后，把几个不同角度的内容汇总起来，就会对事物形成一个完整清晰的印象。

采用并列式结构，需要注意以下几点：

第一，按照大主题套小主题的方式将素材予以分类，斟酌从哪些角度、哪些方面入手可以把事情说清楚，从而确立整个文章的大主题和小主题。小主题一定是为大主题服务的；小主题应当紧紧围绕着大主题进行分类，不能偏离大主题。

第二，每个分章节应该取一个与分章节内容密切相关的小标题，对分章节内容进行高度浓缩和概括。

第三，分章节的标题应该协调统一，采用相对统一的格式。

第四，由于消息的总体字数和篇幅较小，分章节一般设置为2—4个，通常以3个居多，最多不超过4个。

第五，主标题与第一分章节小标题之间，一定要有导语隔开，不允许主标题直接接小标题。

第八节　硬消息与软消息

硬消息是指用叙述式语言直接交代新闻事实，让人们知道在什么时间，什么地点，什么原因，什么人物，发生了一件什么样的事情，过程如何，有哪些效果和影响，等等。

而软消息则主要指用描写性语言，或者是用描写加叙述的语言，展现出新闻事件的现场感和形象性，或者是用生动有趣的笔触写作新闻。在交代新闻事件的同时，又要引起读者浓厚的阅读兴趣。

手机和网络的发展给人们的阅读方式带来了很大改变，新闻从总体上变得越来越大众化，写法上变得越来越软，即由过去的硬消息逐渐变成相对柔和的软消息。

比如，常见的天气预报新闻，虽然通俗易懂，但写法上有些呆板枯燥。

明起冷空气再袭　2 月上旬中东部降水少

2018 年 11 月 30 日　中国天气网

预计，今天（30 日）南方雨雪迅速消减，进入 2 月上旬，我国中东部地区降水将明显减弱，无明显降水天气过程，有利春运交通出行。天气虽转晴，但冷空气依然活跃，2 月 5 日前，大部地区依旧气温偏低，公众出行还需加强防寒保暖。

进入 2 月上旬，我国中东部雨雪将明显减弱，无明显降水过程，南方终于迎来雨雪停歇的一段时间。雨雪主要集中在西部地区，特别是西南东部雨雪较多，这种降水西多东少的格局将至少延续至本周末。

气象部门建议，南方此轮雨雪虽弱，但在 1 月下旬雨雪多的背景下，地面比较湿滑，公众仍需防范对公路交通出行的不利影响。

为了适应读者的需要，很多媒体会对气象台提供的天气预报进行改写，使之更具人情味和生动性，更有可读性。

本周二起成都将开启天天雨模式　气温仍然偏高

2016 年 7 月 4 日 《华西都市报》 记者：吴冰清

暴晒，闷热，下雨；又暴晒，又闷热，再次下雨……最近，四川的天气就这么循环播放着。但需要广而告之的是，进入本周，暴雨则要强势霸占播放列表了。从 5 日午后开始至 9 日，我省大部地方多雷雨或阵雨，广元、成都等城市则被安排在了暴雨的行列中。

刚刚度过的周末，成都人的心情应该很复杂。7 月 2 日，好不容易迎来假期，可爱岗敬业的太阳却不闲着，一丝不苟地照耀着大地。当天上午 11 点，成都市的平均温度就达到 31.9℃，人民公园的温度更是高达 34.9℃。

好在 3 日凌晨，暴雨来袭。2 日 20 点到 3 日 8 点，成都市出现了雷阵雨天气，新津红岩雨量站的降雨量达到 110.9 毫米，达到暴雨级别。

雨水浇灭了太阳的热情，气温变得可爱起来。3 日上午 11 点，成都市平均气温只有 25℃，堪比天然空调房。然而，这种幸福是短暂的，随着太阳卷土重来，成都的气温陡然拉升，很快就升了近 10℃。

“才凉快了一下，马上就变本加厉地热回来，肉测有 40℃。”下午 3 点过，出了趟门的市民李先生感觉周围所有人都成“熟人”了。其实，昨天下午的气温真不算高，只是因为下雨使得空气湿度增加，体感温度比实际温度高出了个三五度。

……

不过，气温很“傲娇”——你下你的雨，我可没说要降温。据预计，本周我省大部分地方的周平均气温，属于正常偏高。也别太埋怨，夏天不热怎么能叫夏天呢？

第二篇报道明显比第一篇报道更加形象生动。文章中虽然用了很多拟人和比喻的句子，“可爱岗敬业的太阳却不闲着，一丝不苟地照耀着大地”“雨水浇灭了太阳的热情，气温变得可爱起来”“感觉周围所有人都成‘熟人’了”……但这种拟人和比喻区别于文学语言，是与现实现象非常贴切的，有助于读者对现实现象进行掌握和理解。

过去，人们直接把“软消息”归于“通讯”的范畴，并没有“软消息”这种说法。但由于传输条件的改善，受众阅读心理的变化，以及互联网时代网络媒体对字数和篇幅的放宽，软消息的比重越来越大，消息与通讯越来越走向融合，这是大势所趋。确实，有很多软消息，在写作方式上很难把它与通讯区别开来，很难说清它到底是一篇消息还是一篇通讯。在部分消息写得很软的前提下，想把消息和通讯区分开来，主要看以下三个方面：

第一，篇幅大小。一般篇幅小的是消息，篇幅大的是通讯。

第二，有无导语。导语是消息的独有特征，通讯一般没有导语。

第三，有无消息头。消息才使用消息头，而通讯没有消息头。

今天，人们写消息，到底是采用“硬”的方式还是“软”的方式，主要看题材本身。如果题材本身故事性比较强，具有生动的情节与细节，或者具有一定的趣味性和可读性，那就尽可能地采用“软”的方式写作。但是，如果没有什么情节性和故事性，或者是比较严肃的内容，就必须用严肃的方式去写作，即采用“硬”的方式。毕竟，绝大多数新闻报道是不需要体现其情节性和趣味性的，如果硬要往情节性和趣味性上靠，反而显得画蛇添足了。

思考题

1. 在网络与新媒体时代，新闻传播的性质改变了吗？
2. 简述新闻报道中消息与通讯的区别。

3. 什么是重心前置，重心不前置可以吗？
4. 什么是消息的导语，导语的作用是什么？
5. 导语的基本特点和写作方式有哪些？
6. 什么是背景，背景有哪些类型，它们在文章中各自起什么样的作用？

练习题

练习一：新闻标题

1. 说出以下标题的修辞用法，并写在标题的后面。
《阻止地沟油“上桌” 试试让它“上车”》
《总理遭“拎走”几小时 利比亚的麻烦全曝光》
《总理椅子还没坐热 逆袭者“老陆”就被逆袭》
《100元 老师“卖学生”给托管班》
《满街清凉装 不见露成霜》
《橱柜太像家，蜂王看上它》
《今天，你躲猫猫了吗》
《金星地产 惊心破产》
《两年代考七次 这个“枪手”很疯狂》
《麦家谍战封笔之作——看梅婷 在刀尖上行走》
《德阳“水果妹妹” 她卖的橙子会“笑”》
《“特仓苏”让我们成惊弓之鸟》
《学生正上课，学校“鬼火”冒》
《寻找创业板“高帅富”》
《市区又见雪花，只是飘过 呼朋唤友赏雪，生怕错过》
《二月约“惠”中国女鞋之都，将“春天”穿身上》
《私家车顶雪人“跳”style 龙泉果农半天赚千余元》
《乡愁是飙涨的房价 北上广走在前头 故土跟在后头》

2. 说说以下标题属于什么类型。
32万元巨款归还失主 大义的哥孔祥奎说——
捡到就还，就像生活一样简单

（《齐鲁晚报》2010-02-28）

农民工的“被窝子”管不管？
网友有赞有弹，认为提高农民工收入才是关键

（《南方都市报》2010-01-30）

积雪压塌鸭架
六千鸭子遭殃

（《齐鲁晚报》2009–11–13）

我省召开深入学习实践科学发展观活动暨干部作风建设年活动总结大会
把贯彻落实科学发展观引向深入
张云川指出，今年要集中整治乱收乱罚、吃拿卡要等行为

（《燕赵都市报》2010–02–27）

升入优质高中　不再“唯分是举”
千余个考生要过“素质”关
今后中考改革模式:“分数＋等级＋定性评语”

（《楚天都市报》2005–06–13）

曾以近650分考入中科大，毕业4年一直在找工作，春节期间街头睡了三天
年轻“流浪汉”竟是当年理科状元

（《成都商报》2014–02–11）

3. 认真阅读以下文章，并给文章配上合适的主标题和四个副标题　　　　　　。

本报讯（记者　简光洲） 9月8日，位于甘肃省兰州市的中国人民解放军第一医院泌尿科又接收了一名8个月大，来自该省岷县的患有“双肾多发性结石”和“输尿管结石”病症的婴儿，这是该院3个多月来接收的第14名患有同样疾病病例。

到目前为止，对于婴儿患病的原因还没有调查清楚，但是这些家长反映孩子们出生后一直都在吃名为“三鹿”牌的奶粉。患病婴儿的家长们怀疑说:“或许和当年安徽阜阳的空壳奶粉致婴儿成为大头娃娃一样，这次的罪魁祸首也可能是奶粉。”

记者昨日还了解到，10天前湖北省同济医院小儿科也接收了3名患有肾病的婴儿。这3名分别来自河南、江西和湖北的患儿家长也反映婴儿食用的是“三鹿”牌奶粉。

目前尚不知患儿所使用的奶粉是否为假冒伪劣产品。河北三鹿集团传媒部对早报记者表示，已派出工作人员赴甘肃调查，当地质检部门对该集团奶粉的检验显示没有质量问题。

副标题一:

解放军第一医院泌尿科已经接收了14名患肾结石的婴儿，到昨日为止，有6名在手术后康复出院，其余8名仍在医院治疗。

该院泌尿科首席医生李文辉介绍说，该科是在6月28日收到第一例婴儿患肾结石的病例。在3个月时间里，陆续共有14名婴儿因患同样的疾病住院。

据了解，这些婴儿进院时病症基本上都到了中晚期，有的甚至有生命危险。他们都

是1岁以内的婴儿，且症状表现为双肾多发性结石，刚来的时候都是急性肾衰竭。

经紧急治疗后，目前8名婴儿已经脱离了危险，但是仍需住院两到三周进行观察治疗。至于婴儿出院后会不会有后遗症？李文辉说，目前时间比较短还不能排除这种可能性，要经过以后的随访和两三个月复查后才能确定。

副标题二：

据李文辉介绍，经过检查后发现，这14名婴儿中有90%以上为尿酸胺结石，这种情况在结石中非常少见，一般是因为营养不良造成的，多见于儿童和老人的膀胱结石。而经过进一步检测，医院推测这14名婴儿是由于摄入的脂肪和蛋白含量比例失调，引起体内嘌呤碱代谢异常，继而产生尿酸和尿酸盐结晶，在上尿路梗阻后形成肾结石，导致肾衰竭。

医生们注意到，这些患病婴儿在没有母乳之后，都使用了品牌为“三鹿”的奶粉。李文辉分析说，因为这些婴儿最主要的食品来源就是奶粉，且都是长时间使用同一品牌的奶粉，“因此不排除与奶粉有直接的关系”。

小李8个月大的儿子也是患婴之一。小李说，儿子自从出生后因为没有母乳就一直吃“三鹿”奶粉，每400克一包卖18元，但奶粉具体什么品种记不得了。孩子七八个月时每4天就要吃一包。“一直这么吃，也没有想到会出问题，最近一段时间就发现孩子尿不出来。”据小李介绍，在他家附近也有几名婴儿和他儿子患同样的病。

目前有7名患儿的父母联名写下了申请书，上书甘肃省卫生厅，要求彻查病因。

副标题三：

昨日，记者从甘肃省卫生厅及该省食品药品卫生监督局了解到，前一段时间他们就已接到相关情况的汇报，正在联合多个部门调查。9日下午，由卫生厅牵头的调查人员曾到解放军第一医院泌尿科了解情况。

甘肃卫生厅办公室的杨敬科主任介绍，卫生厅已把病理及病因样本送到国家相关的鉴定中心进行检验。鉴定结果尚未出来。

杨敬科认为，这次甘肃婴儿患病的情况根本没有当年安徽阜阳空壳奶粉严重，但因为媒体经常询问，所以决定11日上午召开新闻发布会向外界说明调查的进展。

南京市儿童医院泌尿外科日前也接诊了5名吃同一品牌奶粉患上肾病的患儿。病情严重的已转至上海治疗。其中一患儿母亲说：“这个牌子（奶粉）是在正规超市里买的，价廉物美，牌子也比较老了，吃了放心。”

此前，还有山东、甘肃、安徽、湖南等地的家长告诉湖北的记者，称自己孩子也吃该品牌奶粉，出现类似症状。

副标题四：

对于患病婴儿使用的都是同一品牌的奶粉，且婴儿最主要的食品也是奶粉，因此家长及医生们都怀疑婴儿肾病的罪魁祸首是奶粉。

昨日下午，记者和河北省三鹿集团取得了联系。该集团传媒部的工作人员杨爱称已经获悉甘肃有婴儿患病的情况，并且已经派出工作人员对此事进行了解。

杨爱向记者介绍，三鹿是奶粉行业品牌产品，有很多年的历史。目前还没有证据证明患病婴儿是因为吃了三鹿奶粉而致病。如果真的有这样的问题，相信质检部门会查个水落石出。

此后，杨爱又致电早报记者称，已经委托了甘肃当地权威质检部门对三鹿奶粉进行了检验，结果显示质量是合格的。

（《东方早报》2008-09-11）

练习二：消息导语

1. 分析以下导语，判定它们的性质，即它们是哪一种类型的导语，并把答案写在每一条导语后面的括号里。

本报讯 一个商品不露面、顾客却整日熙熙攘攘的集市，6 月 15 日在北京第二次出现。这里交换的是一种特殊的商品——住房，所以被称为“换房集市”。（ ）

本报讯 数不清的目光投向一位斜戴法兰西帽子、披着时髦的砖红色春季女大衣的风姿绰约的女郎。当北京市春夏时装展销会今天在北京展览馆开幕时，这个放在进门大厅的模特儿成了最引人注目的人物。（ ）

本报讯 昨天记者在拍摄上海新外滩时，一个境外游客的身影吸引了我们。只见他像回家一样走进花旗银行设在外滩的自动柜员机中心，片刻不到便取出了一张可代付人民币的票据。这位纽约客体会到了外滩和国际接轨的便利。（ ）

本报讯 哈尔滨市煤炭第二供应站蜂窝煤加工厂的 7 个青年工人，今天在车间里抓住了一头黑熊。（ ）

路透社北京 15 日电 中国东北的两名女工人受惊大叫，因为一只黑熊在他们工厂的机器下面突然冒了出来。这只熊逃走时掉在一个机器坑内，4 名男子用铁罐盖住，将它活捉。（ ）

本报讯 积压在仙居县百货公司两年半的两千双女带鞋，和农民见面后，竟变成了畅销货。（ ）

本报讯 山西省大寨大队也不吃大锅饭了，今天，他们将 860 亩耕地全部分给 130 户农民承包，实行大包干责任制。原来集体经营的一个煤窑、一座酱粉坊、3 台拖拉机、200 亩果园、800 亩山林，也全部承包给个人。（ ）

合众国际社伦敦 5 月 20 日电 24 岁的冈萨雷斯去年在马德里获得了法学博士学位，现在却在做零工，其中最好的工作是遛狗。（ ）

合众国际社 5 月 26 日电 “我比尼克松早来了十几年。”57 岁的詹姆斯·温纳里斯自豪地说，“历史已经证明朝鲜战争后，我决定留在中国是正确的。”温纳里斯现在是中国一

个省级大学的英语教授。朝鲜战争停战后，有20名美军战俘自愿留在中国，温纳里斯是其中之一。 （　）

本报讯 你知道怎样把黑夜变成白昼吗？一位科学家设想在月球上装反光镜，在夜间将太阳光反射到地球上。估计只要在月球上安装20万平方米的反光镜，就可以使地球永远摆脱黑暗。 （　）

本报讯 青年团的干部应该配备年轻的还是年老的？实践证明：配备青年人比年老的人能更好地组织青年活动。 （　）

本报四川北川5月15日电（特派记者：李英挺　通讯员：胡金文） 15日上午10点37分，四川省绵阳市北川县地震灾区夏禹电力公司的一堆废墟上，当誉欣终于获救时，废墟上守候的人群响起一阵欢呼和掌声。誉欣永远无法忘记这一时刻———被埋在坍塌建筑中68个小时，当她绝望时，来自海南的地震紧急救援队冒着生命危险，为她打出一条生命通道。 （　）

新华社北京7月16日电（记者：郭玲春） 鲜花、翠柏丛中，安放着中国共产党党员金山同志的遗像。千余名群众今天默默走进首都剧场，悼念这位人民的艺术家。 （　）

本报西藏珠峰大本营5月8日电（记者：燕管社） 历史将铭记此刻，人类首次在地球距太阳最近的地方点燃奥运圣火，在前所未有的高度把梦想变成现实！今天上午9时17分，象征"和平、友谊、进步"的"祥云"火炬在世界最高峰珠穆朗玛峰峰顶点燃。西藏边防总队奥运圣火运送护卫特勤队在两小时前首先登顶珠峰，圆满完成了护卫北京奥运火炬珠峰传递中国登山队登顶珠峰任务。

（　）

2. 改写以下学生写的新闻报道，按照设问式导语的新闻结构进行改写，允许对文字顺序和结构进行重新组合。改写要重新拟标题，写作导语和主体，但不能改变文章本来的含义。

七住户门锁被灌胶水致锁芯损坏

本报讯 8月15日，南充市嘉德苑小区25号住宅楼住户在装修房屋时发生离奇一幕，该住宅楼两个单元的7套住户门锁被人灌入强力胶水，致锁芯损毁无法插入钥匙。目前，7住户已向110报警。

8月16日，记者接到报料电话后，来到嘉德苑采访，在该小区25号楼3单元601房间，记者看到，房主人张强将钥匙插入锁芯后，无论怎么扭转，锁芯都一动不动。房主告诉记者，起初发现房门锁芯被浇灌强力胶水时，钥匙无论如何都插不进去，后来装修师傅在锁芯里加入了一些稀释剂，但还是无法打开门锁，最后不得不花了100元，请来开锁师傅才将门锁打开。

张强告诉记者，门锁锁芯被灌强力胶水，应该发生在8月14日晚上7时至15日早晨7时这段时间，因为14日晚上7时许，他下班后还来过新房，查看装修进度，当时门锁还能打开，可第二天一早装修师傅来干活时，就发现钥匙插不进锁芯了。等他来到新房时，已经陆续有楼上的邻居反映，自家的门锁锁芯也被人浇灌了强力胶水，后来经大家统计，他们这一单元有5户住户的门锁被浇灌了胶水，相邻的2单元则有两户住户也被浇灌了胶水。“一夜之间，一栋住宅楼的7户住户门锁被浇灌了强力胶水，致门锁无法打开，这显然不是一起针对某一个人的，而是一起为了达到某个目的的蓄意破坏。”一位杨姓住户这样说，随后大家报了警。

对此，住在8楼和一位姓赵的房主对记者说出了自己的疑虑。他说，他的一位朋友讲过，这样的事情在西安也曾发生过，起初并没有引起当地警方的重视，后来受到侵害的住户越来越多，西安警方组织力量对此类案件进行了侦查，案件侦破后发现，这是一开锁公司为了拓展自己的“业务”，晚上便安排闲散人员去新交付使用的楼盘，挨户浇灌强力胶水致门锁无法使用，然后守株待兔，等这些房主拨打他们开锁公司的电话，上门赚取开锁费和更换锁芯费用。“难道我们这栋楼上的房门门锁被浇灌强力胶水也是开锁公司所为？”这位房主质疑道。

据了解，事发后，有业主前往小区监控室，查看当晚进入这栋住宅楼人员的视频录像，但由于晚上夜色较暗，监控录像记录不是十分清晰，目前这些业主已将这一情况反映给了警方，警方已介入调查此事。

练习三：消息主体

改写以下文章，去掉废词和废句，使文章的表述更为客观全面、简洁明了。改写后字数控制在350—400字之间。

起一个符合要求的实标题；导语符合重心前置的要求。

四川省眉山市仁寿县半山华府小区7月20日凌晨一点左右发生了一起火灾，一户姓韩的业主家中着火，因为扑救不及时，造成了一人抢救无效最终死亡。这场火灾，在小区业主中引起了巨大的反响，大家将火灾抢救不及时的原因，归结到了小区沦为摆设的消防通道，认为小区的消防通道根本就无法让消防车通过。

业主吴女士在凌晨一点过，较早发现了火情，起火地点在该小区的3幢4单元401室。吴女士在叫醒了小区其他还在睡梦中的业主后，有不少人一边拨打119，一边试图靠近着火点进行扑救。然而，不断往下爆裂的玻璃碴，让人望而却步，只有少数几位男性业主拿了干粉灭火器冲上楼救火。着火的业主家中有一名男性被困，因为火势猛烈，救火的热心邻居始终无法撬开门。

报警10分钟后，消防车到达，但由于通道堵塞，消防车迟迟无法进入小区，直到40多分钟后，消防队员终于拉来水枪，在小区内铺设了长长的软管水龙进行扑救，并迅速控制了火势。但失火家中一位姓韩的被困业主已经窒息昏迷，被紧急送往医院抢救，但终因窒息时间过长，送到医院后不治身亡。是的，消防队员拉水管浪费了很多的时间才展开的扑救，为何会这么慢？

该小区在建设时消防通道就存在严重问题，赶火的楼位于小区的中庭，周围被几栋楼包围着，其间只有一条狭窄的小路，如果没有阻挡物，消防车还可以勉强进入，这条消防通道，却在火灾发生时没能派上用场。原因是这条唯一的救生通道，一到晚上就停满了车辆，让本就不算宽敞的通道显得更加狭窄。加上开发商为了修建一墙之隔的小区二期工程在这里搭建了一个简易的棚子，消防车要进入更加困难。不只是消防通道，小区的消防设施也让业主们颇为不满。

目前，小区部分业主已经前往仁寿县政府反映情况，希望能够督促相关部门解决他们的安全隐患问题。（714 字）

练习四：消息的结构

1. 阅读以下文章，说明文章结构的性质和特点。记者为什么要这样写，这样写好在哪里？

读者你猜：他的职称是……

1990 年 5 月 29 日 《羊城晚报》 记者：王华基

本报讯 人们称他为“鬼马浩”的广东顺德县第二建筑设计院院长梁昆浩，近日又前往法国巴黎，指导正在那里兴建的一座“中国城”的施工。这项在世界上称得上规模宏大的极具特色的工程，全部建筑、装修设计均出自这位自学成才者之手。

现年 46 岁的梁昆浩，小学毕业后便随父当“泥水仔”。在实践中他长期坚持自学，他的建筑设计走向世界。在南粤大地，一座座格调新颖的建筑记录着他闪光的轨迹：

——他参与设计的“顺德旅游贸易中心”，吸取香港“新世界”的格局和广州白天鹅宾馆的内庭特色。设计得气魄宏伟，外国游客见了连声称赞“不可思议”！

——采用并列式庭园组合处理，体现岭南庭园艺术风格的珠海宾馆，曾获国家优秀设计银质奖。他是该工程的主要设计者之一。

——集城廓之雄、园林之美于一体，成为珠海游览一景的“九洲城”，曾获省优秀设计三等奖。他也是主要设计者之一。

——由他主持设计的顺峰山仙泉宾馆、海南琼苑宾馆等，都以诗情画意和非凡气派，令人赞叹不已！

可是谁会想到，取得如此巨大成就的梁昆浩，至今仍是一个助理建筑师。巴黎“中国城”的投资者对此却毫不介意。他们参观过梁昆浩设计的珠海宾馆和九洲城后，对他在中国庭园建筑方面的独特设计风格和手法赞不绝口，表示他不在乎梁昆浩具有什么技术职称，特地聘请他设计这一投资 3 亿法郎的庞大工程。

1988年，梁昆浩曾申报过高级建筑师的专业职务，但未能如愿。对此，有人认为，梁昆浩学历低，理论基础薄弱。有人认为他没写过多少篇论文。然而那一座座令人击掌的宏伟建筑，不正说明他的真才实学吗？不正是他的形象化了的“论文”吗？

当然，国家对梁昆浩的贡献是予以充分肯定的。1988年，他获得国家人事部授予的“有突出贡献的中青年专家”称号，曾当选为广东省劳动模范，得过“全国五一劳动奖章”，全国总工会曾授予他“自学成才标兵”称号，城乡建设部也曾授予他“优秀科技工作者”称号。

然而，他还只是个助理建筑师……

2. 点评以下文章，说明它的结构；给这则报道加一个标题；为这则报道写一篇150—200字的短评（如写作特点、结构、导语、主体、语言等）。

9月9日晚，一夜大雨。躺在床上的王泽君听着窗外的雨声，辗转反侧，几乎一夜未眠。王泽君是四川眉山市丹棱县农业局局长，在这秋粮种植的关键时期，气候的每一丝变化，都会揪紧他的神经。

10日，早7时许。王泽君匆匆起床，赶往单位。今年丹棱县雨水偏多，水稻种植较去年推迟了近一周，晚秋粮食作物的种植也延迟了一周，要是再不补救，粮食作物可能错过宝贵的生长时期。

来到单位，3名副局长已等在办公室。开了一个短会，王泽君将当天的工作分配下去，大家各自奔赴自己负责的乡镇。

上午10时许，记者随着王泽君赶到仁美镇雄义村。村里水稻已经收割完毕，放眼望去，田野上堆满了金黄色的稻草垛。村民摆放在道路旁的背篓里装着“陇薯三号”土豆种、复合肥和开水壶，村民们或是在田里栽种土豆，或是忙着挖掘排湿渠。

王泽君进入路边的田里。“哧溜”一声，鞋底下浸出了一汪泥浆。他眉头皱了起来：“土太湿了，这样不行！”叫来正在田里种土豆的村民罗淑蓉，“秋粮忌湿害，湿害不除就要带来病害、虫害、草害。”王泽君走到排湿渠前弯下腰去，撑开大拇指和食指，仔细丈量了水渠的深度：“沟太浅了，难怪水排不出去。”他抓过一把铁锹，把渠中的淤泥铲到了田埂上。不一会儿，渠中的积水开始流动，注入了田旁的水沟。

从1982年开始，王泽君就在农业局工作，当地农民对他非常熟悉。听说王局长来了，村民们纷纷围了上来，热情地跟他打招呼。有人一把抢过王泽君手里的水杯，用自己的水壶给他倒了满满一杯开水。

过去，雄义村村民在收割水稻后，就等着小春种油菜，土地要“荒”上两月。现在通过栽种秋洋芋，可以从这“荒”掉的两个月里抢出一季粮食来，让过去的“大春—小春”两季变成现在的“大春—秋洋芋—小春”三季。“通过推广新技术和新品种，亩产洋芋1,200公斤左右，农民收入增加了。”王泽君对记者说。

在村民熊松的地里，王泽君翻看土豆种上的稻草说：“稻草太厚，洋芋长苗后就接触不到阳光；行距太窄，影响将来油菜的种植……”熊松一边点头，一边撤去过多的稻草。村民们站在旁边，仔细地盯着王泽君的每一个动作，犹如学生上课一般专注。

在田里走了一圈之后，已经是下午1点多钟。王泽君蹲在排水渠旁，舀水洗去了满手的泥土，准备离开。“王局长，别走！”从双桥镇天宫村闻讯赶来的村民王国金拦住了他：“到我们村吧，大伙都在等着你呢！下午我们招待你吃饭，晚上就在村里住。”王泽君把《稻草覆盖免耕秋洋芋栽培技术》散发给了当地的村民，随王国金一起走了。

晚上7点多王泽君结束了一天的工作，谢绝了村民吃饭的邀请，疲惫的他和记者一起踏上了回县城的路。

“虽然今年雨水较多，对晚秋粮食作物生长造成一定影响，但村民种粮的积极性非常高，相信随着新品种和新技术的推广，今年的秋粮可以取得不错的收成。”王泽君说，丹棱县有11万亩稻田，秋洋芋和秋大豆等晚秋粮食作物的种植面积还有很大的提升空间，晚秋粮食作物具有巨大发展潜力。

3. 改写以下学生写的新闻报道，采用描写式或悬念式导语，突出文章的新颖性和悬念性。在不改变文章原意的基础上，文字简洁、通顺。

蓉城首现古典音乐“快闪”

本报讯（记者：罗斌）2018年7月23日，一场别开生面的古典音乐“快闪”活动在成都万象城负一楼下沉广场举行，这场由公益组织草地音乐会组织开展的“快闪”旨在呼吁市民“节能减排，保护地球”。

下午2点30分左右，一条巨大的横幅在成都万象城负一楼下沉广场被拉开，一群工作人员也调弄起音响设备，引来了一些人驻足观望。下午3点整，广场上突然传来一阵悠扬的琴声，一些好奇的路人纷纷探头张望。只见广场上一位年轻的小伙正优雅地用小提琴演奏经典曲目《D大调卡农》，而后又有一位年轻姑娘提来一把椅子，坐在小伙子旁边拉起了大提琴。此后，陆陆续续又有13个人带着不同的乐器不约而同地从四面八方汇聚拢来。顿时，一场别样的交响乐音乐会在广场上开展起来。现场也随即吸引了近40来人围观。这其中站在最里面的是20余位身着印有“草地音乐会”Logo的白色T恤衫的志愿者，他们或闭目聆听、或激昂欢呼、或轻声哼吟、或跟随音乐的节奏律动鼓掌。待到第二首经典曲子《欢乐颂》演奏完毕，15名乐手突然齐刷刷的四散开去，整个演奏过程只约莫8分钟的样子。

“咋就不见了?”对于这场来无影去无踪的活动，一些围观的群众直呼没搞清楚。那么究竟何为“快闪”呢? 快闪就是“快闪行动”的简称，起源于美国，后来风靡全球。简单地说，就是许多利用网络联系的人约定一个地点，在同一时间做同一个不违法却很引人注目的动作，然后迅速消失，又译为“快闪暴走族”“聪明行动帮”等。

“有点像商业宣传，不过做得还可以。”现场一位姓王的女士这样告诉记者，王女士表示他并不知道这是什么活动，也没有听说过“快闪”。

“不知道，没听说什么‘快闪’，是商业活动吧？弄得不怎么样！”围观的王先生面对记者的询问如是回答。

其实“快闪”在成都的发展已有多年。2004年8月7日，风靡全球的“快闪行动”首次出现在成都市春熙路街头。而后，开始逐步在成都发展。2010年之后，成都的“快闪”活动呈现出井喷之势，仅2012年具有较大影响力的快闪就至少多达16场。各式各样的快闪，以其独特的方式吸引社会的注意，而以古典音乐为主题的“快闪”，这次尚属首例。

有着“成都草地音乐教父”之称的Charlie说道：“快闪在我国并不被大多数人知晓，正因为如此才会引起大家的好奇，有了好奇才会更深刻的去了解它，有了了解，‘快闪’这背后带来的东西才会对人们产生影响”。他告诉记者，这次活动的参与者都是爱好音乐、爱好环保公益的人。除了一些工作的白领，大部分都是高校的研究生。虽然因为场地的限制，外界自然条件的干扰以及设备问题，这次活动的效果并不好。但是，乐手们热情饱满，能把音乐坚持完，还是很不错的。

第四章　通讯写作

本章讲授要点

本章的第一节讲授通讯的历史起源与定义，尤其强调了它在社会主义革命和建设时期发挥的巨大作用：激励了一代又一代的人民群众，推动了我国改革开放向前发展。

本章的后几节是对各通讯类型的介绍。本章对通讯的讲授，仍然按照传统的划分方法，即划分为四类——人物通讯、事件通讯、工作通讯和风貌通讯。至于其他的品种，如集纳通讯、巡礼等，考虑到使用过少，则没有涉及。

本书把深度报道，包括分析性报道、解释性报道、调查性报道从通讯中分离出来，专列一章，作为一个独立的品种加以讲授。尽管本书认为专访也应该作为一个独立的品种，但由于篇幅较小，很难独立成为一章，所以把它归在通讯下面，作为一个小节来处理，在此说明。

第一节　什么是通讯

一、通讯的起源与分类

“通讯”这一体裁的产生与发展和新闻传播的传输技术密切相关。19 世纪中叶，远距离发稿非常困难，为了追求新闻的时效性，记者通常采用两种方式，一是尽可能地简短，用拍电报的方式，将新闻以最快的速度传回报社。由于采用电报传递受字数的限制，所以叫“电讯”。二是在电讯之后，再写一篇长新闻，通过邮局走，长新闻的时效性很差，所以叫“通信”。随着传输技术的发展，这种长新闻也可以“电传”，即通过传真的方式进行传输，通信才改为“通讯”。国外逐渐不再使用“通讯”一词来概括新闻文体，而大多采用“特稿”一词，我国却将“通讯”的用法保留了下来。

辛亥革命后，现代报业开始在我国建立，通讯发展成为用文学笔法和政论色彩，融记者主观意识与客观报道为一体的新闻体裁。如范长江的《中国的西北角》，就是集新闻的真实性、记者的主观性、现场的描写性和历史的史料性于一体的新的文体。

通讯在我国的社会主义革命和建设时期发挥着动员人民、鼓舞人民的巨大作用。早在20世纪40年代延安整风期间，我党就确立了党对新闻工作的领导，加强了新闻报道对革命斗争的指导性。从那时起，从革命斗争和实践中挖掘出许多真实的新闻作品，一批以“新闻故事”形式出现的优秀通讯作品产生了，如《西瓜兄弟》《桌上的表》等。

《西瓜兄弟》采用纯故事形态写成，全篇仅800字。它的写作特点，一是采用对比的手法，西瓜老大和西瓜老二进行对比、国民党军队与共产党军队进行对比，两种情况两种截然不同的结果。作者把结论隐含在生动的对比描写之中，揭示了国民党失败，共产党胜利的根本原因。二是现场感很强。西瓜老二提心吊胆的心态、解放军路过瓜地时的议论、西瓜老二与小号手的对话，都十分活灵活现。三是语言朴实口语化，语句简练，读起来朗朗上口，普通老百姓一看就明白，一听就懂。

西瓜兄弟

新中国成立之后，新闻界大体沿用传统做法，形成了新闻报道较为固定的类型，即把新闻报道类型分为消息和通讯两大类，把消息以外的新闻题材都归于通讯一类。这样归纳的好处：分类方法相对简单，只看篇幅大小和内容叙述方式，凡是篇幅小的，采用叙述的方式，侧重于把新闻事实说清楚的统统归于消息一类，而把篇幅相对较大的、侧重于形象及描写的，或者是具有一定深度的解释性报道和调查性报道，都归于通讯一类。

但也有不同意见，有人认为应该把专访与特写从通讯中拿出来，作为单独的一种文体。甚至有人认为，应该把解释性报道、深度报道、调查性报道也单列出来，形成独立的文体，因为它们体现的是一种与通讯完全不同的报道目的和报道方式，它们侧重于揭示事物的内在本质，讲求的是对事物的逻辑性分析和说理，而不是像通讯那样，侧重于形象性的描写和用具体的事实感动人、打动人。

本书以新闻文体的传播功能——告知、感染、说理为标准，将新闻文体划分为消息（告知为主）、通讯（感染为主）、深度报道（说理为主）。至于特稿，以前我国新闻界并没有此种说法，它是改革开放后出现的一种特殊形式，和通讯并驾齐驱，只不过通讯更侧重于宣传目的，在故事性和形象性方面均不及特稿。

二、通讯的定义

通讯是一种详细生动、以感染力为主要传播目的的新闻报道体裁，是我国新闻报道中的常见文体。通讯以形象的描写见长，兼以一定的广度与深度。通讯与解释性报道、深度报道相比，解释性报道和深度报道重在说理，揭示现象背后的本质，以深刻的分析和逻辑取胜。通讯从本质上虽然也应当属于深度报道一类，但它的主要特点是感染，如果通讯不能从形象上去感染人、影响人，它的价值就无法体现了。

与特稿相比，通讯的着眼点重在宣传。出于宣传的需要，通讯在选材和内容的设置上与特稿有很大的不同，在写作形式上也有较大的区别。通讯突出和强调符合社会主义主流价值观的某一方面，在选材上有一定的限制。

通讯按内容分，可分为人物通讯、事件通讯、工作通讯和风貌通讯四大类；按形式分，可分为记事通讯、访问记（专访、人物专访）、小故事、集纳通讯、巡礼、纪实、见闻、特写、速写、侧记、散记、采访札记、花絮等。

第二节　人物通讯

一、什么是人物通讯

人是宇宙万物中最复杂的高等动物，人有复杂的情感世界，有崇高的理想和道德情操，因此，任何新闻报道都不可能离开人，以人为主线始终是新闻报道的主流。

人物通讯是以人为报道对象，专门写人的通讯。它的主角，是社会上各种各样符合党和政府的宣传要求，具有新闻价值的人物，通过对这些人物情感和内心世界的挖掘，达到感染人、教育人的目的。

二、人物通讯的特点

1. 以正面先进典型为主

中国共产党从成立之日起，就把自己与千千万万人民群众紧密地联系在一起。早在延安时期，我党的机关报《新华日报》就报道了大量在军队和人民群众中产生的先进典型和先进人物，在抗日战争、解放战争中发挥了巨大的影响和作用。

榜样的力量是无穷的。新中国成立之后，为了激励广大人民群众建设社会主义国家的热情，培养新时代思想道德体系，促进社会风气的净化，在几十年时间里，先后推出了一大批优秀的先进人物和先进典型，如志愿军战士黄继光、邱绍云，解放军战士雷锋、王杰、欧阳海，县委书记的好榜样焦裕禄，劳动模范时传祥、孟泰，大庆工人王进喜，北京女售票员李素丽，优秀科技人员栾茀、蒋筑英、罗健夫，植棉模范吴吉昌，维修工人徐虎，西藏阿里地委书记孔繁森，林业工人马永顺，身残志坚的女青年张海迪……这些人物，影响了一代又一代的中国人，为我国社会主义建设作出了不可磨灭的贡献。

直到现在，人物通讯仍然以正面宣传为主，以突出人物的先进性和典型性，达到教育人、鼓舞人的目的。

一个将军的背影——风雪追踪李素芝（节选）

请扫码阅读《一个将军的背景——风雪追踪李素芝》（节选）。

笔者点评：全文采用倒叙的手法，从成都军区西藏总医院院长李素芝带领“流动医院”，紧急奔赴灾区聂拉木县写起，医疗队被困于通拉山口无法前行，李素芝只得下达了撤退的命令。此时，李素芝的心情可想而知，前面有大量的受灾群众等待救治，但是车队却无论怎样努力也无法前行。李素芝心急如焚，站在通拉山上，远眺着远处的灾区，留下了那个剪影般的背影。

从这个背影再回叙医疗队车队被陷雪地的整个过程。记者当时就在现场，通过深入的现场观察，把整个过程写得细致入微，人们的动作、表情、语言都活灵活现地展现在读者面前。

2. 由“高大全”形象向普通人性的回归

我国人物通讯的写作方式，经历了一个由树立“高大全”的人物形象到“先进典型与普通人性相结合”的过程。

过去，我国人物通讯主要的功能是教育人、启迪人和激励人，所以，在选择人物的时候，大多以树立榜样为主，立足于树立高大完美的人物形象。这些人物，在现实生活中真实存在，是各行各业的佼佼者，但由于他们的行为过于完美，很多人从心里觉得，与这些优秀人物的差距过大，无形中产生出“可望而不可即”的意识，从而影响了先进典型的传播效果。

于是，一些媒体开始改变写作方式，改进传播技巧，以更加人性化的方式去再现和展示先进典型，让人物在具备先进思想和高尚道德情操的同时，又符合现实生活中真实人的特性，具备普通人的真情实感。这样的人物，既具备让人学习和让人感动的特质，又真实可信，从而达到了很好的宣传效果。

比如以下长篇通讯的开头：

索玛花儿为什么这样红（节选）

——记优秀共产党员、木里县马班邮路乡邮员王顺友

2005年6月2日　新华网　记者：张严平、田刚

眼前这位苗族汉子矮小、苍老，40岁的人看过去有50开外，与人说话时，憨厚的眼神会变得游离而紧张，一副无助的样子，只是当他与那匹驮着邮包的枣红马交流时，便透出一种会心的安宁。

整整一天，我们一直跟着他在大山中被骡马踩出的一趟脚窝窝里艰难地走着，险峻处，错过一个马蹄之外就是万丈悬崖。

傍晚，就地宿营，在原始森林的一面山坡上，大家燃起篝火，扯成圈儿跳起了舞。他有些羞涩地被拉进了跳舞的人群，一曲未了，竟跳得如醉如痴。“我太高兴了！我太高兴了！”他嘴里不停地说着。“今晚真像做梦，20年里，我在这条路上从没有见过这么多的人！如果天天有这么多人，我愿走到老死，我愿……”忽然，他用手捂住脸，哭了，泪水从黝黑的手指间淌落下来……

笔者点评：这篇通讯一开头，对王顺友的描写，与过去对先进人物的刻画截然不同："矮小、苍老，40 岁的人看过去有 50 开外，与人说话时，憨厚的眼神会变得游离而紧张，一副无助的样子。"

再比如《新京报》的通讯作品《任长霞情动亿万人》，记者对河南登封市因公牺牲的女公安局局长任长霞的描写，没有单纯从一个铁面无私、秉公执法的公安局局长形象出发，而是综合、立体、人性化地把一个女人与一个公安局局长联系在一起，写出了她感人的一面。其中一段任长霞爱哭的描写，尤其感人。

任长霞情动亿万人（节选）

2004 年 6 月 3 日 《新京报》 记者：胡杰

任长霞爱哭，《郑州晚报》记者黄普磊见过一次。

2003 年 12 月 10 日晚，登封市君召乡石破爻村一村妇突然死亡，案子三天后告破，犯罪嫌疑人是同村的村民王晓伟。

12 月 18 日，公安局在石破爻村召开了公捕现场会，会议快结束时，民警们把王晓伟往车上押，这时，一个 3 岁的小男孩——王晓伟的儿子被人抱着追过来，小孩哭喊着叫"爸爸"。王晓伟眼睛紧闭，牙关紧咬，将头埋在怀中。任长霞走过去让民警把王晓伟押下来，说，让他们父子见一面吧。民警给王晓伟打开手铐，此时的王晓伟再也抑制不住自己的情绪，抱着儿子大声痛哭。

黄普磊当时受命采访这起案子："我看见任长霞走了过去，拿出 100 块钱，交给王的一个邻居说'给孩子买点吃的吧，以后孩子上学有啥困难，就去公安局找我，我是任长霞。'说完她扭头上了车。"

黄普磊说，他是跟任长霞坐一辆车来的，回到车前，惊讶地看见任长霞一个人在车里大把大把地抹眼泪，看见有人来她急忙拿餐巾纸挡住脸擦泪。"我问她怎么了，她一边擦泪一边笑着说'女人，不主贵，眼窝浅'。顿了一会儿，她叹了口气说，'这家人挺可怜的，但是我不抓他也不行'。"

笔者点评：历来对公安局局长的刻画与描写都是铁面无私的硬汉形象，但这里的任长霞既有"铁汉"的一面，又有"柔情"的一面。任长霞大把大把抹眼泪的场景，读后让人感动。

三、人物通讯的写作要求

1. 再现人物丰富的内心世界

这是人物通讯写作最难的一点。因为人的内心世界看不见、摸不着，无比复杂、无比丰富，远远不是一个简单的类型可以概括的。

但人的内心世界一定是通过他的语言、他的行为、他的事迹来体现的。描写一个人物，除了展示他的精神世界以外，还应该立体地、复合地去观察一个人、认识一个人。人有七情六欲，有世界观、人生观、价值观，有思想、感情、道德情操、欲望、为人处世态度、行为，等等。人不是孤立的，他与社会、周围的环境有着千丝万缕的联系，因此，对人物的刻画不能单一、片面，要透过复杂的表面现象去挖掘人物身上的闪光点。

2. 展现多角度的信源

为了让人物形象丰富，应该多角度地去观察一个人物。也就是说，观察的角度越多、越仔细，人物形象就会越丰满。

因篇幅的优势，长篇人物通讯便于尽可能多地展开多角度观察，1,000 字左右的人物通讯，一般要提供 3 个及 3 个以上观察角度。

穿越大山的梦想——追记安县桑枣中学原校长叶志平

以下为《穿越大山的梦想——追记安县桑枣中学原校长叶志平》① 的写作角度分析：

1. 家长陈利英和转学生尚丹丹的角度	2011 年 8 月 29 日上午，神态焦急的陈利英站在安县桑枣中学三楼走廊上，一墙之隔的语音教室内，女儿尚丹丹正埋头参加转学考试，气氛安静而紧张。
2. 安县沙汀实验中学校长肖华的角度	斜对餐厅的教学楼上，一幅足足有三层楼高的红色横幅挂在教学楼上：2011 年中考全县上重点线 974 人，桑枣中学 338 人，排名全县第一。 在安县沙汀实验中学校长肖华看来，这个横幅就是一个“谜面”：桑枣中学在生源和师资上完全不具优势，可就这样一所学校，却创下连续 16 年全县中考成绩第一的奇迹。
3. 桑枣镇副镇长唐桂平的角度	他的学生、桑枣镇副镇长唐桂平回忆，自己读初中时，叶志平不仅是自己的班主任，也是英语老师。可是课余时间，他通常为同学们读一些“筛边打网”的读物。一部《高山下的花环》可以读上好几周，动情处，叶志平还忍不住当众哭出声来。
4. 学生李勇的角度	今年 40 岁的李勇是叶志平的学生，当年成绩很差，是班里有名的“瘟猪子”，可叶志平并没有嫌弃他。有一年冬季，当他考试成绩上升了几位后，叶志平居然单独为他召开一次班会，专门表扬他，还给他戴了大红花。
5. 儿子叶茂的角度	“一个字，潮。”在儿子叶茂的眼里，父亲就是一个紧跟时代潮流的人。小时候，父亲从不安排他参加什么兴趣班，有空就带着他到处耍，家里常年订阅《走近科学》、《环球》和《世界知识画报》等杂志。父子俩还一起玩模型飞机、模型汽艇，到现在，叶志平的办公室都还放着一个模型飞机。
6. 音乐教师王清平的角度	桑枣中学音乐教师王清平是叶志平的学生，家在安县偏远的山区，当年读书时，中午经常都是带点玉米面和红薯充饥。有一次，他藏在背角处吃饭时，被叶志平发现。叶志平把他拉到家里，给他换成大米饭。此后，叶志平总是让王清平每周把背来的玉米面拿到他家里，换上大米。他的理由是“老师喜欢吃玉米面”。

① 此人物通讯 2011 年 9 月 6 日发表于《四川日报》，记者为范英、梁现瑞、张守帅、蒋君芳。

续表

7. 学生张裕兵的角度	2000 年，学生张裕兵中考成绩全县第一，可家里没钱供养，叶志平毫不犹豫拿出 1 个月工资，并号召全校师生一起帮助他。得知叶校长病逝，远在江西景德镇工作的张裕兵失声痛哭。
8. 中冶集团华冶公司辽宁分公司总经理赵鹏仁的角度	中冶集团华冶公司辽宁分公司总经理赵鹏仁是施工队伍中最先结识叶志平的。2009 年春，赵鹏仁的队伍刚刚抵达桑枣，叶志平主动来帮忙，很快就帮他们联系好了房子，还搬来一台大彩电，几件矿泉水。 “当时，心里真的是一股暖流。”赵鹏仁说：“这兄弟，够哥们儿。” 在施工的几个月中，一遇到节日，叶志平就要给建筑工人送肉送酒，“猪肉都不晓得送了多少过来。”
9. 妻子王关莉的角度	“志平是累死的。”王关莉说。家里那张电脑桌就是证据，老叶经常回家还要处理各种文件，由于白天太累，有时坐在电脑面前不多会儿，他就打瞌睡，头垂下来碰在桌沿上，经常碰出血。
10. 餐厅老板李华蓉的角度	桑枣镇上有家小馆子名叫川味餐厅，叶志平经常在这里吃饭。店老板李华蓉的记忆中，叶志平每句话都离不开一个字：快。“快给我炒个菜”“快给我打碗米饭”“快给我来碟泡菜”……从来没见过他慢慢吃过一顿饭，有时候深夜才赶来，说是刚忙完工作。

3. 人物形象需生动、形象、饱满

通讯的特点是用形象说话，即便是出于宣传的目的，也需要把说教和目的隐藏在鲜明的形象背后。人物形象越传神，描写越生动，就越容易吸引读者。此类通讯，需要记者运用高超的语言描写技巧，用通俗、形象的语言，把人物活灵活现地展现在读者面前，以突出人物鲜明而有特征的性格。

请扫码阅读《矿工组长的 551 条短信》。

矿工组长的 551 条短信

笔者点评：这篇通讯的最大特点，是选择了一个普通的人物。梁林勇是一位普普通通的矿井矿工，每天做的工作就是下井、上井、挖煤、采煤，但这个普通人物身上却闪烁着不普通的光芒。尤其是像梁林勇这样的共产党员、矿工组组长，总是处处干在前，冲在前，吃苦耐劳，任劳任怨。记者采用了一个独特的视角，工人们在井下干活，穿着厚厚的工作服、戴着防尘面罩，分不清谁是谁，“只知道远处那顶红色的安全帽是属于梁林勇的，那是党员先锋的象征，那里的活儿一定是最脏最重的。”

这篇通讯的第二个特点是短小精悍，全文 800 余字，只选取了一个十分有特点的角度切入——不管下井还是上井，梁志勇都要给自己的妻子发一条报平安的短信。这个视角非常平凡，却非常温馨。别看是一条小小的报平安的短信，却反映出梁林勇丰富的内心世界——他既热爱自己的国家，又热爱自己的工作，同时又热爱自己的家庭。

第三节 事件通讯

一、什么是事件通讯

事件通讯与事件特稿一样，都是明确地指向一个特定的新闻事件。此事件具有明确的行为主体，具有事件的单一性。所有的事件通讯，都有一个开始点和结束点，即什么时候开始，什么时候结束，中间经历了哪些过程，起因为何，有什么结果，等等。

事件新闻和事件通讯是新闻的重中之重，因为每天、每时、每刻都有各种各样的事件发生，它们是新闻报道的主要题材。

二、事件通讯的分类

1. 突发性的新闻事件

突发性的新闻事件具有突然性，发生之前毫无征兆，没有人知道它会在什么时间、什么地点发生。突发性的新闻事件又可分为人为的和非人为的两种。

人为的突发性事件，如近年来的长江客船翻沉事件、“8・12”天津滨海新区爆炸事故、于欢辱母杀人案、北京红黄蓝幼儿园虐童事件、长春长生疫苗事件、成都女司机被暴打事件等，主要指人为因素引起的突发事件，其往往会在社会上引发巨大反响，是新闻记者跟踪报道的重点。

某些事件，虽然很难确定人类社会和个人在里面起了多大作用，比如非典型性肺炎、禽流感、埃博拉病毒，但总体也属于人为的突发性事件。

非人为的突发性事件，比如地震、台风、泥石流、山洪、特大暴雨、森林大火、沙尘暴、高温和严寒等。这些事件的产生，虽然表面上看与人类无关，但深层次的原因仍然可以追溯到人类的活动上。任何自然事件，实质上都与人类有关。

2. 在社会上产生较大影响的特定事件

这些事件，有些是可以事前预知的，比如纪念中国人民抗日战争暨世界反法西斯战争胜利 70 周年阅兵、“嫦娥五号”月球探测试发射成功等；有的是随机发生的，事前不可能预测它的发生；有的事件，虽然不具备突发性，但是很难用一个明确的时间和空间去界定它，比如政府某一次严厉的房地产调控、一次严重的天气污染。不过，只要有明确的行为主体，能大体确定事件开始时间和结束时间，都可以归入事件通讯的范围。

3. 反映社会精神风貌和社会风气的事件

这一类的事件，可能它们的影响不那么大，作用的范围不那么广，重要性不那么显著，但它们能反映社会某一个方面的新气象、新问题、新风貌，可以小见大，起到较好的启示和教育作用。比如一次给社会弱势群体送温暖的活动、一次见义勇为的义举、一次激动人心的接力救助等，这些只要具备事件的基本特征，又具有一定的典型性和故事性，也可以成为事件通讯的题材。

三、事件通讯的写作要求

1. 突出事件的现场感

所有的重大新闻事件，在刚刚发生的时候，都要求记者迅速地赶赴新闻现场。记者在写作的过程中，要用情节和细节说话，突出事件的现场感。在现场，记者需认真仔细地观察，一般性的场面可一笔带过，要具体、生动、细腻地描绘“这一”新闻现场的独特性。

2. 写作要形象生动

通讯和特稿虽然在主题的选择上会有所不同，但它们的共同点都是用形象说话，用真实的形象来感染人、打动人。

任何事件都离不开人，人永远是事件的主体。不同的是，人物通讯是通过人来写事件，而事件通讯是通过事件来写人。事件通讯写作时，要把事件与人有机地结合起来，展现事件的独特性，写出人的特点、写出人的精神风貌、写出人的思想境界。

请扫码阅读《湖北大学结人梯救落水少年 3 人溺亡事件始末》。

湖北大学生结人梯救落水少年3人溺亡事件始末

笔者点评：此文的开头，采用平静舒缓的笔触，描绘了一个秋日，荆州长江大学的学生到江边野炊的快乐情景，但一句“可江面上不时出现的一个个旋涡”，暗示将有险情发生。

果然，随着一声“救命啊”，两个少年失足落水，险情发生了，正在秋游的大学生想方设法展开救人行动。整个救人过程，一是惊险曲折，二是参与人数众多。文章把施救过程交代得清清楚楚，但不幸的是，陈及时、何东旭和方招 3 名同学却献出了自己的生命。

记者在写这篇通讯时，较少加入主观的渲染，只是把整个过程详细地叙述出来。英雄事迹之所以感人是因为行动本身就是最好的说明。大学生舍己救人的事迹，在冷静客观的描写中，散发出夺目的光彩。

3. 要突出具有宣传教育意义的主题

无论什么样的事件，写作通讯之时，记者必须站在党、政府和人民群众的立场思考——此事件符合社会主义核心价值观吗？体现了党和政府在新闻事件中的主导作用了吗？体现了一段时期以来党的中心工作的重点和难点吗？体现了社会新风尚、新气象、新风貌了吗？体现了人的新思想、新境界了吗？

通讯应当围绕着以上问题，在现实生活中去寻找生动、形象、感人的新闻事例。

请扫码阅读《医药代表向“老百姓”下跪》。

笔者点评：一位卖药卖得越多，自己赚得也就越多的医药代表，竟跑到杭州“老百姓”大药房门口去下跪，要求其不要卖药，这是一个典型的“人咬狗”新闻，一看新闻标题，就有很高的可读性。它透过“下跪”事件，反映了一个值得称赞的“正能量”事迹——杭州“老百姓”大药房急民众之所急，想民众之所想，大幅下降药品费，把药品卖出了良心价。这就惹急了那位想卖高价的所谓的医药代表，出现了文章开头他去药店门口下跪的一幕。这是一篇优秀的好文章，回答了当前老百姓最关心的问题，为降低虚高的药价提供了范例。

医药代表向“老百姓”下跪

4. 内容要有新意，角度要新

通讯要讲求宣传效果，如果写法呆板陈旧，即便内容再正确也没有人愿意阅读，那么文章就失去了其应有的价值和意义。只有激发起人们强烈的阅读欲望，让人爱读、想读，文章才能达到理想的宣传效果。

文章喜新不喜平，新闻事件找到一个好的角度、好的切入点，就会使文章陡然生辉。

36 小时，一切为了 11 名矿工兄弟！（节选）

——山东能源肥矿集团梁宝寺能源公司“11·19”火灾事故救援纪实

2019 年 11 月 30 日　《大众日报》

记者：娄和军　赵洪杰　左丰岐　吕光社

“每次升井，他都会给我打个电话。”

11 月 20 日 6 时许，邹城市中心店镇双桥村，胡平平从睡梦中醒来，等来的不是丈夫闫西阁报平安的电话，却是一条让她心惊的消息——梁宝寺煤矿发生火灾事故。

闫西阁就在梁宝寺煤矿。她马上拨打丈夫的手机，没人接。再打，不停地打，依旧没人接。泪“哗”地就涌了出来。“家里有一儿一女，小女儿才 3 岁，西阁是家里的顶梁柱。这个顶梁柱要是‘倒’了，天就塌啦……”一家人赶紧动身，奔向几十公里外的嘉祥。

同一时刻，梁宝寺煤矿地下 970 米深的作业面上，闫西阁和其他 10 名被困矿工，也在想念着家人。已被困 9 个多小时的闫西阁实在太疲惫了，打了一个盹儿，恍惚间做了一个梦：儿子在哭，在喊爸爸。他多么想给媳妇打个电话，报个平安。

闫西阁和媳妇不知道的是，就在此时，一场牵动无数人心弦的生命大救援正紧张有序展开：救援力量争分夺秒向嘉祥这座鲁西南小城开进，大量救援物资源源不断向梁宝寺煤矿集结。

……

笔者点评：这是一篇非常感人的事件通讯，整篇通讯分为两个场景，第一个是被困在井下的 11 名矿工如何在险象环生的井下千方百计自救的故事；第二个是写自灾难发生后，上至中央领导同志的重要批示，省委、省政府领导亲临现场指挥，下到现场抢救人员舍生忘死的救援事迹，矿领导动员一切力量，力保供水管、通风管和风筒三条生命线的畅通，给井下矿工的生存创造了必要条件。全文写得惊心动魄，每一分每一秒都牵动着许多人的心。

本文还有一个特点，就是开头的视角独特。开篇没有直接写矿难，而是写被困矿工闫西阁的妻子胡平平，突然接到丈夫所在矿井发生火灾事故的消息，她马上给丈夫打电话，怎么也打不通，“泪‘哗’地就涌了出来。‘家里有一儿一女，小女儿才 3 岁，西阁是家里的顶梁柱。这个顶梁柱要是‘倒’了，天就塌啦……’”一下子就让读者的心提了起来。结尾是闫西阁被救出井后，在送往医院的途中给妻子打了个电话：“‘平平，我没事，没事！’电话那头，妻子一听到西阁的声音，‘哇’的一声哭了，许久说不出话来。电话这头，在井下没掉一滴泪的汉子，泪水夺眶而出。”从人性的角度去写灾难，通讯更加感人。

第四节　工作通讯

一、什么是工作通讯

工作通讯是我国特有的。在国外，没有工作通讯这样的体裁，国外新闻界认为，政府工作的好与坏，都不能成为新闻的报道题材，不具备新闻的性质。

我国恰恰相反。政府的工作不仅是新闻的重要来源，而且在新闻宣传中具有十分重要的地位。

在我国，新闻是党和政府最有力的工具与喉舌，是党的各项工作的重要组成部分。党的新闻工作者应该在党和政府与人民群众之间起着上情下达、下情上达的沟通和桥梁作用，让党和政府在一段时间的中心工作被人民群众知道和理解，并积极地予以配合和支持。政府工作获得最大的支持和信任，就等于有了最广泛的群众基础。我国自改革开放以来，创造了震惊世界的经济奇迹，与我们的政策始终符合最广大人民群众的根本利益，我们的各项工作获得人民群众最广泛的支持密不可分。可以说，新闻宣传起到了举足轻重的作用。

新闻工作者在改革开放的大潮中，用大量的报道来宣传改革开放的成果，从最早的农村包产到户、“万元户”，到今天的国家高新技术创新工程，新闻记者用报道记录了一个时代，推动了一个时代向前发展。

因此，我们认为，工作通讯是记录党和政府以及各行各业“工作”的一种报道形式，它突出反映党和政府以及各行各业在一定时期的中心工作，重点反映工作中出现的新成就、新问题、新情况、新经验和新矛盾，为党和政府以及各行各业推进工作创造良好的舆论环境，在党和政府与人民群众之间起着重要的上情下达、下情上达的作用，以此获得人民群众的支持和理解，并为社会提供正确的舆论导向。

二、工作通讯的特点

1. 站在时代前列，展示工作中的成功经验

改革开放几十年来，媒体人站在时代的前列，用全面的视角、专业的眼光，看待改革开放中出现的各种新情况、新现象。工作大都要经历一个由不成熟到成熟、由幼稚到完善的过程。在工作过程中，某一新情况、新现象的价值和意义，可能连当事人也不一定清楚，往往需要媒体站在客观、冷静的立场来帮助其总结。由于媒体人站的角度更高，态度也更客观、冷静，加之记者通过深入的调查研究，可以看到和发掘“工作”背后值得大力推广的经验、成就，从而对某一行业会起到一定的指导、推动作用，对整个社会具有启发、借鉴意义。

工作通讯可以看作是党和政府以及各行各业指导工作的重要组成部分，记者在写工作通讯的时候，需要开阔的眼光、渊博的知识、敏感的政治嗅觉，通过深入细致的调查研究，发现工作中出现的各种新典型、新事例、新经验、新做法，用事实说话，从而推动社会的发展和进步。

请扫码阅读《“秦岭小慢车”　书香伴成长》（节选）。

笔者点评：这是一篇立意新颖的工作通讯，表现了地方政府几十年如一日，利用“秦岭小慢车”为当地老百姓出行提供方便服务的生动事迹。更新奇的是，列车工作人员利用列车速度慢、路途长、站点多、沿途学校多、很多学生要乘坐它去上学的特点，把列车6号车厢办成了“小小图书馆”，把“通勤列车”变成了“通学列车”，不仅为孩子们提供了出行的方便，更为他们准备了精神食粮。乘车的孩子一走进车厢，就被车厢里的一摞摞新书吸引住了。读了此篇工作通讯，不禁为当地的铁路部门叫好，为他们别出心裁的创意叫好！

“秦岭小慢车”书香伴成长（节选）

2. 剖析工作中的难点和问题，寻求对策和解决方法

记者写工作通讯的目的，是起到指导工作、引领工作向更好、更完善的目标发展的作

用。既然是工作，就一定有好有坏。改革开放是我国历史上从来没有过的重大事件，大量的改革都需要探索和试验，探索过程中难免会有失误，会产生一些新问题、新矛盾，需要在工作中不断总结、不断改正、不断完善。

我国新闻报道的重要目的之一，就是站在党和政府的立场上，帮助政府推进各项工作。除了正面报道、鼓舞士气、总结经验以外，还要起到惩恶扬善、弘扬社会正能量、促进社会美好的目的。从某种意义上来说，监督政府，帮助政府进一步改进和完善各项工作，也是媒体记者的神圣职责。当然，这需要记者具备一定的政治素养和思想境界，具有较高的学识和水平，对现实社会有较深入的研究和认识。

三、工作通讯的写作要求

1. 用最具代表性的典型事例说话

通讯的目的是宣传，带有强烈的倾向性和目的性。宣传一定要讲求宣传效果，如果没有效果，宣传就失去了价值和意义。要让宣传具有价值和意义，就得选取典型问题、典型事例。

任何事例都有典型和非典型之分。所谓的典型，第一是具有普遍性和适用性，涉及更多的人、更广的范围和更大的影响力；第二是具有代表性，比其他事物更能够说明问题和更具有说服力。

比如说，记者打算写一篇报道物价上涨的文章，进口的牛肉涨价和普通的猪肉涨价两个角度比较，分析猪肉涨价就具有更大的典型性，因为进口牛肉只有很少的人会吃，而猪肉却与每一个老百姓密切相关，所以，猪肉涨价的通讯一定比牛肉涨价的通讯更具有新闻价值。

2. 用鲜明的典型形象说话

通讯的特点是形象，通过形象去感染人、打动人，这是它与消息、深度报道、调查性报道的根本差别之所在。所以，在写作通讯时，首先在于塑造鲜明生动的形象，把观点和倾向性隐藏在鲜明生动的形象后面。

工作通讯也是如此。在宣传政府的各项中心工作时，不能将之变成枯燥的工作简报，变成说理的汇报材料，而应该把材料装在生动、具体、感人的形象之中，借助形象说话，用具体的事例说话。

在这里，找到患者信任的理由

请扫码阅读《在这里，找到患者信任的理由》。

笔者点评： 上海长征医院是全国唯一一家为患者提供 24 小时血液透析服务的单位，为了守护患者的生命线，医护人员苦练穿刺技术，并且开出了全国唯一的“一天四班制”，以时间换空间，让患者的存活率在国内外保持领先水平。

《文汇报》记者通宵在长征医院蹲点采访，实地体察医护人员真心服务患者的细致和严谨，通过大量细节传递了医者牺牲自我的奉献精神。

这篇作品读起来之所以感人，是因为作者把感人的事迹蕴藏在生动鲜明的形象之中。报道以数字、细节、故事贯穿始终，传递了当下社会最需要的正能量，达到了以细节感人、以情感人、以精神感人的效果。

3. 用生动的语言说话

党和政府的工作，需要广大人民群众作为坚实的后盾，而新闻工作者在其中起着重要的沟通和桥梁作用。工作通讯之所以能够起到号召群众、动员群众、鼓舞群众的目的，在于它的通俗性——让绝大多数民众听得懂，明白其中的道理，把新闻真正融到他们的血液之中。从这个意义上而言，新闻应该极大地通俗化，用老百姓人人听得懂的语言说话，才能发挥宣传动员的作用。

请扫码阅读《老郭脱贫记》。

笔者点评：此稿内容紧紧围绕着一个人物——老郭展开，但它并非是在写老郭，而是在用老郭这个典型事例，以小见大地说明我国扶贫工作所取得的显著成果，所以，应该归于工作通讯一类。

老郭脱贫记

本文优点，一是简短，只有 1,000 余字，却把国家的扶贫政策、国家扶贫工作的成效，通过老郭这个人物，生动形象地展示了出来；二是通俗，本文充分发挥了通讯的优点，处处用事例说话，用鲜明的形象说话，而且语言朴直，类似于大白话，让人一听就懂，一看就明白，字里行间，人物形象活脱脱地跃然纸上。

比如，一开头，介绍老郭，“老郭叫郭祖彬，今年 56 岁，是河南封丘县王村乡小城村农民。年轻时的老郭并不穷，开四轮，拉红砖，日子过得去。没承想，儿子 3 岁患病，摘除脾脏，手术费花了 1 万元。老郭把积蓄拿出来，勉强渡过难关。10 年后，儿子再次病发，做心脏搭桥手术花了 6 万多元。这回，老郭借遍‘村里一条街’，才凑够医药费。为了还钱，他到天津打工六七年，窟窿没补上，还落下脑梗病。乡邻们忧心地说：‘老郭脱贫——猴年马月的事！’”短短的 100 多字，把老郭的身世、致贫的原因、脱贫的困难，交代得清清楚楚。文章中有大量精彩的短语和俗话，大家可以细细地品味。

4. 用独特的视角说话

东坡先生有诗云：“横看成岭侧成峰，远近高低各不同。”意思是说，角度不同，看到的风景也就不同。用在写作上，意味着写作的角度决定了一篇报道的质量。即便是好的文章内容，如果没有一个好的角度，照样可能写得枯燥无味，难以出新。角度选择得好，可以让文章有豁然开朗的感觉，让人耳目一新。

所以，在动笔写作之前，一定要三思而行。为文章找到一个好的角度，这是让文章能够出新的重要前提。

请扫码阅读《取法乎上　海纳百川》。

取法乎上
海纳百川

笔者点评：上海，是中国改革开放以来发展最快、城市建设变化最为显著的超大型城市。上海的城市建设成就如何写？如果从正面切入，可能会罗列一大堆事实和数字，让人读起来枯燥乏味。通讯写作要形象感人，重要的是找到一个较好的切入点。此文的切入点，侧重于更大、更高、更新三个方面来描写上海的发展，给了读者三个明确的观察点和观察角度，这样来理解一个城市的超高速发展就容易多了。

加之把过去与现在巧妙地做对比，从过去的“十里洋场”，到今天的大上海；从过去的“七十二家房客”“螺蛳壳里做道场”狭小拥挤的住房，到今天大楼的高度不断被刷新，居民的住房条件不断改善，这些对比都给人非常直观的印象。

此文也考虑了形象的问题，描写了一位80岁的莫春梅大妈，透过她的视角看上海巨大的变化。

第五节　风貌通讯

一、什么是风貌通讯

在通讯的领域里，有一种独特的体裁颇受人们的青睐，它就是写历史、写人文、写自然、写风土人情、写社会变迁的风貌通讯。自然与社会以其极大的丰富性，为这一体裁提供了极为多彩的内容。

过去常常把风貌通讯归入旅行通讯或见闻通讯一类，有一定的道理。“风”者，风土人情也，“貌”者，自然界外形外貌也。前者属于我们悠久文化、历史的积淀与传承，是中华五千年文明的重要组成部分；后者属于大自然对人类的馈赠——壮阔雄浑的山河湖泊、优美绚丽的自然风光、鬼斧神工的旅游景点。

过去，我国民众总体旅游较少，新闻工作者从专业的角度，借助风貌通讯给读者展现了一个个五光十色的天地。它既可以让人们在自然和人文的氛围中陶冶性情，又可以增加人们的知识和修养。在某种意义上，风貌通讯起着带领读者“读万卷书，行万里路”的作用。

今天，随着人们的生活越来越富裕，我国民众对旅行和文化的需求越来越高，加之新媒体和自媒体的普及，人人都是作者，人人都在创作，这一类的文章越来越脱离专业的范畴，成为社会大众自我分享和自我体验的重要内容。

审视风貌通讯在我国的发展历史，会发现，近代以来，风貌通讯在新闻报道中还承担着一个重要任务，就是记录和反映某个地区的风土人情与现状，比如范长江的《中国的西北角》，用实录和观察的方式，首次向人们展现了我国西部地区的政治、经济、文化和宗教，开创了我国现代新闻对社会纯记录的先河。

新中国成立以来，风貌通讯又有了新的使命——记载社会主义建设的巨大成就。很多风貌通讯，记录了一座城市、一个地区发生的翻天覆地的变化，新与旧、今与昔的不同，反映出我国社会主义建设的巨大成就，达到了鼓舞人、激励人的作用。

二、风貌通讯的类型

1. 自然风光与人文景观

自然风光与人文景观，永远是人们写不尽的话题。过去，绝大多数报纸都会开辟副刊专栏，登载这类纪实性的旅行观光类文章，这些文章以轻松、活泼、优美的笔触，让人们领略到自然之美、人文之美。这中间，有纯写自然的，写出大自然的鬼斧神工、造化神秀；也有纯写人文的，因为中华民族是一个有着悠久历史的民族，创造了十分灿烂辉煌的古代文明。

无论是写纯粹的自然风光还是写人文景观，都要与人类社会紧密地联系起来，从自然风光与人文景观中读出文化的气息、时代的气息。

请扫码阅读《数十万"追潮者"海宁争睹钱塘江一线大潮》。

笔者点评：这是一篇只有 700 多字的小文章，但写得极其精练。钱塘江大潮是大自然一种独特的现象，受地球与月球的吸引力作用，加之钱塘江外宽内窄的地理环境的作用，形成了每年农历八月十八的大潮现象，吸引了越来越多的人现场观潮。

数十万"追潮者"海宁争睹钱塘江一线大潮

作者用寥寥数笔，就十分准确地概括了潮水由远及近的壮观景象，"原本波澜不惊的江面上出现了一道白线""远处原本呈'一'字形奔腾而来的钱江潮，已变成'S'形，犹如一条巨蛇匍匐前行""潮头临近，万顷波涛，顷刻间一线白练变成了一道数米高的矗立水墙"，把潮水由远及近不断变化、呼啸而过的场景，表现得惟妙惟肖。

2. 某个地区或某个领域今与昔的变化与建设成就

新中国成立 70 多年来，尤其是改革开放以来，各行各业都发生了翻天覆地的变化，创造了一个又一个的世界奇迹。这给写作国家和社会变化类的风貌通讯提供了无穷无尽的创作源泉。往昔与现在对比才有充分的说服力，才能够让人更加深刻地体会到时代和社会的巨大变化。近年来，我国经济正在由过去粗放型向绿色生态型方向发展，环境保护和生态建设成为风貌通讯的重要内容。

倾听杭锦淖尔湿地里的鸟声

2012年5月26日　中国广播网　记者：周平

黄河路过内蒙古鄂尔多斯市杭锦旗时，拐了一个大弯，在它的南部留下一个浩大的沙漠——库布齐沙漠，同时留下一个核心区域面积约22,754公顷的湿地——杭锦淖尔湿地自然保护区。

两个巨大的反差，竟出现在相距不过几公里的地界里，刚刚翻过一座座巨大的沙丘，眼前陡然一亮，黄河在远处的苍山脚下，它的南岸则是一大片冲积平原，上面绿色的树林繁星点点，湖泊河流错落有致，在阳光下反射着银色的光泽。

由于保护区生态十分脆弱，杭锦旗自然保护区管理局采取了最严格的保护措施，在主要的湿地核心区都拉上了铁丝网，严禁人员进入，并实行24小时监控，使这里隔绝了与人类的接触，成了鸟的天堂、动物的乐园。

我们也只有隔着铁丝网，去观察和倾听那个鸟儿们的世界。

那是一片不大的湿地，在整个保护区湿地中也许只是一个不起眼的角落，但它的构成却是那样丰富：蓝天中的白云，一朵朵投射在水面上，大片的芦苇开始泛青了，冒出了翠绿的嫩芽，还有没变青的水草，经过一年冬天的霜打之后，已呈银白色，一根根疏疏立立地排列在浅浅的塘水中，一阵微风吹过，在水面上泛起一片涟漪，惊起了几只鸟儿，"扑扑"地拍打着翅膀，向远方飞去，却有更多的鸟儿，躲在芦苇丛中，用嘈嘈杂杂的鸣叫声告知它们的存在。

笔者点评：这篇通讯虽短，但视角比较独特。由于我国对黄河流域生态薄弱地区实行十分严格的保护措施，甚至有很多保护区建有围栏，不让人进去。记者在采访中遇见了这样一个不让人进去的保护区——内蒙古鄂尔多斯市杭锦淖尔湿地自然保护区。记者站在围栏外，通过自己的视觉和听觉，感受到了这里良好的生态环境，蓝天白云，水草丰美，鸟儿叽叽喳喳在芦苇荡中嬉戏。这些视觉、听觉的真切描写，反映出这些年我国生态环境建设取得的成果。

三、风貌通讯的写作要求

1. 善于观察，发现自然与人文风情的细微之处

俗话说，写文章是小处着手，大处着眼，风貌通讯的写作尤其如此。写作风貌通讯是写作社会、写作自然、写作历史，一物一景一地一城，无不以它独特的魅力和内涵展现在读者面前。自然与社会，极其博大，极其丰富多彩，需要记者用敏锐的观察力，写出自然与社会的细微之处。比如当年的《徐霞客游记》每到一处，便把当地的风土人情、山山水

水写得清清楚楚。记者写风貌通讯，一是要有实地观察，二是要有实地感受。

请扫码阅读《吉林向海湿地里丹顶鹤的故事》。

笔者点评：通讯一开头便非常形象地向大家展示了丹顶鹤这种国家一级保护动物的风采——“它有高挑的长腿，修长的身体，雪白的羽毛，红色的冠顶。它优雅地飞起来，展开巨大的双翅，潇洒地划过天空，然后脚尖点地，轻轻地落在碧绿的水草上。公鹤母鹤亲密地环颈，向着天空发出悠长鸣叫，它们把长长的脚抬起来，翅膀拍动，身体弹起来，再悠悠地落下，每一个动作都是那样地优美，像一位芭蕾舞演员，在大自然的舞台中自由自在地跳舞。”这来自记者细腻的观察。

吉林向海湿地里丹顶鹤的故事

向海湿地丹顶鹤饲养员徐荣讲的故事——一只名叫贝贝的雌性丹顶鹤对爱情忠贞不渝的故事，增加了文章的可读性。

2. 以景带情，以情寄物，情景交融

在经历人类社会上万年的进化之后，自然已成为“人化的自然”。大自然处处都被打上了人类的痕迹，是人类生存不可或缺的部分。

自然和文化遗迹是有感情的吗？当然有。其实，当面对自然时，我们应该把它们当作有生命的对象，包括那些经历了几千年光阴的人文遗址，那些被漫长的时光消磨的秦砖汉瓦、断墙残垣，都在默默地诉说着它们的思绪和情感。写作风貌通讯，最重要的是要与自然和历史对话，达到一种思想与情感上的默契和交流，才能写出人的感情，写出有热度的作品来。

3. 突出自然及人文景观的神奇魅力

人类的文明，在大自然的沧海桑田演进过程中，只是短暂的瞬间。面对历史的厚重和大自然的造化，人类要有敬畏之心。

在我们这个蓝色的星球上，至今还有很多难以破解的神秘之处。自然及人文景观之美需要记者用发现美的眼睛，带着读者去领略自然、人文的无穷魅力。

请扫码阅读《还原黑竹沟：“百慕大”还是世外桃源？》。

还原黑竹沟：“百慕大”还是世外桃源？

4. 知识丰富，文笔优美

写作风貌通讯需要有渊博的人文、自然、历史知识，在写作时，记者把这些知识与大自然的一山一水、一沟一壑有机地融为一体，让文章漫浸着文化的底蕴和人文的风情。

一曲信天游，唱出黄河黄土精气神

2019 年 11 月 26 日　人民网　“行走黄河”采访组记者：张凡

千秋风云，长歌悠远。

“行走黄河”采访组行至绥德，便感觉一猛子扎进了浩瀚的历史长河。从仰韶、龙山文化遗址，到明清的古城寨堡，历史的风云际会，随时在身边激荡。悠久的历史，不仅涵养了绥德的厚重古朴，也催生了精彩纷呈的民间文化——“天下名州”不仅以史闻名，更以文化人。

以绥德为代表的黄河黄土文化，是陕北历史长卷中浓墨重彩的一笔。绥德宣传部部长郝海安介绍，近年来，绥德先后被命名为秧歌之乡、石雕之乡、民歌之乡、唢呐之乡和剪纸之乡。五朵名花落一家，这可不常见，让人不由对绥德艺术文化心向往之。

我们走进绥德展览馆，与这里热闹欢腾的“迎亲仪仗队”、一孔孔窑洞民居、活灵活现的炕头狮子、灵动的“踢场子”秧歌、长短不一的唢呐等来了一次“亲密接触”。

记者在壮观的石狮阵前，感受绥德石雕工匠的鬼斧神工，感叹“陕北出得好石匠”；在一支巨型唢呐“领衔”的唢呐展前，想象讷于言表的绥德汉子，将满腹心思化为一曲曲唢呐旋律；在造型各异的鼓墙前，或独特隽秀、或粗犷雄健的舞姿和隆隆鼓声，挥洒出陕北红火热闹的生活场景；在一幅幅精湛的剪纸作品前，于心随意动、手随心动中感受生活与艺术的融合共生……粗犷中不乏精细，精细中饱含淳朴，淳朴中深蕴秀丽，绥德文化为我们带来太多的惊喜。

在绥德展览馆展出的造型各异的鼓。“行走黄河”采访组记者　张凡　摄

不曾想，陕北信天游的出场，更让我们的灵魂被深深震撼——

几位陕北民歌“大咖”现场演绎的信天游，震翻全场。

“提起个家来家有名，家住在绥德三十里铺村。”著名的《三十里铺》，由发生在绥德的真人真事编成，是流传甚广的陕北情歌，女主人公王凤英仍在人世……而后，《叫一声哥哥你快回来》《老祖宗留下个人爱人》《走西口》等，一首首饱含深情的信天游，唱出了黄土高坡的大天大地与大爱。

“一个在那山上哟，一个在那沟，咱们拉不上那话话哟，就招一招手”——黄土高原千沟万壑、咫尺天涯的地貌，让信天游成了富有特色、流传最广的沟通方式。“信天游就像没梁子斗，啥时唱时啥时有”，一句话道出了信天游的创作特点，生活在黄土高原上的人们，触景生情即兴编唱，信天而唱、顺天而游，内容包罗万象，曲调开阔奔放。陕北人的情感、生活、向往，就在一首首信天游悠扬的旋律里。

对外地人来说，信天游的歌声响起，总让人不由自主屏气凝神，无论是否听得懂歌词，也都会有一种灵魂深处的悸动。为何？想来，来自黄土地的歌者，那高亢悠扬的歌腔、浓烈沉郁的情感表达，本身就如黄河激浪般，具有极强的感染力，将人第一时间带入歌曲传唱的情境，把陕北人民的爱恨情仇，唱进每一位听众的心尖尖里。

这些天在陕北采访，辗转于沟壑河川之间，我们对信天游的传唱之境深有体会：广袤无垠的黄土高原，千沟万壑，起伏连绵。我们常常驱车良久，都未必看到一个村落；间或走进一个村子，四周通常也高山深壑围堵；有时一个小村只有几户人家，彼此之间还隔着沟沟岔岔……特殊的地形、环境，让轻歌曼语在这里行不通，人们为了沟通，长期形成互相呐喊、拉长音调、一唱三叹等习惯，潜移默化间催生了信天游的韵律。

信天游植根于黄河之畔、黄土高原，注定它不会是“空山静夜，傍疏篱”的清浅小溪，而是黄河黄土中镌刻下的厚重音符，回音于山峁、游走于沟溪。作为一种表达情感、与人沟通的手段，它是情感与力量的结合，是艺术与乡土的碰撞。广袤深厚的黄土地，塑造了陕北人民沉稳坚韧的性格，也涵养了宏壮而沉郁的信天游。

2009年，以信天游为代表的陕北民歌被列入我国非物质文化遗产名录。来到陕北，听一听父老乡亲的信天游，才算不虚此行……

“背靠黄河面对着天，陕北的山来套着山。”“一座座沙梁一道道湾，退耕还林后，都把那绿衣穿。”……离开绥德，信天游的曲调却一直在心头循环往复，魂牵梦萦。

笔者点评：本文是《人民日报》2019年组织的“行走黄河”大型采访活动系列报道中的一篇，主题是介绍陕西绥德的黄河黄土文化，包括石雕、唢呐、秧歌、剪纸……但文章最大的篇幅却在描写陕北信天游。

“提起个家来家有名，家住在绥德三十里铺村。”

“一个在那山上哟，一个在那沟，咱们拉不上那话话哟，就招一招手。”

“背靠黄河面对着天，陕北的山来套着山。”

“一座座沙梁一道道湾，退耕还林后，都把那绿衣穿。”

这一曲曲信天游，回荡在陕北空旷广袤的黄土高原上，高亢悠扬，直入人心。

陕北信天游，产生在陕北绥德，有其深厚的历史原因。首先，这里是中华民族文明的起源地，从仰韶、龙山文化遗址到明清的古城寨堡，几千年文明的积累，赋予其深厚的文化底蕴。其次，有其深刻的生存环境背景。“广袤无垠的黄土高原，千沟万壑，起伏连绵。我们常常驱车良久，都未必看到一个村落；间或走进一个村子，四周通常也高山深壑围堵；有时一个小村只有几户人家，彼此之间还隔着沟沟岔岔……特殊的地形、环境，让轻歌曼语在这里行不通，人们为了沟通，长期形成互相呐喊、拉长音调、一唱三叹等习惯，潜移默化间催生了信天游的韵律。”

本文只有 1,500 余字，文字优美，读起来让人回肠荡气：“对外地人来说，信天游的歌声响起，总让人不由自主屏气凝神，无论是否听得懂歌词，也都会有一种灵魂深处的悸动。为何？想来，来自黄土地的歌者，那高亢悠扬的歌腔、浓烈沉郁的情感表达，本身就如黄河激浪般，具有极强的感染力，将人第一时间带入歌曲传唱的情境，把陕北人民的爱恨情仇，唱进每一位听众的心尖尖里。”

第六节　专访

一、什么是专访

专访，又称访问记，它的重点在“访”。简言之，专访是对一个人访问谈话的记录。

新闻报道有很多种形式，有的在于记事，有的在于记人，有的在于记言。专访是一种专门记言的新闻文体，它侧重于记录采访对象的言论，把这些言论经过整理加工，完整公正地报道出来。

人的言论为什么重要？首先，语言是人类交际最重要的工具，采访就是与人打交道，就是与人用语言进行沟通和交流，只不过专访这种形式，仅仅局限在沟通交流上——一次对话、一次讨论、一次交心、一次面对面的倾诉等。这有点像电视里的人物访谈——主持人提问，嘉宾回答。只不过在电视上我们可以看见真实的人，听见他们的声音而已。

其次，一次成功的专访，可以把平时人们很难了解，或者说很难见到的人物展现在公众面前，听他们对某一事件权威的解读，分享他们精湛的思想和丰富的内心世界。这些人物，有的是国家领导人，有的是某知识领域的泰斗和权威，有的是做出了突出贡献的专家和学者，有的是知名度很高的明星，有的是处在公共舆论中心的公共人物，等等，通常，他们的言论具有较大的影响力和权威性，对公众具有一定的吸引力。

专访可以忠实地再现采访对象的真实想法、观点、倾向、见解和丰富的内心世界等。由于减少了媒体过滤的环节，受众更容易相信内容的真实性。

比如，2008 年的北京奥运会中国政府做了很多年的精心准备，其中有许多重大创新，但筹备保密工作一直做得非常好，在奥运会正式开幕之前，吊足了观众的胃口。不过，在临近奥运会开幕时，有必要适度透露一些信息，但又不能讲得过多，这些信息还必须具有一定的权威性，为此，经北京奥组委认真研究，决定在开幕式的前夕，请新华社记者专门对奥运会开幕式总导演张艺谋进行专访。

请扫码阅读《浪漫的中国　梦想的世界》。

浪漫的中国
梦想的世界

笔者点评：对张艺谋的这个专访在奥运会前夕发表非常重要，张艺谋作为开幕式的总导演，透露的信息具有不可替代的权威性。通过张艺谋的解读，观众多多少少了解了一些奥运会开幕式的创新点和出彩之处，避免了开幕式突然展现在观众面前的突兀。

张艺谋在这篇专访中透露了许多让人眼前一亮的重大信息，比如本次奥运会开幕式的最大特点——中国传统文化与现代电子技术的完美结合。比如奥运会开幕式倒计时，为何采用“击缶而歌”的方式来展现。还有一些非常经典的策划，比如由焰火组成的 29 个巨大的脚印，沿永定门、前门、天安门……一路向北，朝奥运会主会场“鸟巢”走来。最后一个巨大的脚印在“鸟巢”上空化作漫天繁星飘落，聚拢成体育场内闪闪发光的梦幻五环。还有太极“天人合一”的表演、活字印刷的表演、100 多名素装少女放飞和平鸽的表演等，都让人充满了期待和梦想。这个专访，起到了巨大的助推奥运会开幕式的作用。

二、专访的发展历程

专访应该说从大众传播媒介诞生之日起，就在新闻报道中存在。

《纽约先驱论坛报》记者贝尔特，1839 年首开记者单独采访总统的先例，并创造了问答体的专访形式。该报创办者格里利（Horace Greeley）采访摩门教主教布林汉姆·杨而撰写的专访，使他成为当时最著名的记者。

1929 年出生在意大利的女记者奥里亚娜·法拉奇（Oriana Fallaci），是世界上最杰出的专访记者，她以性格泼辣，提问尖锐而闻名。她出版的《风云人物采访记》一书，汇集了世界上几十位重要人物的专访，使她有了“世界第一女记者”之称。①

在我国新闻史上，最早尝试专访这种文体的是黄远生。在他之后，有很多记者采用专访这种形式进行写作，甚至有些报纸杂志开辟有专访的栏目。

但从严格意义上来说，把专访归于通讯一类是欠妥的。在现代新闻史上，人们把专访更多地当作一种采访方法，而不是一种新闻文体。通讯的重要特征是感染人，而专访的目的是“传达”，仅仅是把采访对象需要表达的内容准确、完整地表达出来。所以，有不少的新闻理论研究者，试图让专访脱离通讯的范畴，把它作为一种相对独立的文体来对待。甚至有不少教科书把专访与消息、通讯、深度报道并列为四种主要新闻文体。本书也基本认同专访是一种独立文体这个观点，只是由于它篇幅太小，故仍将其归在通讯写作这一章

① 刘明华，徐泓，张征. 新闻写作教程[M]. 北京：中国人民大学出版社，2016：439.

中讲解。

三、专访的写作要求

1. 把写作严格限定在记言的范围内

专访的写作范围，应该严格限定在记言本身，包括记言过程中的描写和观察等，对记言以外的事情一律不涉及。也就是说，访问到的内容，才可以写进文章中，没有访问到的内容，不能在文章中出现。

专访中的采访，通常是一对一的，在什么时间、什么环境，采访者提了什么问题，被采访者是怎样回答的……记者写作的内容需严格限定在这个范围之内。也就是说，记者记录的只是这个单一的"访"。有的时候，也可能把"访"的过程、"访"的环境、"访"的情景写进去，这并没有超出"访"的范畴。

2. 精心设计采访对象和采访话题

专访之所以能够吸引人，在于采访的对象和设置的话题。从采访对象而言，并非所有的人都具有专访的价值，只有极少数知名度很高且有巨大影响力的人物才具有采访价值。

对采访对象的选择与确定需考虑两点：一是以人物来定话题。有些人物，无论在任何场合和任何时候，他只要接受采访就具有较高的新闻价值，比如国家政要、影响力极大的公众人物。二是以话题来定人物。一段时间有一段时间的热门话题和重点新闻，新闻大多时候需跟着社会热点走，媒体需要确定聚焦什么样的热点，由谁来发表观点和意见最具有典型性和权威性。

3. 采访者的提问是关键

专访无论是问答体、自述体还是散文体，基本都是一对一进行访谈，在整个采访过程中采访者始终处于主动和主导的地位，起着重要的话题设置和引导作用。

一般而言，有什么样的提问，就有什么样的回答。被采访者对问题的回答，往往会跟着采访者的思路走，如果采访者问不到点子上，那么整个话题就有可能跑偏或者完全失败。

当然，有些重要的采访内容和话题，采访者和被采访者是经过事先沟通的。被采访者知道采访者会提什么样的问题，采访者也知道被采访者会怎样回答。但在多数情况下，一对一访谈内容的话题是随机的，要靠采访者现场控制话题的走向和结果。

4. 一定要加工提炼

专访一定不是纯记录，需要后期写作时的加工提炼。采访现场具有很大的随意性，包括采访者提出的问题，被采访者回答的问题，都可能是在随机中产生的，采访过程中会有大量不精炼、不准确的话语，甚至存在着大量的废话。一些无关紧要的口水话，需要在写作过程中进行加工提炼，只保留那些能够深刻地说明主题，展现被采访者精彩内容的部分。

四、专访写作的体裁

1. 问答体

这是专访最常用的体裁，也是最简单、最能体现专访文体特征的叙述方式。

问答体具有最大限度的实录性，采访是怎样进行的，采访者提了什么样的问题，被采访者是怎样回答的，在阅读时都可以了解得清清楚楚。

写作这种形式的专访，一般先在标题后面用客观叙述方式写作一段“提要”，对新闻事件做一个交代，然后再展开正文。

正文采用一问一答的方式，在提要中交代了采访者与被采访者的身份和姓名之后，一问一答就可以采用“问：”和“答：”的方式；也可以采取直接列出名字的方式，如“张艺谋：”和“记者：”的方式，人名在第二次出现时，则可简化为“张：”和“记：”。

2. 口述实录体

这种体裁，又称自述体，即采用第一人称“我”进行自述。这种体裁，只提供了一种写作角度，即个人自述的角度，全文以“我”的自述开头，并以“我”的自述结束。在这种形式的专访中，采访者与被采访者的提问都被删掉了，写作者把采访对象所有的话题整合在一起，再以第一人称的方式把它重新讲述出来。

这种体裁的好处在于：第一，具有一定的现场感，采访对象好像站在我们的面前，对我们娓娓道来，甚至人的表情、情绪，都可以透过字里行间传达出来；第二，经过记者的加工处理，过滤掉了对话的环节，可以让行文更流畅，意思表达更完整。

这种写作方式，尤其要注意的是语言的运用。既然是口述体，写作时需注意区分口语表达与书面语表达的区别，要用生动活泼的口语来进行表达。

口述实录体最早由美国口述史权威、著名作家、广播节目制作人斯特兹·特克尔（Studs Terkel）首创。20 世纪 60 年代，他走向街头，采用口述实录方式采访了 300 人，精选其中 100 篇出版了《美国梦寻：100 个美国人的 100 个美国梦》一书。

疫情防控一线　我与父亲“肩并肩”（节选）

——一位社区工作者的抗“疫”自述

2020 年 3 月 9 日　澎湃新闻　供稿人：付巧利

我是白音察干镇奋进社区党支部副书记付巧利。我从来没想到，2020 年的春天来得如此艰难。

除夕夜，我正和家人一起坐在电视机前看春晚，当看到诗歌朗诵《爱是桥梁》——“众志成城，抗击肺炎”这个节目时，我的心里突然咯噔一下……于是我马上拿起手机，赶紧在网上查找有关疫情的一些消息。我不停地关注武汉的新增确诊冠状病毒的数字，不断地刷新纪录。那一刻，我已经深深地意识到了疫情的严重性。

初一去探望父母时，父亲就已经被土牧尔台新移民区党支部紧急召回参加疫情防控会议。父亲年过花甲，终于加入了党组织，实现了梦寐以求的夙愿。这对于父亲来说，是一件无比自豪骄傲的事情！父亲说：“我是一名党员，国家有危难时，我应当挺身而出，我能干啥就干点啥，能帮啥忙就帮点儿啥忙。”他毫不犹豫地担起了村里入户摸排工作。父亲只有小学文化，字虽然写得歪歪扭扭，但是却很认真。他进行一家一户的记录，就怕漏掉一个从外地来的人。现在的他又主动承担起巡查商土线的过往人员、车辆的任务。面对严寒，他没有抱怨、没有退缩，以自己的实际行动践行着一名党员的初心和使命……

作为社区党支部副书记及网格长的我，按照社区统一安排部署，初二我从父母身边直奔社区。临走时，父亲再三叮嘱，非常时期，一定认真工作不能马虎。随即社区召开了防控部署会议，并且成立了“尖刀队”，我担任副队长，在第一时间奔向了防控疫情的第一线。

我们每天从早上 8 点开始工作，挨家挨户排查登记信息，在网格内用大喇叭向居民宣传疫情防控的知识、政府公告、致居民的一封信等，并在每栋楼的防盗门口张贴公告、宣传单；在各自网格微信群内转发疫情防控知识、居家隔离温馨提示，凝聚大家力量构筑社区群防群治、群策群力的钢铁长城。

我是网格长，利用网格管理模式不断完善楼栋长、单元长的管理机制。让党员、退休干部带头担任楼栋长、单元长，留意观察各自楼道内有无外来人员。若有及时与网格员联系，每日汇报；并嘱咐单元长，引导他们积极主动检举外来人员。我还对网格内回家不满 20 天的旗外来人员进行跟踪监测。

……

心里一直告诫自己，把泪水咽回去、咽回去、再咽回去、耐心解释。因为我们都是孩子的妈妈，有很多的共同语言，慢慢地我们的关系缓和了许多，他们也不像之前那样吼我，也理解了我每天舍小家，顾大家，在寒风中奔波的良苦用心，庆幸的是他们终于安全度过隔离期。

3. 客观叙述体

什么叫客观叙述体？即写作者从一对一访谈的场景中跳出来，站在第三方的角度去叙述，相当于把一篇专访变成了专访类的消息。这种写作方式，只是写作角度发生了改变，并没有违背专访写作的基本原则——只记录访的过程和访的本身。也就是说，即便是采用第三人称叙述，叙述的场景和内容也只限于访谈的范围内，不允许超出这个范围。

如《专访张艺谋：北京奥运会开幕式用情打动人》叙述的角度变成了第三人称，如采用“他说”“张艺谋说”“他告诉我们”“张艺谋进一步阐释”。对被采访人说的话，有些可以打引号，有些不需要打引号；有的可以把“他说”放在话的前面，有些则放在后面。

专访张艺谋：北京奥运会开幕式用情打动人

值得注意的是，即便是第三人称叙述，也需要严格遵循新闻真实性的原则，准确、真实、完整地传达被采访人的话语原意。

思考题

1. 简述通讯在我国的发展历史。
2. 人物通讯在我国经历了哪几个阶段的发展？
3. 人物通讯有哪些写作要求？
4. 事件通讯中的“事件”有几个构成要素？
5. 什么是工作通讯？为什么说工作通讯是我国独有的新闻体裁？
6. 工作通讯的写作对记者来说有哪些特殊的要求？
7. 风貌通讯的写作特点有哪些？
8. 专访有几种写作类型？它们各自有哪些具体要求？

练习题

练习一

认真阅读以下人物通讯，就本文的写作特色写一篇心得体会，字数在600字以上。

孩子们，抓住一样东西千万别撒手

——洪水中，女教师奋不顾身抢救学生

2005年6月13日　《中国青年报》　记者：亓树新

“谢谢你，救了那么多孩子！”国务委员陈至立今天来到黑龙江省宁安市第二人民医院病房，看望在洪水中奋不顾身抢救孩子的教师沙宪晶，病床上的她挣扎着要起来，被陈至立制止了。陈至立对她说：“好好养病，继续为教育事业做更多的事情。”

沙宪晶是沙兰镇中心小学四年级一班的班主任。6月10日14时10分左右，她正在教室里上语文课，突然看到外面的操场进水了，意识到这不是好事，就马上对学生说：“大家赶快收拾书包，放学。”然而当学生们刚迈出教室，沙宪晶一回头，看到水已经涨到一尺多深了，立即喊道：“孩子们，快回来！”

她一边用手挡着门，一边冲学生喊：“快，都站到桌子上面！”有一名个子矮的学生吓慌了，上不去，沙宪晶腾出一只手将她拽到桌子上。她大声地问学生：“孩子们，你们都站到桌子上了吗？”同学们齐声回答：“站好了！”这时，突然有几个学生喊：“老师！老师！”沙宪晶说：“怎么了？”“水都到你的腰了！”沙宪晶一低头，才发现水已经淹没胸口了！

沙宪晶也站到了椅子上，可是，突然，门口涌进一股巨浪，一下子把全班学生冲倒了。沙宪晶跌倒在水中，她马上又站起来，大声喊：“靠窗的同学站到窗台上去，中间的同学每人抓住一样东西！你们千万不要撒手，千万不要动！”

孩子们还是慌乱不止，沙宪晶就大声喊：“孩子们，有老师在这儿，千万不要害怕！”她一遍一遍地重复：“听老师说，一定要抓住椅子或者桌子，千万不要动，也别撒手，一动桌子就会翻过来，就会溺水！”她还连续地问：“抓住没有？”学生们说：“抓住了！”

不一会儿，孩子们安静下来了。可是水还在呼呼地上涨，已经没过了站在窗台上的孩子的腰。这时，站在窗台上的孩子喊：“老师，我们抓不住啊！”

沙宪晶几次掉进水里，但她又坚强地再次浮出水面。她登上窗台，用力用肘部击碎窗户最顶部的玻璃，然后用手扫掉玻璃碎片。沙宪晶的手、胳膊被玻璃划得鲜血直流，冷水一刺激就钻心地痛。但她已完全顾不上这些，她扶着孩子的手抓住窗框，安慰学生：“一定要抓住，不能松手！”

但是，就在她的侧面，一个体质差的小女孩，手慢慢地松开了，顺着窗户往下滑。沙宪晶立即伸出一条腿，抵住了小女孩的身体。这时，又有一个胖男孩抓不住椅子，向下沉，沙宪晶又伸出一只手，死死地拽住小男孩。足足拽了20分钟后，沙宪晶坚持不住了，拉过两把椅子放在两个胳膊下增加浮力。

可这个小男孩特别胖，还在下沉。沙宪晶就用另外一只脚钩住一把椅子，垫在小男孩的屁股下，小男孩终于浮住了。在她的指挥下，一个学生抓住灯管，另一个学生紧靠墙脚。她不断地说：“孩子们，一定要坚持住，救援人员马上就会到的！”“不要嚷，保持体力！”

水开始渐渐消退，沙宪晶却挺不住了，全身抽搐起来，一头栽在窗台边的水里。学生们又把她拉了起来，可沙宪晶已经睁不开眼睛了。学生们哭着喊：“沙老师，你醒醒，你睁开眼睛啊！”沙宪晶感觉迷迷糊糊的，有气无力地说：“老师没劲了！”不一会儿，她恍惚看到乡里的干部、家长们进了教室，随后就什么也不知道了，醒来时，发现自己躺在医院的病床上。

练习二

阅读以下人物通讯，就文章的写作技巧、人物形象描写、语言特色等写作一篇心得体会，字数在800字以上。

雪域，一次未完成的采访

——追访李素芝和他带领的“流动医院”

2012年2月22日《战旗报》记者：谭美华 唐皓

这注定是记者在10多年采访生涯中的最大遗憾——几千公里的风雪追踪，竟未能完成对李素芝的采访。其实，近10天来，记者曾有多次采访机会，却总是一次次被迫放弃——

第一次采访机会是记者飞赴拉萨的第三天，2月11日，记者奉命进藏追踪采访李素芝和他的“便民为兵服务流动医院”。因暴风雪阻断道路，加之“流动医院”行程变换，记者苦守两天后，才在拉萨截住了赶往成都作报告的李素芝。

可是见到李素芝的那一刻，记者不禁惊呆了——连续坐车近30个小时的他，蓬头垢面，一脸胡茬，两眼充血，一声简单的问候低不可闻。招待所里，李素芝一边狼吞虎咽地喝着热粥，一边用餐巾纸擦拭从嘴角裂口渗出的鲜血。记者几次欲开口，都含泪憋了回去。10多分钟后，李素芝匆匆起身，辞别记者直奔机场，飞赴成都。

再次见到李素芝，是2012年2月16日23点37分，这天，记者随“流动医院”征战遭受特大风雪灾害的聂拉木未果，于22时10分折回定日县城。当天，李素芝从成都飞回拉萨，又驱车600公里赶到定日。记者决定连夜采访李素芝，可刚打开采访本，副院长刘厚东突然闯进来：“刚接诊一个危重病人，请院长过去治疗。”

“快，看看去！”李素芝条件反射似的站了起来，疾步朝外走。一进手术车，李素芝马上对病人进行全面检查，随后果断下令做手术。此地海拔1,600米，记者穿着军大衣、毛皮鞋守候在手术车外，冻得不停地跺脚、搓手。

次日凌晨3时许，手术圆满结束，疲惫不堪的李素芝走出手术车，慢慢摘去口罩、帽子，花白的头发已被汗湿，热腾腾地冒着白雾。他的手和嘴唇都在不停地颤抖……记者心一酸，采访的话再也说不出口。

第三次采访机会，是在海拔5,100多米的通拉山口。2月17日一早，李素芝带领“流动医院”再闯聂拉木，车队行进至通拉山口时被积雪堵住去路。记者决心抓住这一短暂机会采访李素芝。他却摆摆手道：“我得指挥疏通道路，你们多采访一下其他同志吧，他们身上有许多感人的故事。”说罢，他操起铁锹与官兵铲起雪来。

接下来两天，记者始终也没有找到时机采访从早忙到晚的李素芝。2月19日下午，“流动医院”启程返回拉萨，记者乘机挤上李素芝的车，打算在车上采访他。这一次，李素芝很是配合，沙哑着嗓子谈了起来。可不一会儿，车内突然安静下来，继而传来鼾声。记者一抬头，发现李素芝已耷拉着脑袋睡着了，墨镜和棉帽都掉落在地上。记者还想开口，驾驶员邱家鹏带着哭腔央求着：“首长这些天，坐车跑了1万多公里，从未睡过好觉，就让他睡会儿吧。”

当晚10点50分，“流动医院”顺利回到总医院，简单用餐后，记者决定逮住这最后的机会采访李素芝。可刚出餐厅门口，李素芝便穿上驾驶员递上的白大褂，歉意地对记者说:“记者同志，早点休息，我得查查病房去!”

“李院长一回医院，不查完病房是绝对不会回家的!”看着记者惊愕而失望的表情，总医院政委唐明文苦笑着对记者解释。

看着李素芝远去的背影，带着未完成采访的遗憾，记者暗暗发誓:下一次采访李素芝，绝对不再“放过”他，一定写出佳作来。让这个感动中国的人，带给中国新的感动!

练习三

认真分析事件通讯在情节、细节和信源上具有哪些特点，并写一篇800字以上的阅读体会。

把本文的细节描写部分标出来。

上海大火烧伤的40小时

2010年11月18日 《新京报》 记者:吴伟

目睹大火的一名女孩，一直以为自己在一个梦里。在这梦里，她看到火光，看到泪水，看到死亡。她陪着一个个家属寻找，寻找。

一名在大火中失去妻子的老人，至今在自责留下妻子在家……

大火烧伤了时间，带走了许多的生命，灼伤了许多人的身体，也烧伤了更多爱他们的人的心。

15日14点　火起，开始“一个圆”

做网吧管理员的小袁，11月15日这天，刚刚搬到上海静安区胶州路728号楼对面居住。

约下午2点，小袁被嘈杂的人声吸引到窗口，一眼看见烈火与浓烟。“风很大，火很快在外墙烧成了一片。”

17日下午，小袁的目光再次扫过那栋楼，楼体焦黑、插满钢管。她觉得，像个中了乱箭的黑巨人。

这个85米高的钢筋混凝土“巨人”，竣工于1997年12月。11月15日下午2点左右火灾发生前，登记入住的有156户约440余人。

江苏人陈必华之前承包了该楼的一些内装工程。他的弟弟陈必健回忆，哥哥曾说，楼外面也正在装修，在搞节能保温改造。

一些楼内居民回忆，约1个月前，施工队开始陆续进驻小区施工。

含728号楼在内，这个小区共有三座28层的高楼。11月15日前，另两座楼的脚手架也搭建到了20余层。

“谁也没想到这是个要命工程。”11月16日，陈必健搓着手，双目发直。哥哥在大火中失踪了，至今没消息。

在11月15日之前，工程已让一些住户不满。

楼内居民张女士说，感觉生活隐私被窥探，许多居民改变了生活方式，关紧门窗，拉起窗帘。“门窗紧闭后，外面喊叫的声音，听起来就像说悄悄话。”

按照官方通告，15日下午2点左右，4名施工人员在外墙脚手架上用电焊作业，火花引燃了附近尼龙网。而风力较大，加速了火势。

小袁听一些人说，开始时起火点很小。“像这么大。”她在空中划了一个足球大小的圆。

15日14点多　逃生，“火像瀑布般冲进”

11月16日下午4点，躺在静安区中心医院的病床上，陈六妹小声咒骂着大楼设计师，“为什么不设计两个对称的通道？”

火灾发生时，在大楼南向的1004房间内，陈六妹正在午休。她被一股浓烟呛醒。慵懒中她并未立即起身，想先等等看，但情况似乎越来越糟。

她摸索着向消防通道靠拢，但两个通道都在北侧，烟与火把路封死了。

地面越来越烫，消防队员架起了云梯，但水枪只能射到10层左右高度。火势超过灭火速度，大火蹿上了10层上方。

“灭火的水进楼后，水温感觉都有四五十度。”火包围了大楼，陈六妹跑上阳台，纵身跳下。

7楼燃烧着的脚手架，阻住了她下坠的势头。她赤着的右脚，被烧红的钢管烫伤了。有人抓住她的手臂，大喊“你不能再跳了”，一把将她推进7楼房间。

“当时伤脚没感觉。”她说仿佛不再属于身体了。之后，她和其他八九个居民一起往楼下冲。

一楼，大火封住了大门，他们往地下室跑。地下室也是大火和浓烟。女人们哭了起来，但嗓子被烟尘呛得只发出嘶叫声。

陈六妹说，地下室大门处烧着大火。他们一群人拼死从火中冲了过去，终于见到了地面和天空。

在医院，陈六妹与从15楼沿脚手架爬下来的李秀云一个病房。

“美国大片《火烧摩天楼》，你看过没？”李秀云比画着：“火像瀑布一样冲了进来。”

伤者分散在当地七八家医院救治。对于火灾，大部分人不愿回忆。

15日15点多　救援，“人影若隐若现”

“烟像被一个个大鼓风机吹出来的。你想象一下，很多大窗户同时向外面鼓出10多米20米远的浓烟。”事发时，刘女士看到了烈焰，也看到了滚滚烟尘。

当天下午两点半，她和丈夫在街对面看到，陆续有居民顺着脚手架磕磕绊绊地往楼下爬。

她看到楼顶上有20多人，“戴着头盔像是建筑工人”，朝地面疯狂挥舞衣服，“身影在浓烟中若隐若现。”

有目击者说，2点40分左右，警用直升机曾试图飞赴楼顶，但没成功。

刘女士说，3点半左右，大楼的墙面砖以及玻璃发生了很集中的爆裂。

烧成空壳的空调、碎墙面砖、碎玻璃，砸在脚手架的钢管上，叮叮作响，掉在地下厚厚一层。“警察把警戒线又扩大了，我当时担心楼会倒下来。”

据刘女士介绍，下午3点50分左右，她看到三架警用直升机顶着浓烟飞抵大楼顶部，实施索降救援。浓烟中，楼顶的人几次试图抓住绳索都失败了，飞机被迫放弃救援，4时飞离了顶楼。

“直升机飞走后，就只能祝愿楼顶的工人们好运了。”刘女士说，她留意到，旁边楼顶伸出几支水枪，开始朝着火大楼楼顶喷水。

15日夜　搜救，手电筒彻夜扫描

15日晚6点左右，3座大楼的居民，都接到了禁止在家过夜的命令。他们被分散到附近安置点。

晚6点半，着火4个小时后，上海消防宣布大火已基本扑灭。消防人员进入楼道，收拾残火，搜救居民。

入夜，数百失踪者家属聚集在离大楼一两百米远的临时救援指挥中心、上海市静安区第二少年业余体校。

小袁陪着他们。透过窗户，她眺望黑色大楼里闪着的点点手电筒光。

消防员用手电筒，彻夜扫描着大楼各楼层的各个角落。

从15日晚10点开始，警方联络处开始提供失踪者、伤者、逝者名单及照片。失踪者家属都聚集在此，守候消息。

16日凌晨，淡灰色的烟尘向西南方飘进黑色天幕。警戒线内的街道，挤满了消防车，随处可见消防带破裂喷射出的水幕，景象有些朦胧。

焦黑色的大楼上，不时有硬物坠下，敲击着脚手架钢管叮叮作响。

一些消防员从楼内疲惫出来，由其他队员替换。

大楼内部，到处滴着水。地面积水浸泡着黑黢黢的不明物品，被烧变形的自行车停在黑洞洞的房间外。

凌晨5点左右，两具遗体被抬出，穿过楼下聚集在一起的消防员们沉重的目光，抬到了大楼正门待命的救护车上，被送往龙华殡仪馆。

16日凌晨　呼唤，“我知道你能听到”

16日凌晨4点，夜空飘着毛毛细雨。

张传伟老人跪在业余体校的地面上，面朝着焦黑的大楼方向。

“宋学斌，不管你在天堂，还是在人间，我知道你都能听到，我在喊你。”在场的一些失踪者家属见状，哭了起来。

宋学斌是张传伟的妻子，67岁，在起火楼的1106房。火灾发生时，张传伟在杭州出差。“如果当初叫上她一起过去……”事发后他自责不已。

他说，两人携手走过了“文革”，一同经历了很多苦难，“怎么这一次就熬不过了呢？”

15日夜，小袁一夜没睡，倾听着一个又一个故事。

“1405房间的一个人，顺着脚手架往下爬的时候，一个老太太站在窗台上向他呼救，但他无能为力，眼睁睁看着老太太晕倒。”

15日一夜，临时救援指挥中心，失踪者家属在一楼休息区和二楼警方办公室间，来回往返。

小袁也跟着家属们来回跑，试着劝慰没等到消息的家属。

小袁说，那一夜，她所知道的，警方收到四次照片、名单。“第一、二次，主要是伤者名单。”

第三、四次，分别是凌晨4点、5点左右，记者也跟着跑了几个来回。这两次通告的名单、照片都很少，有人开始绝望。

16日凌晨5时许，一名男子对记者说，他还在等他女友母亲的消息。收治伤者的七八家医院他们挨个去过了，但一无所获。

17日晨　泪水，“愿逝者安息”

16日白天，临时救援指挥中心进门处，贴着6张名单。

左边是仍失去联系的失踪者，约50余人，大多是六七十岁的老人。右边是已入院或转院的伤者。

在伤情备注中，烟尘吸入性损伤，远多于烧伤的。

许多人站在名单前默默流泪，也有人陆续用笔将失踪者或伤者信息，主动添加到名单空白处。

17日早晨7点，新公布的名单上，出现了14名遇难者的身份，以及36名失踪者的姓名。

宋学斌在其中。昨晚，张传伟老人电话中向记者确认，他的妻子遇难了。

在16日白天，临时救援指挥中心已很少看到失踪者家属。大家纷纷赶往邻近各个收治伤者的医院，或去龙华殡仪馆认尸。

在焦黑的大楼下，人头攒动，受管制的街道挤满了围观的市民。菊花、百合，很多人捧着鲜花来，摆放在大楼正门处。

就读于东华大学的23岁俄罗斯学生Victa和同伴献上了鲜花。他说自己是通过新闻了解到灾难的，他祈祷逝者安息。

“也许再过一周，我才能睡着。”小袁耷拉着眼皮，脸色焦黄。“这个灾难我会记一辈子。”她说至今觉得像在梦里，“那么点小火，为什么就烧了这么大一座楼呢？”

目睹了大火，火灾后小袁一直无法睡眠，她总觉得那是个“残酷的梦”，她希望自己赶紧从梦中醒来。

练习四

分析以下工作通讯的写作特点，并写作一篇心得体会，字数在500字以上。

这电灯，像是晚上的太阳

——夜宿我省最后一个通电村紫云大地坝村见闻

2007年11月24日 《贵阳晚报》 记者：刘流

此刻已是11月21日的深夜，“快到我床上睡，你不歇气，我心头不安逸。”村民冉小笔把记者拉进他的房间，接着自己在地铺上躺下……

望着窗外麻山腹地朦朦胧胧的群山，想着从进村到现在近10个小时的所见所闻，记者仍很激动，尽管十分疲倦，却怎么也睡不着，便披衣坐在床上，打开笔记本电脑，记下那难忘的一幕又一幕。

“看了两个通宵电视，还觉得不过瘾”

从贵阳出发到紫云苗族布依族自治县宗地乡，再从宗地乡沿布满嶙峋怪石的崎岖小道前行26公里，我省最后一个通电村——大地坝村就坐落在这“寸土难觅，滴水如油”的麻山深处。在爱迪生发明电灯的一百多年后，我省20,413个行政村的村民终于全部用上了它，大地坝村是其中的最后一个。

“我最爱看成龙的动作片，已经两个通宵了，还觉得不过瘾啊。”一进村，村民冉兴国兴致勃勃地向记者谈起了他这两天来的感受。他8岁的儿子正站在电视前跟着成龙比画，母亲杨三妹笑得合不拢嘴，说通电后儿子整天比画，都不会正常走路了。

“从11月15日开始，我们村已有半数人家用上了电，估计再有20天，就能实现全村通电了。这可是乡亲父老们几十年的梦想啊。”村委会主任杨光应动情地说，大地坝村共18个自然寨，416户1,936人，99%是苗族。从今年7月开始，安顺市和紫云县在贵州电网公司的协同、支持下，响应省委、省政府号召，投资155.8万元，立电线杆373根，安装配电变压器7台，历时4个月终于把光亮带进了苗家村寨。

“孩子们再也不会被煤油灯伤害眼睛了”

在自然条件稍好的大地坝村民组，大约每两户人家就有台20寸左右的电视，电视前均摆满小板凳，能供数十个人围着看。77岁的老人仝小云正坐在电视机前，她说里面演着什么，她根本不知道，只是觉得好。“村里原来没有娱乐活动，大家天一擦黑就闭眼。现在气氛好咯，再闷的人都会咧嘴笑。”

村里最普及的电器是“打苞谷机”，几乎家家有。过去一个壮劳力磨50公斤苞谷粉要一天工夫，现在只需要20来分钟。村民杨秀全兴奋地说：“用电打苞谷粉太快当啦！下一步我们还要靠电整其他生产，头一个主意就是把石头打成石粉、石沙和碎石卖钱。”

小学校长杨通伦也异常高兴：“孩子们晚上学习再也不会被昏暗的煤油灯伤害眼睛了。我们还准备晚上开办扫盲班，现已有不少村民报名。”

“我看见了比星星还亮的东西”

下午5时30分，大山深处传来断断续续的爆竹声。村民们介绍说，几公里外的打朗村民组今晚通电，正在提前庆祝。记者提出要去打朗采访，村民们犯了难，低声用苗话商量起来。村支书杨昌荣和村委会主任杨光应说：“你不了解情况，去那边路太险，我们怕你走不了。”见记者坚持要去，杨昌荣便递上一根竹竿：“拄着走路安全些。”

5时45分，记者和两位村领导踏上了去打朗村民组的山路。记者这时才反应过来，哪里有什么路，其实是用炸药沿陡峭高山炸出来的一条险峻小道。小道上坚石密布，许多路段只能用手扶着岩壁，身体几乎半跪着朝前挪步，同时还要留心避免跌下身旁几十米高的悬崖，根本顾不上被尖石刺得生疼的脚底。

晚上7时，终于来到打朗村民组。村民们已在杀鸡宰羊准备迎接几百年来的第一道“光明”。组长杨秀清说，打朗村民组共34户人家，祖祖辈辈都居住在这深山里，几乎与世隔绝。由于山路太险，50岁以上的村民从未走出过环绕寨子的大山。“我们很多乡亲从不知道电究竟是什么东西，现在寨子里有两台电视，是8月份就借钱买来等电的。大家早盼着今晚到来。”

晚上8时，第一盏灯，亮了！村民们欢呼起来，唱歌跳舞，喝酒狂欢，大山的寂静被打破了。66岁的杨胜清独自一人站在自家电灯下面，老泪纵横。“感谢党感谢政府，让我在临死前看见了比煤油灯、比星星还亮的东西。”

晚上9时30分，记者和杨光应走在返回村委会的险峻小道上，他突然回头，望着打朗村民组依稀可见的灯光，感慨地说：“这电灯，真像是晚上的太阳。”

第五章　特稿写作

本章要点

在很多新闻写作类教材中，都只有通讯而没有特稿这种类型，原因在于，特稿是改革开放以来由国外传过来的新类型。

第一节论述了什么是特稿，厘清了特稿一词的来源与基本含义。

第二节讲授了特稿的写作特点，强调了它的故事化特征。

第三节详细探讨了特稿写作的类型，讲解了事件类特稿、非事件类特稿和人物特稿的写作要求。

第四节探讨了特稿的结构，讲解了特稿如何开头、如何展开、如何结尾。可将其与通讯进行对比学习。

第一节　什么是特稿

特稿，英文名 Feature。在我国，过去又将特稿称为“特写”和“专稿”，很多学者倾向于将其归于通讯这一大类中，属于通讯大类中的一个品种。但如今的特稿，已经不是中国传统意义上的“特写”和“专稿”，而是一个独立的品种。

在国外，并没有“通讯”一说，正如我国把除消息以外的所有文体都称为“通讯”一样，国外则把除消息以外的所有文体都称为“特稿”。从这个意义上说，国外的特稿就相当于我国的通讯。

正式的“特稿”概念是 20 世纪 90 年代才传入我国的。区别于过去僵化保守的新闻报道形式，特稿为我国新闻界吹来一股新风，部分媒体和优秀的媒体人，开始带着一种全新的视角和全新的观念，去观察和审视社会的世态百相，创作出了一大批脍炙人口、深刻揭示社会现实和人性的优秀作品，大大拓宽了新闻的报道题材。媒体人把更多的触角伸向社会的各个方面，诸如揭黑、突发性重大事件、灾难、市井众相、普通人的人性及命运……

一些报纸专门以刊登特稿为主，比如《南方周末》；一些媒体成立了“特稿部”，并开设特稿专版或专栏，比如《新京报》《中国青年报》《华西都市报》等。一大批写作特稿的优秀记者涌现出来，如王克勤、陈峰、蔡平、傅剑峰、江雪、刘畅、郭永宽……

那么，究竟什么是特稿呢？

梅尔文·门彻这样定义特稿："特稿是写来供娱乐和告知的，作者让个人的动作和意见来传递故事。"同时他又认为："特稿已经证明是一个讲述许多这类故事的有用的写作工具。"① 据此定义来看，完整的故事性是特稿的首要特点。

英国新闻学者 D. 斯蒂芬森认为："特稿是揭示问题、事件和人物某个截然不同的部分。"② 这个说法，将特稿归于类似深度报道的范畴，或者认为特稿是一种故事性与深度报道相结合的写作类型。

还有一些专家，主张把特稿的内涵和外延扩大，形成了今天国外对特稿类型的主要观点，即除消息以外的所有新闻报道形式，都称为特稿。比如英国新闻学者萨利·亚当斯（Sally Adams）在描述特稿时说："写作特稿的乐趣在于它的变化多端，从答读者来信专栏到人物专访，从写某一产品的综合报道到讣告，都是特稿。这种变化多端要求作者多才多艺。"他还说："很难给特稿下一个确切的定义，从反面理解也许最为可靠，特稿不是消息。"③

这种说法在我国学者中也能得到印证。比如曹璐与吴缦在《新闻专稿教程》中认为："至于国外新闻界，本来就没有新闻与消息的区分……他们一向把详尽、生动的新闻报道称为'新闻专稿'（News Feature）或'专稿'。""严格来说，新闻专稿其实是一个集合概念，是在报刊、广播、电视中运用的，除消息以外的所有报道性新闻体裁和报道形式的总称。"④

综上所述，我们把特稿定义为：特稿是一种以形象性见长，以描写性手法为主，立足于怎样讲一个好故事的新闻体裁。特稿主要面对新闻事件本身，表现新闻事件内在的复杂性和多样性，表现普遍的人性。也就是说，"特"者，只立足于描写独特的那一个，就是特稿。

这里要特别说明的是，无论国外和国内，都认为特稿中有一个重要的分支——纪实文学派。这一学派的代表人物余音在《特稿采写宝典》一书中说："从狭义理解，纪实文学俗称'特稿'，是新闻与文学的最新结晶体，是纪实文学作品在报刊上的文本形式，是纪实类文学的重要组成部分，主要包括纪实文学、报告文学和通讯。"但我们认为，此类作品与其归入特稿，不如归入"非虚构作品"为好。

总之，"特稿"一词的好处在于一个"特"字，非常形象生动地说明了这种体裁的本质。所谓"特"者，彰显在人们面前的只能是独特的那一个——一个社会现象、一个事件、一个人物。记者要将写作的笔触对准具有一定新闻价值的特殊的对象和个体，通过现象去挖掘背后的本质。一个"特"字，抓住了这种文体的特点。

正如布鲁斯·D. 伊图尔和道格拉斯·A. 安德森在《当代媒体新闻写作与报道》一书

---

① 门彻. 新闻报道与写作：插图第 11 版［M］. 展江，译. 北京：世界图书出版公司，2014：184.

②③④ 白贵，彭焕萍. 当代新闻写作［M］. 北京：中国人民大学出版社，2013：90.

中所说："在软新闻方面，新闻报道与特稿之间没有一条明确的分界线，特别在当今时代，很多新闻事件都被特稿化了。"

比如星期一是当年最热的一天，新闻报道可以这样写："周一创纪录的热浪把城市变成了一座烤炉，近期没有降温的迹象。"而特稿则可以这样写："周一，约翰·希尔科维奇在滚滚热浪中做了该市所有人都想做的事，他在沙滩上待了一天，晒得黝黑。"

美联社特稿撰稿人朱尔斯说："新闻撰稿人告诉你一座桥垮塌了，有多少辆车掉入水中，那里的情况是什么样的……而特稿撰稿人却告诉你那里的情况是什么样的——当史密斯刚开始过桥时，桥开始摇晃，他紧紧抓住栏杆——诸如此类的细节。"①

综上所述，特稿的主要特点是故事性和形象性。无论事件大或小、简单或复杂，特稿都要求把形象的描写贯穿于整个事件之中。

第二节　特稿的写作特点

一、故事化

特稿一定比通讯有更多的故事性。甚至有人认为，写作特稿，就是写作一个纪实性的故事化新闻报道。因此，故事化在特稿中占有很大的比重。

并非所有的特稿都必须用讲故事的方式展开，但故事基本贯穿文章的全过程，因此写作特稿前必须考虑，在多大程度上加进故事情节，如何用故事化作为主线，来构建整个特稿的框架。

特稿写作必须将故事性放在首位，更多关注新闻事件的故事情节，用生动鲜明的形象去揭示事物深刻的内涵。

1. 强故事化讲述

强故事化的写作手法，是指运用小说的写作手法，完全真实地再现新闻事件的现场场景，包括故事场景的设置、情节的设置、人物及人物冲突的设置等。记者需要把真实的材料组装起来，用全故事场景的方式把它再现出来。

我们这里强调的强故事类新闻，是排除任何虚构的部分，用纯故事方式写作的新闻作品，它可以借鉴小说的某些写作手法，但内容绝对不允许虚构。

① 门彻．新闻报道与写作：插图第 11 版［M］．展江，译．北京：世界图书出版公司，2014：183．

镜头追踪黑社会（节选）

2006 年 8 月 2 日 《中国青年报》 记者：董月玲

“哎呀！快点，快点，掉头走过去。”一个男人沙哑急促的声音，“不好，发现了，发现了！”

黑夜的海南省海口市街头，路灯下的草地上，两个壮汉正对一个倒在地上的人拳打脚踢。画面一闪而过。

“拍到没有？”另一个声音急切地问。

“拍到一点点。”沙哑声回答。

“我真怀疑你的拍摄技术了，按了那么久，你拍不到啊？”

“我按着了嘛，你车一拐弯就闪过去了嘛。”

争吵的两个人，是海口市公安局的警察。他们正在追踪一起抢劫案。开车的是符传泉，拿摄影机的叫吕大俊。俩人掉转车头，又回到案发地。

笔者点评：这是一篇描写警察侦破一起抢劫案的特稿。因为是记者亲历现场，目睹了现场所有场景的细节，所以非常形象、生动。如果是事后采访，要再现这样的场景和细节就有很大难度了。

2. 弱故事化讲述

我国大多数特稿会采用这种写法。这种写法的优点在于，它符合新闻报道读者的接受心理——在尽可能短的时间内获得尽可能多的信息。即便是故事性很强的新闻题材，如果采用纯故事化的写作手法，会让事件的推进和情节的演化变得拖沓和缓慢，这不太符合一般人阅读新闻的心理。

强故事化很难保证新闻的完全真实性。小说在写作过程中，很多场景描写和细节是被虚构出来的。新闻类的特稿，则需要有细致的观察，要真实存在才能够被写进去。

更重要的是，新闻传播有明确的表达性，它要传达一种理念、一种明确的倾向性；但小说传达的是一种不可言说的意蕴、一种身临其境的体验。读小说读者得到的是“感受”，而读新闻读者得到的是“感知”。

所以，很多的特稿作品采用弱故事化的叙述方式，在故事化的展开过程中，适度加入叙述。用故事化来起到形象表达和情绪渲染的作用，用叙述快速地推动内容向前发展。

最后的代课老师（节选）

2008 年 1 月 11 日 《南方周末》 记者：张悦

王政明的办公室没有多余的什物，他收拾起那把断了弦的二胡，回到了离学校只有一箭之地的家中。这一方斑驳的木头被置于衣柜顶，从此尘封。

以前，每当课余，学前班的尕娃娃围坐在王政明周围，他用二胡拉奏起《在那遥远的小山村》。这样的旋律于今绝矣。

他前后教书近半个世纪。他说："村子里孙子辈的是我的学生，父母辈的是我的学生，爷爷辈的也是我的学生。"他一共培养了 80 多名大学生，包括他的两个儿子。

1958 年，王政明以代课教师的身份，创建张家堡小学，一人撑起一个学校。"文革"期间，为了护校而屡遭生产队长报复。1982 年，他尽管被鉴定为"教学效果显著，是我校的教学骨干"，但却被人在造册材料上做了手脚，与转正失之交臂。他黯然离校。

1985 年，学校教员奇缺，王政明再次被召回。他的工龄也只能从这一年起算，再无缘转正公办教师。

国家开始给乡村教师发工资的时候，他一月拿 13 元，公办教师拿 32 元；公办教师工资涨到 40 元时，他拿 17 元；等到他的工资涨到 40 元时，比他小几茬的公办教师工资都 1,200、1,300 元了，是他的 20 多倍。每次发工资，会计总是偷偷地把 40 元钱塞到他的口袋里。

直到 2006 年，他和渭源其他代课教师的事迹被报道后，他拿了半年 120 元的工资。

因为同工不同酬，同为教师，却和月工资一两千块的公办教师地位迥异，代课教师已习惯被村人歧视和嘲笑了。"这些年最难受的就是自己的孩子从小跟着自己被人看不起。"为了保两个儿子读书，这个经常苦劝村民一视同仁让女娃娃读书的老教师，忍痛让自己的女儿辍学在家务农，至今他都觉得愧对后来远嫁陕西的女儿。

笔者点评：这篇特稿和上一篇《镜头追踪黑社会》都在讲故事，但在写法上有很大的不同。《镜头追踪黑社会》采用描写式的语言，几乎是在用写小说的方式来写新闻，活灵活现地展现了现场的情景。但《最后的代课老师》则不同，大多采用叙述的语言，把故事用叙述的方式讲述出来。因为，如果记者没有亲历现场的话，要真实地再现新闻现场的所有细节和对话，是一件很难的事情，这是绝大多数记者采用"叙述 + 描写"来写作特稿的重要原因。此外，这种方式便于快速推动情节向前发展，这也是其受欢迎的重要原因。

二、对普遍人性的理解和发掘

对普通人性的理解和发掘，是特稿与通讯的一大区别。通讯大多出于正面宣传的目的，即便是写普通的老百姓，也大多选择符合主流价值观、符合社会道德规范、能起到表率作用的，会有意回避和过滤负面的内容，这样做可以起到弘扬社会正气、净化社会的作用，对提倡社会主义文明观与道德观有着重要的引导作用。

从人性的角度看，人身上有很多美好的东西，诸如善良、正直、友爱、勤劳、温情，但同时也有诸多不那么美好的东西，诸如自私、愚昧、贪婪等，各种各样具备复杂人性的人聚集在一起，构成了社会。

就算是在一个人身上，我们也可能看到相互冲突、复杂的表现，每个人都是多面、立体的。人身上有很多优点，但也可能有很多缺点。即便是普普通通的人，也可能有很多的闪光之处；即便是伟大的人物，也可能有人的弱点和不足。因而，挖掘人性的多面性、立体性，反映普通人身上迸溅的人性美好，是特稿类题材的源泉。

当把一个个普普通通的老百姓放在社会中去观察的时候，我们会发现，人不是生活在真空之中的，是种种好的和不好的、先进的和落后的集合体。所以，特稿在选择写作对象时，能够让人感动、能够引起人们内心强烈共鸣的，都可以成为特稿的题材。

正如《中国青年报》推出的《冰点》周刊一位从业三年的年轻记者所写：“冰点之于我的意义，就在这一篇篇特稿中透露出来，我得以见到和记录多种多样的世界，特别是那些人性中最难向外表达的善、美、智慧、宽容、丑陋、痛苦，以及爱。”“透过这些故事，你能看到自己的同胞——那些老人、那些孩子、那些青年、那些作为社会中坚力量的沉默的大多数——在经历怎样的命运。从关注人的命运出发，冰点一直维护许多最基本的价值观，比如悲悯、比如同情、比如正义、比如自由。这并不是说我们的每篇报道都会触及这些东西，不过，十多年来，冰点的人员尽管有变动，但这套相对恒定的价值观一直都在，涉及这些价值观的新闻线索对我们会特别地有吸引力。”①

三、题材广泛，内容多样

人类社会一切有价值的内容，包括灾难、战争、黑幕、犯罪、愚昧、贪婪、苦难、挫折、失败、人性的挣扎、生态的破坏、命运的沉浮……都能成为特稿写作的题材。特稿为我们提供了一个描写和表现社会的全景图，展现了芸芸众生的千姿百态，那些与我们社会息息相关、与我们生存的环境密不可分的内容，都有可能成为特稿的题材。

对大众传媒而言，任何媒体的报道都不可违背道德规范和社会良知。特稿让我们站在一个更高的高度，用更开阔的视域审视当下：看到它既有光明的方面，也有黑暗的方面；有美好的一面，也有不美好的一面；有人性的善良，也有人性的丑恶；有让人感到温暖的一面，也有让人感到可悲和可怜的一面。总之，一个社会进步和转型所面临的所有快乐和痛苦，在特稿中都会被触及。

此外，特稿的选材范围非常广泛。有现实的题材，也有历史的题材；有国内的题材，也有国外的题材；有突发性的新闻事件，也有着眼于深层次社会问题的非突发性新闻事件；有正面的题材，也有反面的题材。可以说，人类社会一切具有价值的新闻事件，都可以用特稿的形式来写作。

---

① 杜涌涛，徐白柯．永不抵达的列车:《中国青年报·冰点周刊》特稿精选（2010—2011）[M]．北京：中央编译出版社，2012：1.

赵作海：当翻转的人生又回到原点（节选）

2014年5月10日 《新京报》 记者：朱柳笛

离开监狱这四年，赵作海比想象中老得快。他曾做过公民代理人，却发现很多事“管不了”；曾参与过“西部大开发扶贫工程”，后来才知道是传销，11年冤狱换来的65万元赔偿款，四分之一没了；曾开了家小旅馆，不到9个月，赔钱倒闭。现在，他成了一名环卫工，一个人干两个人的活儿。

62岁了，他没有等来期待中的否极泰来，比起刚出狱时的踌躇满志，他会怎样看待这四年的起伏？对社会、家庭和自己的认知又发生了哪些变化？又该如何面对以后的生活？昨天是赵作海出狱的四周年，他给出了答案。

5月5日中午，在出租屋旁的小饭店吃过饭，赵作海与妻子李素兰又起了场“争执”。

“别打包。太咸了，太难吃。”李素兰冲赵作海嘟囔。赵作海说：“还能吃一顿呢。”他起身，一股脑把剩菜倒进塑料袋里，李素兰剜了一个白眼。

上场“争执”发生在半小时前，李素兰扯着赵作海看不清颜色的皮夹克，让他赶紧换掉——下午3点，一家境外电视台的记者要来采访。

赵作海原是不肯的，妻子的声调高了八度：“扫大街的就非得穿得跟垃圾堆里出来的一样？”

话音一落，老赵闷头进了屋，换了干净的衬衣。

笔者点评：赵作海因一起杀人案而被判入狱。离奇的是，坐牢几年后，他“杀死”的那个人回来了，他因此得以平冤昭雪，一时成了新闻人物。但赵作海实在算不得是一个优点较多的人，他诸多的缺点在他的“新生”中得以集中体现——贪小便宜却又处处被骗，精于算计却又目光短浅，想发财却又不愿意付出艰辛……作者采用白描的手法，给我们勾勒出了一个普通人平凡复杂多元的人生，他实际上是许多中国底层百姓的缩影。还原一个新闻人物的真实形态，就是这篇特稿的意义所在。

第三节　特稿的类型

一、事件类特稿

除了那些可以预见，明确知道会在什么时间、什么地点发生的新闻事件以外，世界上绝大多数事件都具有突发性。

任何事件性报道都是新闻记者采访与报道的重中之重。这是因为，全世界每一天、每一时、每一刻，都在发生着各种各样的事件——战争、灾难、地震、洪灾、海啸、坠机、森林大火、泥石流、车祸、瘟疫、政变、冲突、股市或汇率暴跌、人生的苦难与不幸……几乎每一个重大的新闻事件，都吸引着大量的媒体记者进行报道，占据着每天新闻报道的绝大部分版面。

事件的发生通常具有突然性，从事件的发生到事件的结束通常也需要一个过程，有的时间较长，有的时间较短。

通常，事件刚刚发生时，由于事件的走向还不够清晰，记者会采用消息的形式及时进行报道。只有等待新闻事件接近尾声，事件的总体状况趋于明朗后，记者才会着手去写作具有一定广度和深度的特稿类新闻。

写作事件类特稿需要注意以下几方面：

1. 真实地记录

特稿更多用于还原社会真实的人生和人性，再现新闻事件原本的样态：有好的一面，也有不好的一面；有先进的一面，也有落后的一面；有高尚的一面，也有庸俗的一面；有阳春白雪的一面，也有下里巴人的一面……总之，当我们回顾某一事件的时候，特稿告诉我们，某一事件就是那样，真真实实，毫无虚假地存在着。

当然，忠实地记录，不等于不要价值观的引导，尤其是对于低级的、黄色的、淫秽的、反动的新闻事件，绝对不能抱着欣赏的态度。对许多事件，尤其是灾难性的事件，新闻记者应该抱着同情的，甚至悲天悯人的心态去对待它，相信某一天会变得更加美好。正如《南方周末》的发刊词所说的那样“让无力者有力，让悲观者前行”“总有一种感动让我们泪流满面”。

2. 强烈的现场感

特稿考验着记者再现新闻现场的能力。强烈的现场感，首先来自过硬的采访。记者需要不停地追问，不厌其烦地追问每一个细节：他说了哪句话，做了哪个动作，现场是什么样子……有些新闻现场是记者可以参与的，但更多的新闻现场却是记者根据事后的采访还原出来的，这实际上是对记者再现新闻现场能力的一种考验。

采访与写作所占用的精力和时间之比是7∶3，即采访所花精力和时间应该占到70%左右。没有扎实的采访功底，没有大量鲜活的第一手素材，任何写作都不可能成功，特稿写作也概莫能外。

3. 揭示事件背后深刻的原因

这里要特别指出的是，特稿不是深度报道，也不是调查性报道，特稿是以形象见长的写作形式。所以即便是要揭示新闻事件背后的深层次原因，也需要把目的和意图隐藏起来，藏在形象描写的后面，让情节和细节自己说话。

二、非事件类特稿

除去突发性的新闻事件和人物特稿，其他的题材都可以归入这个类型之中。

这类特稿主要有以下四类：

第一，历史类特稿。任何一个典型的历史事件，包括历史故事、历史人物、历史重大事件，都可以成为历史类特稿的题材，关键是要有足够的真实性和故事性。我国是一个具有悠久历史的文明古国，给我们写作历史类特稿留下了非常丰富的文化遗产。比如，《新京报》发表了大量非常优秀的历史题材类特稿，《走进秦始皇陵》对位于陕西西安近郊的秦始皇陵千古之谜进行了披露；《抗战 60 周年华夏烽烟》对抗战期间国内十大战役进行了详细的梳理；《唐山重生 30 年》记述了一组唐山大地震后幸存者重新组建家庭的感人故事。《中国青年报》特稿《大栅栏：由生活变成回忆》，以旧城改造拆迁为背景，记述了北京大栅栏悠久的历史文化和民俗风情，传递出一种美好的东西正在流逝的感伤之情。

第二，重大题材类特稿。当前，我国社会处在各种冲突、矛盾相互交织的阶段，社会热点、焦点层出不穷，为特稿提供了十分广泛的题材。这类特稿通常题材重大，涉及面较广，影响较大。如反映反腐内容的《打黑局长的人生变奏》《在位 1,700 天，受贿 1,700 万》《世纪末的弥天大谎》等；反映打击黑社会势力的《三涉黑团伙沈阳覆灭记》；反映土地野蛮拆迁的《拆迁时代的典型样本》；反映心理变态的犯罪分子的《杀人者杨佳青春档案》等。

第三，自然现象与人类活动类特稿。自然现象包括各种地震、台风、森林火灾、泥石流、暴雨、干旱、洪灾、严寒、塌方……有些自然灾害与人类活动密切相关，比如大气污染、雾霾、水污染、生态破坏、动物生存环境的恶化、人类环境保护的努力等，都是此类特稿的题材。当前，我国进入了高度重视环境保护的新阶段，此类题材尤受读者的关注。比如《新京报》上发表的《拯救长江刀鱼》，通过大量的调查和描写，揭示了长江珍贵鱼类——刀鱼濒临灭绝的现实，一盘摆上餐桌的刀鱼价格可达上万元，反映了长江生态的恶化状况；《被剥皮的动物们》揭示国内泛滥的动物屠杀现象，大量的动物毛皮被制作成衣服穿在人身上，这些背后的故事读起来让人触目惊心。《中国青年报》的特稿《那些变成石头的肺》，通过几个典型的事例，报道了几位长期在矿井下工作的矿工，如何患上同一种职业病——尘肺病的痛苦过程。

第四，日常生活类特稿。这类题材是特稿的专长，即从老百姓的日常生活中去寻找故事，从普通人和普通家庭中去寻找人性之美。这类题材最早源于中央电视台的《东方时空》"讲述老百姓自己的故事"。《东方时空》的巨大成功，使得日常生活类题材的新闻价值被众多的媒体推广。这类特稿如《最倒霉的家庭》《一个母亲最后的力量》《千万别跟我提房子》等。

值得注意的是，记者要把此类特稿与调查性报道和深度调查报道区别开来。虽然它们都要用到描写和形象，不同的是，即便是重大的主题，特稿也需要小的切口，由一个典型事件切进去，用事实说话，用形象说话；而调查性报道和深度调查报道则侧重于层层剥笋，揭示事物内在的本质和真相。特稿重在说情，调查性报道和深度调查报道重在说理。

三、人物特稿

我们先来看一则奇特的故事。

2018 年 8 月 10 日晚，美国华盛顿州西雅图塔科马机场，29 岁的地勤工作人员理查德·罗素（Richard Russell）在结束了自己一天的常规工作后，偷偷溜上了停机坪上一架 76 座双引擎庞巴迪 Q400 客机的驾驶舱。

然后，没有飞机驾驶执照，也没有接受过任何飞行训练的他发动了引擎，驾驶着飞机飞上了天空。

靠着在模拟航空游戏里学到的有限操作，他驾驶着飞机做出了一连串惊险的动作，地面上的人们在惊呼中拍下了视频。当时天空的景色很美。

75 分钟以后，飞机在西雅图附近普吉特湾的一个小岛上坠毁，理查德·罗素没有生还。

这可能是 2018 年最让人困惑的一则新闻了：没有人知道在一个普通的夏日夜晚，一个叫理查德·罗素的年轻人，为什么会突然做出如此疯狂的举动。

后来靠着失事飞机的黑匣子——罗素与塔台人员的对话录音，人们逐渐还原了藏在理查德·罗素头脑中那些混乱而不可理喻的犯罪动机。

他竟然是为了驾着飞机去寻找海中的一头逆戟鲸。这头逆戟鲸背着自己幼崽的尸体在海里游了 17 天 1,600 公里才决定放手。理查德·罗素对塔台人员说："可我想知道那条逆戟鲸的位置，你知道，就是那条背着宝宝的逆戟鲸。我想去看看那家伙。"

结果，为了这个疯狂的念头，他付出了一架飞机和自己生命的代价。

对这样的人和这样的故事，我们不能用一句简单的"犯罪"来解释，也无法一味地谴责，人性是极其复杂的，我们永远不能用一种固定的模式去认识和解释它。

过去，我们常常把人物脸谱化，不是好人就是坏人。后来，我们发现了这种脸谱化的毛病，稍微做了一些改进，但仍然在按照道德规范来画线：好人，赋予他一些人性的弱点；坏人，也给予他一些正常人性的表现。看似还原了人物的真实面目，其实并没有从根本上改变人物非左即右、非好即坏的脸谱化思维。

人性极其复杂。挖掘人性，理解人性，研究人性，最终去展现人性，这应成为人物特稿的追求目标。

一个母亲最后的力量（节选）

2008 年 7 月 23 日 《中国青年报》 记者：从玉华

赵巧云许多时候已经开始犯迷糊。蒲扇刚刚还拿在手上，可出去收了趟晒在院里的被子，就记不起搁哪儿了。蓝头巾前一天明明还在床头，第二天不知怎么到鸡窝上了。自己 10 个孩子的名字，她也甚至记不全。她已经 87 岁，渐渐“迷了，老了”，到了人生中最后的一段时光。

但有个念头在她心里却一直很清晰——她想念儿子。

6 月，她收到周口监狱的一封来信。邻居对着不识字、耳朵又背的老太太，足足喊了 10 多分钟，才让她明白，65 岁的大儿子因盗窃罪入狱了。

这是大儿子第三次入狱，她并不太吃惊。“彪儿（大儿子乳名）打小都不学好。可好儿子，赖儿子，都是俺儿子。”她这样对村里人说。

因为不知道儿子在监狱过得怎么样，能不能吃饱穿暖，她决定去看望她的“彪儿”。她不清楚，从她家所在的河南省太康县大许寨乡黄寺村到周口监狱到底有多远，究竟要过几座桥，穿几个村，经几个县。她只知道，她得去看“彪儿”。

笔者点评：这是一篇从人性的角度去寻找写作对象的特稿。赵巧云是一个没有知识、没有文化，生活在社会最底层的普通农村老人，她的生活过得非常艰辛，一生吃了很多苦。但赵巧云却有着一颗温暖善良的心，她爱着自己的亲人和孩子，甚至包括那个不学好，因盗窃罪多次入狱的大儿子。在大儿子被判入狱后，她决定步行去看他，“好儿子，赖儿子，都是俺儿子”，正是这最质朴的人性，创造了这篇特稿的感动。

文中许多场景描写得非常形象生动，对 87 岁的赵巧云的刻画也非常传神，总之，这是一篇写作上乘、内容感人的优秀特稿。

人物特稿写作有哪些注意事项呢?

1. 人物的典型化

什么叫典型化? 按照文学艺术的创作原则:“塑造典型环境中的典型人物。”就是说，写作对象是“独特的那一个”，具有鲜明的性格和特征。为什么世界上绝大多数人，都不可能成为特稿描写的对象，主要是不具备足够的“典型性”——题材的独特性和人物的新奇性。只有当人物的事迹与行为十分稀缺和罕见时，才能够成为特稿描写的对象。

比如特稿《暴走妈妈　割肝救子》描写了一位叫陈玉蓉的妈妈，得知她 31 岁的儿子叶海斌得了一种叫“肝豆状核病变”的病，如果不换肝，就有死亡的危险。陈玉蓉决定用自己的肝为儿子做肝移植手术。但陈玉蓉有脂肪肝，不能够做移植手术。为了给儿子一个健康的肝，陈玉蓉每天暴走 10 公里，整整走了 211 天，终于消除了脂肪肝。文章最后并没有交代陈玉蓉到底有没有为儿子做肝移植手术，只说明了最后一次检查，陈玉蓉已符合移植的条件，她表示，如果不能捐肝，她会一直走下去。

这样的特稿事例很多，不一而足。这个“独特的那一个”不是虚构，也不是盲目拔高，而是还原人物的本来面目，让普通的人性焕发出感人的光芒。

2. 展现人与社会环境的关系

当我们审视人与社会的关系时，会发现任何人都不可能脱离一定的环境和社会而存在，人是特定社会的产物。也就是说，什么样的土壤，结出什么样的果实；什么样的环境，造就什么样的人物。

但是，社会对人来说，绝非完美。2007 年出了一个非常奇葩的新闻事件，甘肃兰州一个名叫杨丽娟的女孩，16 岁就辍学开始追星刘德华，为此家里卖掉了房子，父亲又卖肾并多次陪同女儿到北京和香港去见刘德华，最终父亲因女儿的追星行为而跳海自杀。

对杨丽娟这样极端追星的做法，如果是一个理智的具备责任感的媒体，应该对她人性的弱点保持清醒的认识，认识到她是一个心理畸形的病人。可惜一些媒体，把此事件演变成了一个娱乐新闻，他们快速地消费了杨丽娟，然后又快速地把她丢掉。

《南方周末》的记者则从人性的角度去剖析杨丽娟，认为任何人都是环境的产物，什么样的环境造就什么样的人性。

你不会懂得我的伤悲——杨丽娟事件观察（节选）

2007 年 12 月 18 日　《南方周末》　记者：袁蕾

杨丽娟和母亲陶菊英都出生在阿干镇，父亲杨勤冀在阿干镇教书，直到 1995 年提前退休。

阿干镇虽然离兰州市区不过二十多公里，但道路崎岖，汽车要开近一个小时。“阿干”的名字出自《尔雅·释地》：大陵曰阿，干为水畔。阿干河从南向北穿镇而过，河两边是密不透风的荒山。阿干镇形成于北宋，之前是丝绸之路上中国内陆部分颇为重要的一站。

1950 年代，阿干镇成为兰州工业用煤和民用燃料的主要生产基地之一。当地流传着“先有阿干煤坑坑，后有兰州城窝窝”的说法。“1950 年代，在阿干镇上班的人都是很骄傲的。而现在，说一个人很土，兰州人会说‘你是阿干镇来的吧’。”张磊和他的伙伴正在招商拍摄另一部纪录片《影像阿干镇》。

如今的阿干镇，建筑仍以苏式居民楼和办公楼为主。玻璃很多已经破碎，还有大量空出来的宿舍楼，当地居民谁愿意搬进去就搬进去。唯一的电影院已经改成了塑料制品加工厂，跨进院子，迎面三个斑驳的大字“观人子”——它的前身是“观众您好”，这里已经二十多年没有放过电影了。最繁华的街道铁冶街粗看上去家家关门闭户，走近你就会发现，其实每扇窗户后面都有人在打量。偶尔出现在街上的人，没有多少表情，嘴角向下牵着。

邴哲说，阿干镇的人大多可以预测自己的命运：男人不是因为事故在矿上伤残亡故，就是患上这样那样的职业病；女人在家里默默守候着活一天是一天的丈夫和在教学质量不怎么高的学校里念书的孩子；小孩沉默地行走在煤尘扑面的街道上，或者被狭窄道路上奔驰的运煤车撞伤。

3. 对人物进行多角度的描写

描写，是所有特稿类作品的主要写作手法。人物特稿需要多角度地对人物进行描写，以增强人物的丰富性和饱满度，好比是一个对象，观察的角度越多，对象就有可能被描述得越准确。

人物描写的主要形式有场景描写、肖像描写、性格描写、细节描写和对话描写。

场景描写。场景最早来源于戏剧和电影，通常指幕布拉开以后，在一个特定的时间和空间里所表现的情节和故事。场景是一个人物活动和赖以表现的舞台，相当于人物展示自我的时间和空间场所。每个人都生活在特定的场景中，在场景中得以去展现自己的性格和自己的人生故事。

场景描写通常是人物特稿写作不可或缺的元素。没有一定的场景描写，人物就失去了活动的空间，故事的展开就没有了载体。

火车惊魂记（节选）

2011年4月25日 《中国青年报》 记者：包丽敏

T70次开出乌鲁木齐，天正下着雨，并夹着雪珠。不到两小时，过了达坂城，到天山山口时，顾革命看到窗外起了沙尘暴，风扬起了沙土。他曾在新疆待过18年，这在戈壁滩上是家常便饭，“已经习以为常，麻痹了。”

在新疆旅游的乘客穆晓光的记忆中，T70次开出乌鲁木齐后半小时左右，窗外即漫天黄沙，偶尔掠过一两户人家。

“跟北京的沙尘暴差不多，没什么大不了。”这位22岁的北京小伙子说。车在吐鲁番站停靠时，他若无其事地在站台买了一支蒙牛三色冰激凌。

然而当天下午6点多，列车从鄯善站开出不久，风越来越大。穆晓光闻到车厢里逐渐弥漫起一股土腥味。他去盥洗室投了把毛巾，捂住口鼻。

列车内的旅途生活一切照常。

晚7点过，温州人陈安成从10号硬卧车厢出发，走进位于13号车厢的餐厅。他点了一盘18元的青椒羊肚，2元一份的虾皮紫菜汤，以及2元一碗的米饭。7时33分，服务人员打出一张单据。

陈安成坐在铺着干净桌布的餐桌前，等着他的晚餐，并且有点焦急地向服务员催了一次。他没料到等来的是一场大变故。大约7时38分，突然一声锐响，他身边的双层钢化窗玻璃被击穿，玻璃碴子溅了一桌，沙土直接灌进餐车，立刻把陈安成和其他正在进餐的10多位乘客赶出了原本洋溢着饭菜香味的车厢。

据悉，这是T70次列车被这场大风暴击穿的第一扇玻璃。

肖像描写。相当于给人画素描，几笔勾勒出来，人物形象活脱脱地跃然纸上，增加读者对人物感性的认知。俗话说，貌如其人。形体外貌、表情、衣着打扮、行为和动作都能反映一个人的性格和特征。

卢克安：德国青年的广西十年（节选）

2008年3月21日 《南方人物周刊》 记者：卫毅

卢克安走在南方青黄相间的稻田间，阴天午后的浑浊阳光漫过山梁上的茂密树林，洒在他留有泥渍的宽大T恤衫上，这个穿着廉价迷彩裤，踏着劣质塑料凉鞋，钥匙用白色尼龙绳串在腰间的瘦弱德国人，从背后看去，仿佛是中国僻远山区山村里赶圩归来的农民。

这是2007年9月5日，广西东兰县一所山村义务当教师的德国人卢克安，走了三个小时的崎岖山路，到乡里能上网的地方下载一个程序，再步行走回学校。

笔者点评：这位德国青年放弃了城市优越的生活条件，到中国一个边远贫穷的乡村支教，恪守清贫，过着最简朴的生活。他的生活状态到底怎么样，一个极棒的肖像描写给出了非常好的回答："阳光漫过山梁上的茂密树林，洒在他留有泥渍的宽大T恤衫上，这个穿着廉价迷彩裤，踏着劣质塑料凉鞋，钥匙用白色尼龙绳串在腰间的瘦弱德国人，从背后看去，仿佛是中国僻远山区山村里赶圩归来的农民。"尤其是用白色尼龙绳串在腰间的钥匙串，生动地勾勒出卢克安不拘小节的性格。

性格描写。世界上有长相相同的人，却没有性格相同的人。掌握人的性格，就是掌握人物个性化的核心，是"独特的那一个"的关键。

山西煤老板群像（节选）

2004年11月17日 《新京报》 记者：郭建光

秦大庆（化名）坐在白色奥迪A6中，眼睛一动不动地注视着前方，10分钟，是一个很短的时间概念，但如果目不转睛地凝视10分钟，并不是每个人都能做到的。近两年来，秦大庆一直在练这样的功夫，现在已经炉火纯青了。掏烟，点火，打电话，他不会低头去看，如果没有电话打进，他一句话也不说。

在另外一些场合，秦大庆是一个脸上经常挂着笑，很容易接近的人，但一进入自己承包的煤矿，他就眉头紧锁，两眼直视，不为外物所动。

有了钱的秦大庆培养了很多消费习惯，比如到高档场所消费，动辄上万元，他在高平、晋城、太原、北京都有房产，比如旅游，国内的名胜他已经几乎全跑遍了，东南亚、欧洲、美洲等地区也去了不少趟，再比如买车，把孩子送到贵族学校等，凡是现在流行的做法，他都尝试过。

不过，雷打不动地到煤矿凝视，才能令秦大庆获得最大快乐，按照他的说法，这叫“充分享受钱带来的快感”。

笔者点评：这位叫秦大庆的煤老板，一生嗜钱财如命。为了寻找获得财富的快感，他养成了一个独特的习惯：“坐在白色奥迪 A6 中，眼睛一动不动地注视着前方……目不转睛地凝视 10 分钟……掏烟，点火，打电话，他不会低头去看，如果没有电话打进，他一句话也不说。”眼前他凝视的矿井还在运转着，就意味着金钱滚滚而来。这个细节，生动形象地说明了煤老板秦大庆的性格。

细节描写。细节描写往往具有画龙点睛的作用，能够给人留下深刻的印象。细节描写往往是文章的神来之笔，体现了记者细致的观察力。

寻找萧望野——一位北京来客的广西山村生活（节选）

2008 年 3 月 21 日 《南方人物周刊》 作者：卫毅

已是星期五的傍晚，当教室里的桌椅都处置好之后，萧望野和一些回家的孩子往山里走去，她要去看一个叫韦云会的 11 岁学生。

山间的田野遍是青菜，而韦云会家缺少篱笆的菜地里，青菜已被村里觅食的鸡啄食殆尽。韦云会的家在半山腰一处裂痕累累、似乎行将倒塌的黄土房里。没有多少村里人在乎这家人的处境，长期的贫穷已经让他们神情麻木。

韦云会的家门前，堆着数百块大石头。他父亲在过去一年里，独自一人将这些每块上百斤重的石头从河边挑上来。他想给孩子们建一所更坚实的房子。而他在两个月前的一次醉酒行路时，从山上摔了下去，再没有回来。

天色已暗，刚从学校回家的韦云会正在山里找寻他家的两头牛。他没有名字的傻姐姐站在门口看着萧老师，笑着，她喜欢她的到来。

牛没找到，失望而归的韦云会快速地生火切菜煮饭。他是这个家庭唯一的劳动力。他的傻姐姐和常年有病的母亲需要他照顾，他只有 11 岁，能力实在有限，他弟弟已在一个月前送到了别的人家抚养。

萧望野认识这家人是因为韦云会的傻姐姐。她去乡里赶街时，经常在村口看到这个头发蓬乱、任何季节都光着脚丫的傻女孩对她笑。“我很好奇，有一次就跟着这个女孩子回家，才知道韦云会也在我们学校读书。”

萧望野将几张照片送给韦云会和他的姐姐，这是她去年来他们家时拍的，照片上有韦云会的弟弟，那个时候，他的弟弟还未送人。

韦云会的邻居看到萧望野来了，请她到家里住。“他们家连床都没有多余的，怎么住啊？！”邻居说。

其实，也就是在当天，学校里的人才送给了韦云会家一张床。刚过去的那个寒冬，他们家得有人睡在地上那块破木板上。此时，韦云会的妈妈用脚将木板踩断，准备扔到煮饭的火堆里烧了。

那天晚上，萧望野留在了这个家里，抱着那个全身脏兮兮的女孩在满天繁星的夜晚里睡去。

第二天早上，丢失的牛需要被找回来。当萧望野唤醒韦云会的时候，这个11岁的孩子说他累了，需要再休息一会才能去找牛。萧望野的手感觉到了孩子的体温很高，在她的执意要求之下，韦云会去到乡村里的卫生所就诊，超过40摄氏度的体温需要两大瓶药水才能降下来。

我和萧望野带着打完吊针的韦云会回家，路过河边的石桥时，韦云会的傻姐姐正对她笑。萧望野叫女孩回家去拿肥皂，女孩照做了，过了一阵，她拿着肥皂从山路上下来，回到了河边。“别看她傻，她内心其实什么都知道，她需要有人跟她做朋友，关心她。”萧望野说。

几米之外，萧望野站在小河中间裸露的石头上，弯下腰去，用山涧流淌下来的清水和肥皂，细细洗净这个无名女孩污垢纠结的头发，晌午的阳光从蓝色的天幕投下，让河流、小桥、房屋、树木以及这些场景中的人，变得温暖而有光泽。

笔者点评：这是一篇很有观察力的特稿。萧望野是北京的一位中学教师，她自愿带着女儿来到广西最偏僻的山区，义务为乡村孩子教书。记者采访时来到萧望野的学校，细心观察萧望野的一言一行、一举一动，对她进行了非常生动形象的描写。本篇特稿有许多很好的细节描写，包括萧望野去一位名叫韦云会的11岁孩子家中进行家访，对韦云会家中情况的描写，都非常传神。

对话描写。对话描写是最接近于小说和故事写作的形式，人物的对话往往具有极强的现场感，能活灵活现地表现出现场的氛围，仿佛让人处在被描写的环境之中。如前所举《镜头追踪黑社会》。

第四节　特稿的结构

特稿的结构指的是特稿的框架，即特稿采用什么样的方式去开始、展开和结束。

一、特稿的开头

特稿的开头方式有很多种，此处归纳几种常见的方式：

贴士

和特稿开头相关的两个问题

1. 描绘式开头

描绘式是特稿用得最多的一种开头方式。因为特稿本身是用形象说话，没有形象就没有特稿。所以，特稿多选用典型、富有感染力的形象，将其放在文章的开头。

通常的做法是，选用一个小场景、小细节或饶有趣味的小描写，一开始就给人一种很强的现场感。

熊的解放：人的救赎之路（节选）

2009年9月16日 《中国青年报》 记者：从玉华

第90块石头，与别的石头没什么不同。

这块石头上写着："SYNTEGRA，？—08/26/09。"这是一个拗口的拉丁文名字，它死于2009年8月26日。"？"意味着无人确切知道它什么时候出生，出生在哪里。

这块石头很干净，三两只蚂蚁在上面爬来爬去。而更多的石头则长满青苔，有的半陷在泥土里，上面的字迹模糊可辨。每块石头的背后都有小木片做成的十字架，它们插在长满青草的不足膝盖高的土堆上。

这些土堆掩藏在一大片竹林里，地上开着紫色的小花，小手模样的藤萝四处攀爬，郫河支流从旁缓缓流过。

显然，没有比这儿更适合的墓地了。这里埋葬的不是人，而是90头熊。

一对离散母子的十八年

2008年第33期 《南方人物周刊》 记者：卫毅

2007年12月初的白昼正在快速滑向黑夜，笼罩在贵州安顺汪家山上空的冷雾霭仍未散尽。

一整天了，康天英都在租的屋里待着，因为腰椎间盘突出的毛病，她已经休养了几个月，实在要站一会了，康天英走到外屋，或者到院里喂喂她养的几只鸡。

中午时，有人开着农用车送煤球来。"煤球贵了，要二角四一个。"煤球用于做饭烧水，并能让这家人在贵州的冷冬里感到温暖。

铝锅还在响，冒着热气。

康天英与儿子付国稳走出家门，穿过混杂着摩托车声和狗吠声的街道，到市场买菜。卖菜的人和他们娘俩热情地打招呼。

几个月前，还未回家养病的康天英就在这湿漉漉的市场里卖菜，菜摊上随黄昏亮起来的灯里有她的身影。

她曾在灯光里等待，等了18年。

2. 归纳式开头

逻辑学中的“归纳”，指的是“从个体到一般”的推理过程。从无数个个体的特征，我们可以推断出事物的普遍特征。

归纳式开头的好处在于，一开始就指出问题的本质，让人们明确文章的实质与意义；提纲挈领地把文章提升到一个较高的理论高度，相当于一个总结性的开头。

一个矿工的两重世界（节选）

2011 年 5 月 4 日 《中国青年报》 记者：郭建光

这个通道连接着两个世界，一个地上，一个地下，一个光亮，一个幽暗。但有时候，一个过于束缚，一个反倒清净。

在这两重世界之间，岳建波已经穿越了 9 年。他今年 31 岁，在山西省阳泉市一个国营煤矿里上班，是中国上百万煤矿工人大军中的一员。

4 月初的一个下午，太阳暖洋洋的，岳建波像往常一样换上散发着汗臭味的工作棉服，提上一个分辨不出颜色的挎包，走到了这个通往地下世界的通道口。

“不了解我的工作，你就无法理解我现在做的一切。”这个矿工眯着眼睛说。他是近视眼，带点散光，但从不戴眼镜，因为“不想把这个世界看得太清楚”。

在地上世界，这个煤矿工人是个摇滚歌手。他不懂乐谱，不会玩乐器，歌唱得也“不乍地”，他的“陷乐队”甚至只有他一个人登台。但这些并不妨碍他玩得津津有味，甚至还玩出了点儿名气。他还是一个长跑爱好者，经常自费参加全国的马拉松比赛；虽然从未拿过名次，但他乐此不疲。

因为这些爱好，周边的人视他为“怪人”，认为他“不务正业”。不过岳建波不在乎这些，他略带点结巴地说：“别人怎么看我都无所谓，我只是要过自己想的生活。”

3. 悬念式开头

悬念式开头即在文章的开头设置一个问题或者一个悬念，目的在于引起人们广泛的联想和“好奇心”，使人产生“欲罢不能”的阅读效果。

特稿中的悬念式开头，关键是要设置出一个让人人都感兴趣的“悬念”，或者说埋下一个伏笔，目的是吊人胃口，充分利用人的好奇心，激发起人们想揭开问题真相的欲望。

永不消失的爱情（节选）

2010 年 9 月 29 日 《中国青年报》 记者：杨芳

与中国大多数夫妻一样，王士光和王新夫妇看上去没什么特别之处。在一张照片上，他们一左一右，肩并肩站在庭院里，略显拘谨。那是 1938 年的冬天，两个年轻人

> 打扮得很是时尚：丈夫穿了件呢子风衣，妻子穿的是翻毛皮大衣。
>
> 又过了10年，两人的穿着大为改变：齐刘海的卷发和西装革履不见了，取而代之的，是中国人民解放军军装。不过，夫妻俩中间多了个睁着大眼睛的小女孩，脖子上系着浅色的围嘴。
>
> 最大的变化当然是岁月带来的。到了1975年，照片上的男人头发已经花白，带副黑框眼镜。他俩身着深色干部服，力图摆出一副严肃的面孔，但仍然掩饰不住脸上的喜悦。
>
> 旁人难以想象，这些已经发黄甚至模糊不清的照片背后，是一个接一个惊心动魄的故事。

二、特稿内容的展开

相对于消息而言，特稿内容的展开是一件非常复杂的事情，常常涉及宏大的场景和较为复杂的故事结构，因此多采用相对复杂的结构样式。

1. 单线条展开方式

依照时间顺序或故事情节发展顺序依次展开情节。这种展开方式比较符合人们的阅读习惯，它严格遵循事件发生的过程——发生、发展、高潮和结尾，把一个事件或一个故事按照这一过程讲好。

单线条的展开方式不太适用于那些较为复杂的特稿情节。如果情节比较复杂，则适合用多线条展开的方式。

2. 主次结构展开方式

主次结构展开方式指的是在主题不变的情况下，按照主题的需要，分成若干个分结构，采用“主结构 + 分结构”的方式来处理文章内容的一种方式。相当于我们把整个特稿看作是一个柜子，柜子中有若干个格子，我们把故事分成若干个类型（一般是3—5个），把这些故事情节分门别类地装进各个格子里去。

这种方式对一些内容比较复杂、情节比较多样的特稿较为有用。如果不采用主次结构的方式来处理，而是把文章一口气写下来，很容易造成主题冗长，读者阅读时抓不住中心，读后也容易理不清头绪的问题。所以，最好的办法就是对内容进行分类，然后把内容分门别类地装进去。又或者选择几个不同的观察角度，对主体立体地进行观照。从不同角度观察到的对象就会显得格外全面和饱满。我们来看《瓮安，“不安”的县城》的结构：

标题	标题名称	内容简介
主标题	《瓮安，“不安”的县城》	主标题后的开头部分，对整个事件进行了一个全方位的回顾，相当于一个概括式的导语。
副标题 1	沉默的西门河，四起的传言	一个初中女学生的离奇死亡，瞬间在一个小小的县城，造成了一个极大的传播热潮，传言真真假假，越传越邪乎。
副标题 2	无助的村庄，加入游行的移民	多种因素合在一起的结果，包括县城里脆弱的干群关系、电站移民安置的不当，最终因为这个小女孩的死亡，诱发了一场大规模的群众骚乱。
副标题 3	活跃的黑帮，困顿的矿区	对这场骚乱的深刻反思，贫穷和社会不公是主要原因，省委书记石宗源直指问题的实质。
副标题 4	不安的小城，脆弱的干群关系	从另外一个侧面来描写，是该县城紧张的干群关系，直接导致了恶性群体事件的发生。
副标题 5	愤怒的人群，一触即发的现场	采用现场描写的方式，叙述整个骚乱事件的过程。

3. 多线条展开方式

当我们面对一个场面比较宏大、情节比较复杂的新闻事件时，再用单线条的推进方式已经不能把握和概括文章的全部内容了，此时就需采用更加复杂的结构，比如小说中的多场景多线索交错，即把多个场景按照时间轴交错排列出来，依次推进；在场景与场景之间实现自由转换，通过新闻事件的进展把不同的场景和人物串联起来。

《火车惊魂记》描写了新疆至北京的 T70 次列车途中遇见特大沙尘暴，列车朝风沙的一面双层玻璃全部被沙尘暴击碎，全车人员九死一生的惊险场景。全文采用众多的现场目击者（乘客）的见闻和亲身经历写成，涉及的人物较多，有兰州人顾革命、旅游乘客穆晓光、温州人陈安成、中国政法大学本科生边疆、青岛人房克信、乘客张亚东等人。该文依照事件的发展脉络，通过这几个人不同的回忆和描述，交错地展开情节，再现了此次特大沙尘暴的全过程。

三、特稿的结尾

一般人往往十分重视文章开头和主体内容，并不太重视结尾。其实，文章的结尾与开头和内容同样重要，好的结尾预示着一个不同凡响的谢幕，在文章的大幕徐徐拉上之后，仍留给人回味的空间。

特稿结尾的类型有以下几种：

1. 画龙点睛型

龙画好了，最后一点睛，龙才能活灵活现。这种结尾是把最精彩的点睛之笔留在最后。文章的最后，体现的是文章最精彩、最关键的部分，或情节，或细节，或警语。

那些变成石头的肺（节选）

2006年5月17日 《中国青年报》 记者：周欣宇

在北戴河国家煤矿安全监察局尘肺病康复中心的标本室里，一个木柜子里摆着十几瓶液体，这些都是尘肺病患者洗肺后的回收液：灰黑色的、乳白色的、砖红色的、墨绿色的……不同的颜色，源自不同工程矿工的肺。

主任医师马国宣指着一个被福尔马林液体浸泡的灰黑色肺部标本说，这是一个长期被煤摧残的肺，几乎已经全部纤维化，它的重量超过正常肺的一倍以上。她永远不能忘记，那次她参与一次尘肺病人的尸检，当她的手术刀割在尸检病人的肺上时，发出吱啦吱啦的声音，"感觉像切在石头上一样。"

2. 归纳总结型

指在文章的最后，对全文进行概括和总结，让读者有豁然开朗的感觉。

归纳总结型的结尾有一个好处是，当人们读完一篇特稿后，对它的意义和价值可能认识不足，此类结尾有意地指点迷津，相当于我们所说的"盖棺定论"。

熊的解放，人的救赎之路（节选）

2009年9月16日 《中国青年报》 记者：从玉华

每次参加黑熊的葬礼，谢罗便臣就会不自觉地抬头看看天空，看到有白云飘过，她会很欣慰，因为"那些云彩很像是小熊在翻跟头"，每当这时，她就觉得"内心又有了一种力量在召唤"。

在她创建的黑熊救护中心内，几乎都是水泥路，唯有通往那块黑熊墓地的，是很长一段弯弯曲曲的泥巴路。那里树木葱葱，遮天蔽日，踏在落叶上簌簌作响，就像走在真正的森林里。

对于每一头被送进墓地的黑熊，这是它们一生中最后的路途。

它们大多数时候苟活在铁笼子里，而现在，它们终于可以安息在一片"森林"里，像一头真正的熊一样。

3. 高潮迭起型

一个故事情节分为开始、发展、高潮、结尾四个部分。通常，高潮是事件重大的转折点，预示着事件开始走向衰落，直到结束。

这种类型的结尾是在事件高潮后，于结尾处再掀起一个小小的高潮，再次调动起读者的情绪，让读者的情绪在小高潮中戛然而止，达到一种奇特的阅读体验和阅读效果。

火车惊魂记（节选）

2006年4月19日 《中国青年报》 记者：包丽敏

15日晚，几位T70次乘客在北京的一个小型聚会上，乘客张亚东明显喝多了。他突然转向在座的一位并未经历此次惊险的女士，口齿不清地问："你知道火车上的玻璃是什么样吗？"

那位女士还没来得及反应，他已拿起一只玻璃杯，突然向餐厅的窗户砸过去，"砰"的一声碎裂的响动。

"别砸了，地上都是玻璃碴子！"女士惊叫道。

"玻璃碴子？"满脸涨红的他吼道，"我告诉你，火车上就是这样！"

话音刚落，第二只玻璃杯从他手中再次飞向窗户。

当晚，餐厅的这面窗户共受到4只杯子的袭击。所幸，只露出两个窟窿。

4. 悬念回味型

一篇优秀的文章，有一个特殊的标准，就是读完之后仍然余兴未了，值得细细地回味。好像是一曲奏完，声音却仍然余音绕梁，久久不会散去；或者如品一杯好酒后，余味悠长。

悬念回味型结尾是记者仔细地保留最值得回味的精彩之处，把它放在文章的最后，让这个精彩的细节和场景久久地留在读者的脑海中。

永不抵达的列车（节选）

2011年7月27日 《中国青年报》 记者：赵涵漠

23日22时左右，朱平家的电话铃声曾经响起。朱妈妈连忙从厨房跑去接电话，来电显示是朱平的手机。"你到了？"母亲兴奋地问。

电话里没有听到女儿的回答，听筒里只传来一点极其轻微的声响。这个以为马上就能见到女儿的母亲以为那只是手机信号出了问题。

似乎不会再有别的可能了——那是在那辆永不能抵达的列车上，重伤的朱平用尽力气留给等待她的母亲的最后一点讯息。

思考题

1. 说说你对"特稿"中的"特"的理解。
2. 故事化有几种形态？请分别予以说明。

3. 特稿的写作特征有哪些？

4. 写作人物特稿应注意哪几个方面？

练习题

练习一

认真阅读以下特稿，并写作一篇800字以上的读后感。

将本文中描写性的段落勾画出来。

熊的解放：人的救赎之路

2009年9月16日 《中国青年报》 记者：从玉华

第90块石头，与别的石头没什么不同。

这块石头上写着："SYNTEGRA，？—08/26/09。"这是一个拗口的拉丁文名字，它死于2009年8月26日。"？"意味着无人确切知道它什么时候出生，出生在哪里。

这块石头很干净，三两只蚂蚁在上面爬来爬去。而更多的石头则长满青苔，有的半陷在泥土里，上面的字迹模糊可辨。每块石头的背后都有小木片做成的十字架，它们插在长满青草的不足膝盖高的土堆上。

这些土堆掩藏在一大片竹林里，地上开着紫色的小花，小手模样的藤萝四处攀爬，郫河支流从旁缓缓流过。

显然，没有比这儿更适合的墓地了。这里埋葬的不是人，而是90头熊。

"你离开了这个世界，不是一个编号，不是一个字母，也不是一个无名的熊"

墓地不算大，只有半个篮球场大小，轻轻踱上20步，就能从这头走到那头。在距离成都市区26公里外的龙桥黑熊救护中心，墓地只占据了一角。

每一头埋葬在这里的熊，人们都为它们取了名字，哪怕是在它们入土前的最后一刻。

有一头熊刚被救护中心的工作人员救出来，还没来得及踏上草地，就死掉了，在入土时，它被取名"森林"，人们希望这个名字能够将它带到天国的森林里，弥补它从未生活在森林里的遗憾。

它的石头上写着："Forest，？—03/11/02。"

有一头名叫"水"的熊，下午4时到达救护中心，晚上8时就死去了。它浑身浮肿，像个大水袋，一个针尖扎下去就会冒水，护士从它晃晃荡荡的大肚子里抽出10多公斤水。尽管在这儿只活了4个小时，它还是得到了此生可能唯一的名字："水"。

它的石头上写着："Water，？—02/06/09。"

还有一头名叫"草莓"的熊，在它很短的生命里，草莓是它最后的晚餐。还有

“Kiki”“强生”……

90块石头的背后，有着90个相似的故事。

这些故事，都与它们身上那个被称作“胆”的器官有关。“活熊取胆”制药，从20世纪80年代就开始了。在各地的养熊场里，它们活着的全部意义就是被用于收集胆汁。它们身上都有一个长年不能愈合的洞，有的插着生了锈的金属管或玻璃管，从中流淌出清亮的胆汁。

从出生的时候开始，它们就大多被禁锢在长1.5米、高0.5米的铁笼子里，一天天长大——直到铁条让它们不能再长。它们不得不把脸紧贴在窄小的方形食槽口上进食，铁栏杆把它们的口鼻磨得到处是伤疤。可即便这样，它们也终日吃不饱，因为养熊场相信，饥饿、口渴能分泌更多的胆汁。

在这样的小笼子里，它们只能终日俯卧或者侧卧，转身、打滚、挠挠痒痒等这些事情对它们来说都是遥不可及的事。有些养熊场的铁笼，笼顶铁栅栏是活动的。在取胆汁时，工人将铁栅栏往下压，直到它们完全无法动弹。有些工人图方便，从来就不升起这面铁栅栏。

每当养熊场的工人靠近，在笼前伸出铁钩，勾住它们的脖颈，它们就凄厉地哀号起来。当墨绿色的胆汁被一股股抽取出来时，它们痛苦得大张着嘴，剧烈地喘息，双眼凸暴，四肢颤抖……在它们的一生中，这样的酷刑，也许一天要有2—4次，最少30毫升，最多200毫升。抽完胆汁后，它们往往蜷缩在笼中浑身战栗，亮晶晶的小眼睛上挂着泪。

像它们这样的“胆熊”，有些因为无法忍受抽胆的痛苦，疯狂地抓咬笼子，直到满口溃烂，有的还会精神错乱，甚至出现自杀行为，把自己的肝肠内脏拉扯出来，狂嚎着挥舞着。遇到这种时候，养熊场就会“冷静又紧急”地砍下它们的脚掌，剥下它们的皮毛。

为了防止它们因疼痛或者不适而抓挠导管，养熊场还用上了一种叫“铁马甲”的刑具。2003年，当一只棕熊和一只杂交熊被从天津一家养熊场解救出来，运到救护中心时，工作人员见到了传说中的铁马甲：坚硬的铁片绕身一匝，它们的肋骨被牢牢固定，一根长柄直抵喉头，它们终日不能低头。这样的马甲，这两只熊穿了整整9年。

有些熊是这样来到救护中心的：2008年3月31日晚上，救护中心迎来了获救的28头熊，当人们从卡车里抬出每一头熊时，所有人惊呆了。腐烂的味道扑鼻而来，有的熊整个背部烂掉，有的熊腹部抽胆口流淌着说不清颜色的体液。

最后一头熊被搬出时，它已经死了，身体还留有温热，它血肉模糊的脚掌伸在铁栏杆外，划在空中，像在做最后的求救。后来人们给它取名“安宁”，把它葬在墓地第三排的中间，希望它在另一个世界能永享安宁。

救护中心的工作人员朱柯，后来把这天称作救护中心成立近10年来最黑暗的一天。他至今对那天获救的一头熊记忆犹新：它很瘦小，事后证明只有65公斤，它毛发脱落，双掌开裂，双眼深陷，“显然，这是长期缺乏营养以及常年铁笼囚禁的表现”。它的肩部有一个“像口井”一样穿透骨头的伤口，腹部还凸起一个巨大的肿瘤。

当朱柯按下快门，闪光灯亮起的瞬间，这头熊惊恐地把头避开，镜头里只留下一只亮晶晶、仇恨的眼睛。他再也不忍心按下第二次快门。

“给它留些尊严吧。”这个帅气的小伙子眼睛湿湿的。

他给这头熊取名“成都真相”。他想用这个名字告诉人们“这就是胆熊的真实生活，这就是这个行业的真相”。

第二天，“成都真相”死了。接着，Kiki死了，它留给人们的最后一幕是：拼命地伸出自己的舌头，舔食美味的果昔，接着又因为痛苦而不停地抓挠自己的嘴，它嘴里出现黑洞洞的严重溃疡。

短短一周，这28头获救的熊，共有11头熊死去。它们一生唯一的一次出笼，也是它们的最后一次。它们死在了通往自由的门槛上。如今，11座土堆绵延在一块儿，每块石头写着它们的名字。

在这最黑暗一周中的某一天，救护中心的兽医海瑞体检了5头熊，用粉红色的药水对无法救助的4头实施了安乐死，最后一头活了下来，她把这头标号为“117”的熊，称作“希望”。

每一头熊被实施安乐死时，大家都会围着它，有人用自己的手与它的手掌十字相扣，有人抚摸它的头、耳朵、眼睛……有人会默念“对不起，我们没有办法救活你们”。海瑞则亲亲熊的鼻尖——她以自己的方式向它们告别。

以往，工作人员都用手推车，把死去的熊送进墓场，但这一次，因为死去的熊多，他们不得不动用了卡车。

葬礼上，人们围着墓地，向死去的熊身上轻轻扔去三把泥土，有人念着悼词：

你离开了这个世界，不是一个编号，不是一个字母，也不是一个无名的熊

因为我们会永远记得你的名字

你的名字是××……

再见，亲爱的××

“你的离去不会让我们软弱，我们因你而更坚强”

并不是所有的事都那么悲伤，即使在一周内参加了11头熊的葬礼。

人们只要走出墓地，就能看到完全不同的场景：存活下来的熊在游泳池刨水、荡秋千、爬树，有的甚至为了争夺吊床这样的午睡好去处而打闹不停。

一头熊，看到有人靠近，很聪明地用手掌遮掩住腰果藏起来，生怕被抢走。一头叫“嘉仕伯”的熊故意装出漫不经心的模样，走到正在水池边睡觉的另一头熊身边，对着它的屁股猛咬一口，然后快速逃跑。还有一头上过杂志的“封面女郎”熊，正沉浸在莫扎特的《大管、双簧管和单簧管协奏曲》里，大家笑称它“要是再有一杯冰柠檬水和一顶太阳帽就堪称完美了”。

还有，穿了9年铁马甲，刚来时脾气暴躁得像“凯撒”而因此得名的棕熊，正在挖

洞，每挖一会儿，它就到水池边洗澡：先洗左前肢，再洗右前肢，接着把水浇到身上洗前胸，最后洗脸。

“那模样极像人。”救助中心的王帆感叹着。这头熊当年穿着铁马甲被抬出时曾引来无数人围观，如今它长到了271公斤！“别忘了，凯撒可是一位女士呢。”

凯撒所在养熊场的主人朴先生，在它被带走4年后，专程从天津赶来，看到它自在的生活，这个穿着格子衬衫、外套西服的老人当场哭了。告别时，他承诺回去后要说服他的侄子关闭养熊场。

“这些健康的熊给了我们希望和力量，也让我们明白自己在这里是为了什么。”救护中心（亚洲动物基金会）的创始人轻轻地说。

在她成立这个救护中心9年的时间里，260头熊获救，目前存活170头。有一头熊让她终生难忘，那就是耳朵上挂着“001”标签、第一只获救的安德鲁。

安德鲁给人的第一印象就很深刻。2000年底，第一批熊从一家养熊场解救到中心，每一头熊被抬下卡车时，都狂躁地摇头、挣扎、咆哮。抬出安德鲁时，它正用仅存的那只前爪，玩头顶上方的铁条处落下的一截绳子，它的左前掌断了，肚子上的伤口正流淌混着胆汁的血水，看人的眼神像“狗的眼神一样温柔”。

这个2.2米高的“大家伙”在养熊场狭小的笼子里被禁锢了15年。医生从它的腹部取出7公分长的铁导管，切除它的胆囊后，它活了下来。

如今，饲养主管王善海一眯眼，就能想起这个爱吃蜂蜜的大家伙第一次走出铁笼、第一次踏上水泥地、第一次获得自由的场景。

为了鼓励它“走出笼子”，住进自己的“房间”，饲养员做了精心布置：吊床上有苹果、葡萄，轮胎圈里装着南瓜、白菜，地上洒满了浓浓的牛奶，墙上插着涂有蜂蜜、果酱的树枝。

它先是探出头，然后不断仰头，不断向上举前肢，后来饲养员才明白，安德鲁是在试探身上、头上怎么没有铁条压迫了。这也是后来所有的熊在刚出铁笼时的一种共同反应。

迈出第一步时，安德鲁犹豫了很久，可右前爪刚触到水泥地，瞬间像触电一样弹回，然后惊恐地缩回笼子里，不停地摇头，直到20分钟后再进行第二次尝试。数小时后，它终于像一个醉汉一样第一次完成它的行走。

安德鲁还算顺利的，有的熊一整天要反复无数次，最长的一次，有一头熊足足花了24小时，才跌跌撞撞地走出笼子。很多熊，第一次踏上水泥地，走一步摔一步，只好顺着墙，贴着走。

“就像一个病人，卧床很久了，第一次下床，又惊恐又新奇。”王善海背靠着一面墙说。墙上贴着上百张熊的照片。

从房间走到草地，真正开始自由的奔跑，又是它们艰难的一关。工作人员都很心酸：这些黑熊本该最熟悉的草地，却成了让它们害怕、退缩的陌生之地。一位记者想抓拍一头熊第一次踏上草地的镜头，整整守了两天，都没拍到。

不过，在战胜恐惧之后，踏上草地的安德鲁很快就成了自由之王，他常常跟另一头缺了后腿的熊滚作一团，六条腿在空中乱蹬，构成了动人滑稽的一幕。

“傻大个”安德鲁成了黑熊的“领袖”，群殴事件发生时，它大吼一声，就能驱散大家，它总是照顾着小一些的熊，为它们伸张“正义”。

有人好奇为什么安德鲁只有三条腿，走路缓慢，行为做派也并不威风凛凛，却能成为“头领”，那位曾当过卡车司机、文化程度并不高的饲养主管回答得像一个“哲人”：“只有熊自己知道，它们的感情很微妙，那是人类不知道熊的世界。”

幸福地生活了5年多后，突然有一天，安德鲁变得嗜睡，食欲不佳。医生检查发现，安德鲁的腹部已经挂满了大大小小300多个肿瘤，正是长年抽取胆汁让它患上了如此严重的肝癌。

2006年9月6日，安德鲁死了。医生解剖它，把7公斤重的肿瘤扯出来，从镜头里看起来，就像一张画满了鹌鹑蛋、鸡蛋、垒球、乒乓球的艺术“画布”。这幅画面，在电视上停留了10秒钟之久，很多观众哭了。

葬礼上，五六十人来送它。大家带来了它爱吃的芭蕉叶，爱玩的竹筒、小球。而跟它朝夕相处了近6年、“看一眼屁股，就能把安德鲁从几十头熊中区分出来”的王善海，则给他的“老朋友”带了一份最后的礼物：两个裹着蜂蜜的枣，因为他第一次训练它时，用的就是枣。

安德鲁的葬址居于这片草地的最高处，居高临下，守着这片黑熊墓地。“在天堂，它也可以照顾这些黑熊。”有人轻轻地说。

安德鲁的石头是这片墓地最大、最显眼的，也唯有这块石头刻着墓志铭，那是从世界各地发来的上千封唁电中选出的一句：“你的离去不会让我们软弱，我们因你而更坚强。”

曾雕塑过无数个毛泽东像的著名雕塑家赵志荣被安德鲁深深打动，他按照安德鲁的实际高度放大了一些，完成了一座雕像。如今，这个个子更高的安德鲁就安放在救助中心的一角。

每天，被嘲笑“长得越来越像安德鲁”的王善海上班经过雕像时，会停下来，抬起右手，向它敬礼。他偶尔会去摸摸它的断臂。

这个看起来“粗线条”的男人说：“我从不跟人说敬礼这事，人会笑我神经病，可自己的事只有自己知道，不用去解释什么。”

第91块石头，也许是为弗兰西准备的

墓地常常有外人光顾，人们轻抚石头上的问号，拼读它们的名字，留下一把菜地里采来的油菜花，三两朵路边摘的野花，一张小熊卡片，或者一张祝福的小纸条，一颗糖，一个苹果……

9月11日，天下着蒙蒙细雨，墓地中间一排的第七块石头，显得有些特别。它距离一株美人蕉很近。这块石头的上方，一块小鹅卵石压着一封信。这是一个卢森堡人寄往天国的信。

石头上的名字告诉人们，这头安息的熊叫“Happy”（快乐）。像这里许多的熊一样，这头熊被救助后在全球寻找资助人，这位卢森堡人最终愿意为它出资，并为它取了这个名字。

信封中间写着三大段看不懂的外国文字。这个自制的信封上，右上角画有一张邮票，邮票中间端坐着一只手绘的熊，邮票的右上角还写有“5P”，类似中国邮票的“8分”。这个卢森堡人把邮票上的“锯齿都画得一丝不苟”。

信封是乳白色的，里面装着没有开封的信，工作人员说：“只有Happy有权读到它。”

这个墓地如今越来越显得有些拥挤了，如果有更多的熊进来，将不得不砍掉一些竹子。可谁的名字会刻在第91块石头上？

在创建人谢罗便臣眼里，也许那是为弗兰西准备的。

弗兰西已经很老了，它已经至少32岁，那相当于人的90岁。现在，它连爬上脚踝高的床都气喘吁吁了。它的消化功能越来越差，终日不停地打嗝放屁。它的毛发大量脱落，成了老态龙钟的“秃头奶奶”。有人担心它“过不了今年冬天”。

这位老奶奶度过了她极不平凡的童年、少女、青年，甚至中年时期：22年的时间里，它被囚禁在仅0.9米长、0.45米高、0.5米宽的铁笼子里。这头“侏儒熊”长得还不如一头一岁的小熊大，看起来“更像一头小猪”。为了防止它抓到、咬到人，养熊场把它四个爪子的每一个指尖都剁掉，它的牙齿被齐根锯断。它的心肺常年受铁笼压迫，发育不全，给它投喂的食物必须拿水泡过。即便如此，这个无爪无牙的“老奶奶”嗑瓜子、吐葡萄皮的功夫，在救护中心堪称一绝。

它的邻居鲁伯特并不嫌弃这个“老太婆”，甚至还慷慨地给了这个迟暮老人一生中唯一的一次爱情。

帅气的鲁伯特是一头“痴呆熊”，由于长期被抽取胆汁，细菌感染了它的大脑，出现了智力障碍。在康复区内，黑熊一般都会慢慢熟悉周围的电网，当不经意间触碰到电网被电麻过后，就记住那是不能碰的。然而，鲁伯特没有“害怕记忆”，一次次触网。它常常迷路，出门、回家都是顺着墙根走。它还常常整日整日地发呆。“不知道在想什么。”饲养员王立说。

工作人员曾为它拍过一张照片，那是2008年1月的一天，成都下起了好几年来的第一场雪，大多数熊都在雪地里嗅雪花、拍雪花，打打闹闹，只有鲁伯特静静地坐在花园里，眼睛空洞洞地望着远方，似乎丝毫没有意识到下雪了，看上去，它就像一尊白色的雕塑。

这对恋人常常在花园里一起度过温暖、晴朗的夜晚，在满天繁星的夜空下相拥而睡。“白痴男友”常常显示出爱人的宽厚，冬天，弗兰西太太总是等鲁伯特先生睡热了铺有稻草的床，再把它赶走，然后自己躺进热乎乎的窝里。

“它们就像一对老夫妻，太太很霸道，先生很受气。它们常常争吵，却深爱着对方。”谢罗便臣说起这些时，眼望窗外，满是柔情。

让它们活得更像一头熊

谢罗便臣的肩上刻有“月熊”两个汉字文身。去绘制文身前，有人警告她，一定不要把容易后悔的名字刻在自己身上。她笑着说，自己也许可以把前夫的名字刻在身上，但“月熊”才是真正适合的，“汉字很美，尤其是熊这个字，那四个点就像熊爪印。”

这个英国女人1993年第一次走进中国的一个养熊场，才发现了惊人的一幕。

当时她加入了一个旅游团，当养熊场主自豪地向他们展示熊胆制品时，她悄悄溜了出去。她发现有几级楼梯通向一间地下室。黑暗中，她所看到的一切，就像是恐怖电影：狭小铁笼中关着像囚犯一样的活生生的熊，当这些可怜的熊转过身来，露出了腹部感染裂开的伤口，她看见上面插着锈迹斑斑的金属导管。她后来才得知，这些熊已在铁笼中生活了13年。

突然，她感到肩上被轻轻地拍了一下，她转过身，发现一头母熊正从笼中努力伸出爪子。她毫不犹豫地握住了它的爪子，而此时，熊原本可以很轻易地撕烂人的手臂，但它“只是有节奏地捏了捏我的手指”，谢罗便臣顿时觉得，这是它发出的求救信号。她发誓要救出它们。

1998年，她为此创办了亚洲动物基金会。1999年，四川省林业厅、中国野生动物保护协会和亚洲动物基金会进入养熊场考察。很快，三方就展开合作，正式开始实施“亚洲黑熊拯救计划”，并率先拯救四川省内条件最恶劣的养熊场中的500头胆熊。2000年，亚洲动物基金会成立了四川龙桥黑熊救护中心。

在那里，所有工作人员的目标就是让这些被救出来的胆熊，能像真正的熊一样活下去。

能够在救护中心存活下来的熊，被人们看作像是“中了百万大奖”。它们生活在10多个半个足球场那样大的花园里。它们的食物不再是放在食槽里，而是藏在四处。木桩上挖了很多洞，塞各种食物，秋千上涂着蜂蜜，黑熊可以一边舔食一边玩耍。大球四面有洞，水果、瓜子会随着黑熊的拨弄玩耍而掉出来。梨藏在一堆石头里，橘子埋在地下……

花园里的山坡总是把坡面朝向游人，而坡的后面是隐蔽的竹林，当熊不愿见游人时，它可以躲在山坡的那一面，因为“熊也有自己的隐私”。

为了让黑熊更好地感受生活的滋味，工作人员甚至买来胡椒粉、臭豆腐、肉桂粉和甜面酱让它们品尝。

加入黑熊保护的人越来越多。在香港，地铁和公交公司免费在100多个广告牌上，替被囚禁的黑熊向人们发出求救的声音，广告语是：“你可以自由来去，它却不行。”

冬天，黑熊被麻醉做体检时，总是“手脚冰冷”，救护中心就向社会征集手套。不到一个月，救护中心就收到了100多双手套。一个女人用已故丈夫的毛衣，织了手套寄来，她说，自己的丈夫非常爱动物，他一定很高兴她这样做。几个小学生寄来中间掉线、到处是窟窿的手套，手套上还绣着“左前掌”“右前掌”……

有很多名人参与其中。世界知名动物学家珍古道尔博士来访问救护中心，低头亲吻一头体检中黑熊的鼻子，并手蘸清水在熊的头上点了点，像做“洗礼”仪式，肃穆地给它取名“曼德拉”。她说，南非的曼德拉也生活在监狱里很多年，出狱后，他宽恕了敌人，这些熊，像极了“一颗心用来流血，一颗心用来宽容”的和平斗士曼德拉。

亚洲动物基金会拯救黑熊爱心大使莫文蔚承诺要负担这些熊一生的蜂蜜，她还在一次演唱会上，身穿一袭由头发制作的盛装上台，表情严肃地说，这是人类唯一可以穿的毛发，任何皮毛只有生长在它原本的主人身上的时候才是美丽的，“请保护黑熊！”

还有更疯狂的“粉丝”。圣诞节前夕，有人给一头熊寄来了一盒抹着草莓酱的棍子饼干和一封祝福的信。信的主人请求饲养员在平安夜，给这头熊吃饼干，还要“像对一位家庭成员般，朗读这封信”。结果是：饼干很快被它吃掉了，饲养员不得不喂很多很多薯片，才勉强把信读完。

有些时候，在面对数百人演讲时，有听众会问谢罗便臣：“你妈妈和黑熊掉在洞里了，你先救谁？”她用“我希望不要陷入这样的困境”的回答，让自己脱离困境。

然而现实中，有更多的困境就在她身边，救出胆熊面临的困难越来越多了。

据救护中心称，目前，中国是世界上唯一一个“活熊取胆”合法化的国家。救护中心与养熊场达成协议，他们每花一笔钱买下熊，养熊场就必须交出执照，由于1994年开始国家便不再审批养熊场，这意味着，每救出一批熊，就关闭一个养熊场。

但据谢罗便臣介绍，2006年初相关部门在新闻发布会上指出，我国的中药还有123个品种是需要熊胆作原料的，有183个企业需要熊胆粉支撑，在没有找到更好的替代品之前，目前我国还没有宣布取缔“活熊取胆”的时间表。随着这一消息的发布，整个行业发展开始出现扩张态势。一方面，在浙江，甚至有人提出要建养熊工业区。而另一方面，因为熊胆产品市场的饱和，养熊场为了利用过剩的胆汁，开始生产如润喉糖、洗发水、牙膏、药酒、药茶等非药用产品。

尽管不少专家相信，“中草药完全可以替代熊胆”，也有专家开始证实，从严重患病的黑熊身上提取的胆汁，充满了脓汁、血液、病变组织、毛发、粪便等，那是“原油样黑色的泥浆”，而绝不是什么灵丹妙药，但养熊业依然呈现出蓬勃的势头。而且，由于很多养熊场主们开始相信这个产业不会被取缔，他们与谢罗便臣达成协议的要价越来越高。

“我们已经买不起熊了。”这个英国女人边摇头边说。

每次参加黑熊的葬礼，谢罗便臣就会不自觉地抬头看看天空，看到有白云飘过，她会很欣慰，因为“那些云彩很像是小熊在翻跟头”，每当这时，她就觉得“内心又有了一种力量在召唤”。

在她创建的黑熊救护中心内，几乎都是水泥路，唯有通往那块黑熊墓地的，是很长一段弯弯曲曲的泥巴路。那里树木葱葱，遮天蔽日，踏在落叶上簌簌作响，就像走在真正的森林里。

对于每一头被送进墓地的黑熊，这是它们一生中最后的路途。

它们大多数时候苟活在铁笼子里，而现在，它们终于可以安息在一片“森林”里，像一头真正的熊一样。

练习二

认真阅读下文，并就它的语言运用特色或人物描写、场景描写、细节描写，写一篇800字以上的心得体会。

一个母亲最后的力量

2008年7月23日 《中国青年报》 记者：从玉华

赵巧云许多时候已经开始犯迷糊。蒲扇刚刚还拿在手上，可出去收了趟晒在院里的被子，就记不起搁哪儿了。蓝头巾前一天明明还在床头，第二天不知怎么到鸡窝上了。自己10个孩子的名字，她也甚至记不全。她已经87岁，渐渐“迷了，老了”，到了人生中最后的一段时光。

但有个念头在她心里却一直很清晰——她想念儿子。

6月，她收到周口监狱的一封来信。邻居对着不识字、耳朵又背的老太太，足足喊了10多分钟，才让她明白，65岁的大儿子因盗窃罪入狱了。

这是大儿子第三次入狱，她并不太吃惊。“彪儿（大儿子乳名）打小都不学好。可好儿子，赖儿子，都是俺儿子。”她这样对村里人说。

因为不知道儿子在监狱过得怎么样，能不能吃饱穿暖，她决定去看望她的“彪儿”。她不清楚，从她家所在的河南省太康县大许寨乡黄寺村到周口监狱到底有多远，究竟要过几座桥，穿几个村，经几个县。她只知道，她得去看“彪儿”。

等两只母鸡下了8只鸡蛋，她决定上路。她没有告诉任何人她要出远门，包括住在附近的小儿子。临走前一天，她亲手蒸了10多个馒头，又拿麦子换了两个西瓜，还用手团了4个酱豆饼，统统装进一只编织袋。

7月10日，天刚麻麻亮，赵巧云就准备出发。她不知道确切的时间，因为床头裸露着指针和电池的钟，已经好几年不走了。她从床边的红绳子上扯下一件旧得看不出底色的衣服，套上她瘦小的身板，又穿上一双带绊儿的绣花黑布鞋。她揣上几乎所有的积蓄，总共85元，这其中“还有一张是50元的大票子”。她把那只编织袋扛在背后，然后动身了。她打算走着去监狱，因为舍不得一出门就花钱。“老了，赚不来钱，一分钱看得跟磨盘一样大。”她总这样唠叨。

方圆数十里地，她很熟。年轻时，她在周围讨过饭，所以“路感”很好，甚至还能分出“南北”。但走出这片地后，她就迷路了，只好拿着监狱的来信四处问路，问路边开小店的，问豆子地里正在干活儿的农人，还不时拦下骑自行车的汉子。她不停地走，饿了，就从编织袋里掏出馒头，边啃边赶路。渴了，就去路边人家讨水。尽管两个小西瓜在背上滚来滚去，可她舍不得吃。

她固执地想：“那就该是给儿子的。”

她不知道自己走了多远，还有多远。她只是不停地走，就像出嫁前“淹三年、旱三年、蝗三年”那会儿，她跟母亲四处逃荒，走的路看不到头。

天越来越热，衣服湿透了，湿裤脚裹在腿上，害得她好几次都险些摔跤。脚上没有穿袜子，鞋浸着汗，一走就“咯吱咯吱”响。编织袋像雨布一样贴在背上，越来越沉。她不得不一次次歇下来，找一棵树，贴着树干蹲下，再脱下鞋，塞在屁股下，最后坐踏实。不过她很克制，歇不了一会儿，就又站起来走，因为怕“歇久了，腿软了，站不起来”。身上经常汗津津地发痒，她就在树上蹭蹭。

“跟牲口一样。”她有些不好意思地说。

她要去看望的“彪儿”，是她10个孩子中活下来的4个孩子之一。大女儿嫁到了河北，在她看来是孩子们中生活最好的，“生意做得大，发了大财，一年能赚一两万呢”。小女儿嫁在同村，如今在温州打工讨生计。快50岁的小儿子是个泥瓦匠，家里日子也紧巴。唯独大儿子最让她操心，也没少挨她打。村里人总能见到80多岁的母亲举着棍子、拿着鞋子追着60多岁的儿子打。前些年大儿子常年不回家，回一次，就往母亲手里塞钱塞礼物，但做母亲的拿着钱就往地上摔，说这钱不干净。“我啥也不要，我只要你好！”母亲苦口婆心地嚷嚷着说。

每个孩子在她心里都“般般重”。直到去年，年近九旬的赵巧云还帮着小儿子放羊。在她早年拉扯孩子最艰难的时候，曾有人要收养她的孩子，她哭了好几天，哪个也不舍得给。最后，她不得不带着最大11岁、最小6个月的孩子外出讨饭。尽管如此，每年春节，她还是会分给孩子们每人5分钱的压岁钱。“那日子，拔不出来的苦！”她如今回忆说。

但这一辈子，她可没想过放弃。这一次，也一样。

她又上路了。走得时间长了，腿肚子越来越硬，“突突跳得疼”。终于一步一挪地挨到了西华营，她有些支撑不住了，“累得像根面条”。眼看着一趟趟从西华营到西华县城的长途中巴打身边过，她犹豫了好一会儿，终于上了一辆。为此她花出5块钱。

这5块钱让她少走了近40里地。但西华县城到监狱还有好一段路，揽活儿的摩托车开价10元。“贵得吓人。”她嘟囔着。又开始闷头往前走。

终于，在离监狱不太远的地方，两个好心的姑娘用摩托车把她送到了目的地。有人给她算了算，从她家到监狱大约110里地，她走了足足有70里。

当赵巧云踉跄着来到监狱时，下午探监的时间还没到。她就坐在门口等。她似乎一辈子都在等这个儿子。他总是在外流浪，很少回家，一到春节，她就苦苦地等他。她还记得自己吃的最后一餐肉，是去年春节年三十，跟大儿子一起包的饺子。

这回，她又等来了自己的儿子。当她被领进探视间，隔着双层玻璃，她一眼就看到了她的彪儿。

不等开口，眼泪就顺着满是褶子的脸颊滚落下来。亲属和犯人只能通过玻璃两边的电话通话。她耳朵背，听不清电话里说什么，只是一口一个“彪儿”地叫，边喊边比画，急得哇哇大哭。

儿子知道母亲走了近百里路看他，他号啕大哭。儿子紧紧地把脸和手贴在玻璃上，赵巧云就隔着玻璃，不停地摩挲着，一遍遍“摸”儿子。

但时间很快到了。按照规定，探监不得超过半小时。又有规定，监狱不能接收外面带来的食物。于是赵巧云把身上所有的钱都留给儿子，自己又扛起那只装着西瓜、馒头和鸡蛋的编织袋，走上了回家的路。

从大约下午4点离开监狱，她又开始了漫长的行走，走走歇歇，天一路黑下来。幸好在离家最后20里地的公路上，她遇到同村的熟人，用摩托车把她送到家。老人从编织袋里掏出原本带给儿子的那8只鸡蛋塞给他，他死活不收。这时，天早已经黑透，她“累得像团棉花”。

直到几天后，有记者从北京拜访她，赵巧云才知道自己上了报。她家里没有报纸，甚至连一张手纸都没有。她也不知道自己的故事上了互联网，她从没见过电脑。事实上，她已经8年没用过电了。

8年前，一场大雨摧毁了她住了30年的土夯的房屋，3间屋塌了一大半，她只能住到没有窗子烟熏火燎的厨房。墙像熟透裂开了的老甜瓜，一下雨就漏。她用化肥袋搭篷，躺在床上，一睁眼就能看见化肥袋上的美国国旗。她不知道那是国旗，只知道“那满是条子和星星”。

她把空玉米棒子塞满床底，因为那是屋里唯一不漏雨的地方，这些可都是做饭用的柴禾。本应吊电灯的地方，吊着竹篮，篮子里装着馒头，那是唯一不跑老鼠的地方。

她习惯了黑暗。8年里她没用过电灯，一只比铅笔略粗的蜡烛能点上半个月。屋里最值钱的一笔财产，要算是床头一桶5升的大豆油，她已经吃了8个月，还剩下小半桶。她没有牙膏，没有香皂，没有抽屉，也没有一件新衣服。家里来了外人，她甚至拿不出第二个小板凳，只能搬出一块砖头来让客人坐。客人想上厕所，她就领着走到种有三排葱的菜地。

因为感动，也因为有记者来访，周口监狱特批给赵巧云一个机会，让她可以不再隔着玻璃，而是面对面地看到儿子。听到这个消息时，她老迈的眼睛突然有些发亮。“现在就走？”她兴奋地嚷嚷着，可一下又懊恼起来，“可我带什么给我儿？啥也没准备。”

路上，监狱工作人员请老人吃饭。坐在餐桌边，赵巧云感到吃惊，她长这么大，“没见过这么大的桌子”，也“没见过这么多的菜”。服务员给她盛了一大碗面条，她吃不下，却又舍不得浪费，硬撑着吃完。因为，“麦子从出苗到收割，要经历83场雨。”她喃喃地对坐在身边的人说。

吃完饭，她紧紧攥着打包了一张大饼的塑料袋——她终于又有了给儿子的礼物。显然，她又忘了监狱不收食物的规定。

在周口监狱，赵巧云再次见到了儿子。这次，他们紧紧贴着坐在一起。因为愧疚，儿子拿手捧着脸哭。而做母亲的则哽咽着："为了你，我的眼泪都流干了，你要好好改造，好好相信人，可不能再做那事了。"

"彪儿，我回去了，给你改名，要让全村人叫你'改净''改净'。"风烛残年的母亲发誓般恨恨地说，"你要不改净，我死都不会再看你一眼。"

但其实她知道，下次也许她还会再走上百里地来看他，只要她还有力气，只要永远离开的那一天还没有到来。

第六章　深度报道写作

本章要点

深度报道是新闻写作最激动人心的一个类型，无论是采访、写作难度，还是现实的复杂性、对写作综合素质的要求，都远高于消息报道。

本章讲述了深度报道的概念和发展历程，介绍了它与通讯本质上的区别。

本章将深度报道分为两类，一类是分析性报道，一类是调查性报道。前者考验的是记者运用各类材料说明问题、分析问题、阐述问题的能力；后者考验的是记者调查和推理的能力，用专业的手段让隐藏得很深的真相浮出水面。

第一节　深度报道的概念及发展历程

一、深度报道的概念

《新闻学大辞典》对深度报道的解释是："运用解释、分析、预测等方法，从历史渊源、因果关系、影响作用、发展趋势等方面报道新闻的形式。"[①] 由此可见，深度报道的基本特征在于"深"，它在面对新闻事件的时候，不能停留在事件的表象，而是通过对事件的分析、挖掘、调查，透过客观现实的肌理，查明真相，梳理其脉络，挖掘其意义，发现其问题。总之，深度报道的侧重点，在于"新闻背后的新闻"，这是此种文体区别于其他文体的根本所在。

二、深度报道的发展历程

"深度报道"（in-depth report）一词是从西方引进的，美英等国称之为"大标题后的报道"，法国称"大报道"。此类报道，与西方社会新闻媒体坚守的新闻理念有关。世界

① 曾华国．中国式调查报道［M］．广州：南方日报出版社，2006：3．

上主要的新闻媒体多坚持这样一个基本理念——媒体的本质是告诉民众事实和真相，并把此作为媒体赖以生存的基石和底线。正如普利策新闻奖的创始人普利策（Joseph Pulitzer）所说："倘若一个国家是一条航行在大海上的船，新闻记者就是站在船头的瞭望者。他要在一望无际的海面上观察一切，审视海上的不测风云和浅滩暗礁，及时发出警告。"① 这个性质决定了新闻报道不能仅仅停留在表象的层次上，仅仅完成"告知"的任务是远远不够的，新闻应该站在时代的前列，在历史前进的步伐中起着"探照灯"和"引路人"的作用。

深度报道真正形成趋势和潮流，是在第一次世界大战之后。复杂多变的现实社会，要求媒体承担起自己的社会责任，即打破官方的新闻封锁和垄断，用客观的形式，对现实进行深入的剖析，把真相告诉公众，从而培养公众的理性。

这个观点，集中体现在 1922 年美国学者李普曼写的《公共舆论》一书中。李普曼认为，正因为现实社会中公众存在着各种各样的偏见和成见，存在着官方对新闻的封锁和屏蔽，世界上才需要一个公正而负责的新闻界存在。也就是说，正因为有一个公正而负责的新闻界的存在，社会大众才能够获得正确而全面的社会信息，才能够有效地消除各种片面的偏见和成见。

新闻工作者始终肩负这样一种神圣的使命，站在时代的前列，用公平和正义引导社会的发展。所以，深度报道被西方学者称为"任何人都不能抗拒的，一天比一天流行的报道趋势"。1985 年，美国普利策新闻奖评委会开设了"释义性新闻奖"，此奖旨在"说明和解释复杂的、有时似乎是深奥莫测的问题，是新闻界的重大责任之一"。我国一年一度的"全国好新闻奖"评选，也开设了"深度报道奖"一项。

在深度报道中，有一个独特体裁倍受重视，这就是调查性报道。

调查性报道的理论，源自保守主义的先驱、苏格兰启蒙思想家大卫·休谟（David Hume）。休谟提出了一个著名的政治制度定律——"无赖假定"，他假定在设计任何政治制度时，都要把政治家想象成"无赖"，因此在制度设立时建立一道预防机制，把政治家做无赖的所有路径都堵死。宁肯让他做一个平庸的政治家，也不让他做一个无赖的政治家。如果依照"圣徒假定"设计政治制度，执掌大权的人物假定都是"圣徒"，大家都把权力交给他；如果他一旦不是圣徒，而是无赖，人们就会束手无策，失去了对他的监督。

这个"无赖假定"奠定了新闻界监督社会、监督政府的基本职能。新闻工作者有责任、有义务通过自己的调查把"无赖们"做的种种丑事和恶事找出来，将其暴露在光天化日之下，从而起到弘扬真善美、鞭挞假丑恶、净化社会风气的目的。

当然，从理论上讲，任何人都有"做恶"的可能，只是相对而言，有三种人更容易制造大的黑幕——手中掌握权力的人、有钱的人和有黑势力作后盾的人，因为他们手中的权力和金钱可以把种种黑幕掩盖起来，不让人知道，或者能够有效地阻断新闻工作者获取真

---

① 郝勤. 世界著名记者经典报道[M]. 成都：四川文艺出版社，2008：2.

相的行为和动机。

调查性报道源于20世纪初期，当时的美国国内现实极为黑暗，出现了许多巧取豪夺等极为不公的现象，这激起了一批由记者和作家组成的中产阶级知识分子阶层的奋起反抗，他们大量地揭露社会的黑暗和不公，无情地批判美国政界、商界以及社会各个层面的腐败现象，成为著名的“黑幕揭露者”。

美国总统罗斯福对这些专门与政府作对的揭黑者十分厌恶，把他们比作17世纪英国小说《天路历程》中的扒粪人，手拿粪叉目不转睛，专注腐败、堕落、卑鄙、丑陋的人和事，却对美好的事物视而不见。知识分子和记者顺势把自己称为“黑幕揭发者”（muckraker，直译为“扒粪的人”），从而掀起了一场轰轰烈烈的“扒粪运动”。

西方社会的新闻理论，从一开始，就把新闻定位于“第四公权力”，确立了新闻媒体监督社会、监督政府的基本职能。所以，在西方社会，无论是分析性报道还是调查性报道，目的都是在于监督，在于揭示事物的真相。

新中国成立以来，尤其是改革开放以来，大量新实践、新经验、新情况、新问题为深度报道提供了新鲜的素材和广阔的写作空间。新闻媒体的职能是在党和政府与人民群众之间，起上情下达、下情上达的作用，通过新闻媒体的总结与报道，让党和政府的新举措、新经验、新成就深入人心，从而起到鼓舞人心，激发人民群众同心同德建设社会主义现代化国家的目的。

从这一点来理解，大量的深度报道，尤其是分析性报道，与工作通讯似乎并没有太大的区别。只不过通讯的本质是“感染”，而分析性报道的本质是“说理”，一个重在煽情，一个重在分析，这是它们在写法和着眼点上的根本不同。

比如，2015年5月25日《人民日报》发表《五问中国经济——权威人士谈当前经济形势》的深度报道，对当前经济形势作出了最权威、最全面的解读和分析——如何看待当前经济增速持续回落，如何看待经济下行趋势加剧，如何看待产业结构调整进程中伴随着的痛苦，如何防范经济运行中的种种风险，等等。此文用大量的事实说话，不回避当前经济形势下出现的各种困难和问题，深层次回答了与每一个中国老百姓实际收入密切相关的问题。

典型事例的经验概括与总结，对改革中出现的种种新生事物的总结与肯定，对社会上出现的种种违背社会主义道德价值观的丑恶现象进行揭露和鞭挞，对人们关心的种种深层次现象和问题的剖析，这些构成了我国新闻战线深度报道的主要内容。

三、深度报道的类型

有些教材把深度报道分为三种形态：一是解释性报道，这类报道重在运用大量的背景材料和个人观点，对新闻事件进行深度剖析，指出其问题与实质，点明其症结与关键；二是分析性报道，主要是对新闻事件的发展趋势和结果进行预测或分析，并得出较为权威的参考与结论；三是调查性报道，即记者通过各种调查，获取那些藏在新闻事实背后的真相，这些真相通常是被人有意掩藏起来不愿示人的，所以这类报道又被称为“揭黑”报道。

细细考察这种三分法，解释性报道和分析性报道过于相近，实在没有必要把它们分成两种不同的体裁。传统教科书认为，解释性报道是运用背景资料进行解释。比如我国学者刘明华概括说：“解释性报道是一种背景式新闻，是通过大量使用背景资料，揭示新闻事件的来龙去脉和深层意义的分析性报道。”① 什么是背景资料？在我们传统的理解中，背景资料是指那些没有新闻时效性的说明材料，但在实际的深度报道中，记者运用的大量材料或来自权威机关和个人的讲述，或来自具有说服力的文件资料、数据信息，或来自记者本人的取证、调查，这中间可能有背景资料，但远不只是背景资料。所以，单用背景资料来说明深度报道的信源是站不住脚的。再者，解释很大程度上就是分析，分析也离不开解释，只不过一个侧重于原因，一个侧重于结果，若把二者截然分开，实在牵强，没有多少道理。

因此，本章将深度报道分为两类：第一类是分析性报道，第二类是调查性报道。前者考验的是记者运用各类材料说明问题、分析问题、阐述问题的能力；后者考验的是记者调查和推理的能力，用专业的手段让隐藏得很深的真相浮出水面。

当然，深度报道的类型还有其他分法。如果按照主题来分，有单一报道和系列报道之分；还有一种类型，是一种介于特稿与深度报道之间的体裁，典型如“华尔街日报体”，“华尔街日报体”要求记者交替使用支撑性材料（具有鲜明形象性的典型案例）和扩展性材料（从典型案例扩展出带有社会普遍性的说明材料），既保证了新闻的生动性和形象性，又达到了新闻事件分析的深度和广度，是集特稿和深度报道优点于一身的报道形式。

第二节　分析性报道

一、分析性报道的定义

分析性报道是指记者运用各种具有说服力的信源及材料，对事物和新闻事件进行全面透彻的剖析，理清事物肌理及脉络，阐明事物的核心及关键，指明事物的发展及趋势，对社会事件和社会现象进行深入、细致和透彻的分析与解读，从而引导读者透过现象看到本质，对事物作出清醒而全面的认识及判断。

与普通的消息相比，消息的目的是告知，只要把新闻事实告诉公众，它的目的就完成了，但分析性报道却不能停在表象上，它的重点要放在说明事物的原因和结果上。公众由

① 郭光华．新闻写作：第 2 版［M］．北京：中国传媒大学出版社，2012：206．

于自身的局限性及固有的偏见，不可能了解事件的本质和真相，因此，让专业的人去做专业的事，把民众不可能知道的告诉民众，就成为媒体和媒体人不可推卸的神圣责任。正如美国新闻学者麦尔文·曼切尔（Melvin Mancher）所说，新闻报道分为三个层次：第一个层次是客观的报道，它严格按照新闻的本来面目进行记录式的报道；第二个层次是记者发挥主观能动性，核实材料，增补材料，寻找和发现读者需要了解的信息；第三个层次在于阐明和解释，“人们并不仅仅满足于知道发生了什么，他们还想知道这些事为什么发生，它意味着什么，结果又是什么……当这个报道是重要的，并且这些材料是能够挖掘出来的时候，那么记者应该毫不犹豫地开采这第三层”。[①] 第二、第三个层次，就是透过表象向深度发展。

分析性报道一定要借用某种分析工具，如逻辑判断工具、数据分析工具、趋势判断工具等，有些经济学家或数学家可能会建立某种分析模型，但分析性报道毕竟是新闻报道的一种类型，必须遵循大众化和通俗性原则，因此，分析性报道中无论涉及多么深奥的分析工具、模型和多么复杂的问题，都需要用通俗易懂的新闻语言表述出来。

二、分析性报道的类型

1. 问题性报道

问题性报道是指人们在现实社会中，某一方面或者某一现象偏离了原来的运行轨迹，出现了异常，对这种异常进行追踪和分析的深度报道。好比是一辆汽车，如果正常行驶，那没有问题；总是某一个部位出现异常，发生了故障，才叫问题，此时就需要把这个问题找出来，加以解决。

如果用严格的标准来看，生活中可以说无处没有问题。所以，新闻报道的问题性报道，需要抓住那些具有一定时代特征、人们普遍关心和关注、对党和政府工作有重大帮助的问题。总之，对现实具有强烈的针对性和典型意义，才能成为问题性报道的主题和内容。

与工作通讯不同，问题性报道着重于说理，它需要对复杂的现实问题进行梳理和分析，找出问题所在，理清问题的脉络，找到解决问题的方法和渠道，从而对现实生活起重要的指导作用。

每个时期有每个时期的热点，每个时期有每个时期的问题，旧的问题解决了，新的问题又会产生出来。记者要清楚地知道，一个时期内，党和政府最重视什么，人民群众最关心什么，时代发展最需要什么，从中去寻找报道题材。比如现阶段物价问题、环境保护问题、就业问题、食品安全问题、医疗问题、教育问题、住房问题、社会养老问题……这些问题牵动着千家万户的心，对这些问题进行深度报道，既能帮助政府进一步解决这些问

① 曼切尔．新闻报道与写作［M］．北京：中国广播电视出版社，1981：144-163．

题，又回答了老百姓普遍的疑惑，解除了焦虑。

请扫码阅读《药价追踪》。

笔者点评：《药价追踪》全部用第一手调查的事实说话，比如江西萍乡制药厂生产的5毫升装盐酸环丙沙星滴眼液眼药水，在北京市方庄社区医院、方庄购物中心和一家三甲医院，分别列出了三种不同的价格，最高价与最低价之间相差2.3倍。记者继续进行跟踪，发现此眼药水的出厂价只有3.8元，而国家规定的零售价是6.6元。那么问题就来了，此眼药水是怎样在医院里分别变成15.7元和12元的呢？记者继续采用暗访的方式进行摸底调查，发现工厂生产、商业流通销售与医院购药环节之间，竟然存在着严重的暗箱操作折扣和回扣现象，一支小小的眼药水，就是这样被层层盘剥，价格翻了好几倍，最终是坑了消费者，肥了那些批发商和医院里吃回扣的人。因此，药品改革必须从批发和销售环节入手，坚决打掉那些在药品销售上以权谋私的贪腐势力，这就是这篇报道的启示。

药价追踪

2. 事件性报道

任何事件都具有两大特征，一是具有特定的行为主体，二是具有开始、结束的时间。与普通的事件性新闻报道不同，深度报道的事件性报道不能仅仅停留在事件的表象上，而应该深入事件的内部，寻找导致事件发生和发展的深层次原因。如果不能寻找到事件发生的深层次原因，分析藏在事件背后复杂的因素，此类报道顶多只能算一个普通的事件类报道，不能称为深度报道中的事件性报道。

请扫码阅读《刺死辱母者》。

笔者点评：这是一个于2017年轰动社会的典型案例，于欢的母亲苏银霞被黑恶势力暴力催债，11名催债人在长达1小时的时间里，对苏银霞采用辱骂、抽耳光、鞋子捂嘴等凌辱行为。于欢在忍无可忍的情况下，拿起桌上的水果刀乱刺，造成4人受伤。被刺中的杜志浩自行驾车就医，却因失血过多休克死亡。

刺死辱母者

事件发生后，于欢获得广泛的社会同情，但从法律角度看，于欢的行为是否违法，成为法律审判的焦点。

《刺死辱母者》用大量的事实调查说话，理清了事件的前因后果。记者用大量的事实证明，这股黑恶势力作恶多端，向无法贷到款的中小企业大放高利贷，企业还不起债，就雇用打手暴力催债，手段十分残忍。

苏银霞和于欢的悲剧正是在这样的背景下产生的。该文的可贵之处在于，它没有单纯地停留在事件报道之上，而是进一步分析造成这起事件深刻的社会原因。诸如为何中央明令禁止的高利贷会在山东冠县这个地方普遍存在？为什么黑恶势力作恶会畅通无阻？这股黑势力的“保护伞”是谁？正当防卫的边界究竟应该在哪里？这些深刻的社会问题，在这篇深度报道中得以体现。

3. 经验性报道

所谓经验性报道，相当于总结性的报道。改革开放以来，几乎所有的政策和实施基本上都是采用“先试点，后总结，再推广”的模式，这种模式的好处在于尽可能减少改革带来的阵痛和不利影响。有许多政策在推行初期，人们往往看不准，吃不透，不知道会产生什么样的后果和影响，不知道效果如何，那么，不如先试点，待取得经验和效果之后，再大范围推广。

这就为深度报道中的经验性报道提供了广阔的操作空间。

经验性报道就是对党和政府推出的各项政策，以及各级机构和部门工作成功与否进行概括总结的深度报道，它站在党和政府的立场上，去分析和总结那些在改革开放过程中出现的新经验、新举措、新政策、新做法，总结其成果，概括其精髓，指明其方向。这种经过新闻媒体认真概括总结的经验性深度报道，对现实具有极大的指导意义：经过认真的总结，证明某项措施具有推广价值，就可由局部试点改为全面推广；经过广泛的宣传，让人民群众知晓并接受，减少在推行过程中的困难和阻力；如果发现有弊病和缺点，也可以及时纠正，以避免更大的损失和失误。

请扫码阅读《城乡统筹试验之成都：农民新定位》。

城乡统筹试验之成都：农民新定位

笔者点评：成都实行城乡统筹一体化改革是从 2003 年开始的，它可以说是中国改革开放以来最伟大的实验。长期以来，我国实行的是城乡分割的体制，造成了城市与农村、城市居民与农民巨大的“剪刀差”，对我国的改革开放极为不利。成都率先在全国实行城乡统筹一体化，抓住土地这个牛鼻子，在机构设置、户籍制度、教育医疗、土地流转、住房统筹、收入分配、社会保障等各个方面，促进农村全面与城市接轨，真正实现了城市与农村的一体化建设，让农民真正地变成市民。这项“利在当代，功在千秋”的改革，在写作这篇文章的时候，已经实行了 4 年，其成效如何，取得了哪些宝贵的经验，都是人们普遍关心的。

《城乡统筹试验之成都：农民新定位》站在历史的高度，纵横捭阖，高屋建瓴，用大量的事实、生动的案例，详细叙述了成都实行城乡统筹一体化改革所取得的成绩和经验，这些经验，具有很高的参考和推广价值。

4. 趋势性报道

严格意义上来说，趋势性报道所得出的结论部分并不属于新闻。新闻是已经发生的事实的报道，趋势性报道是对未来的预测和估计，它并没有成为事实，因此，只能称为“准新闻”。

但是，任何事件都是有客观规律的，以科学的态度，从客观规律出发推导出来的趋势性结论，具有极高的可实现性，对指导现实工作具有十分重大的意义，因此，它也可以成为新闻的一部分。这类报道的前提是科学预测，如果预测不能建立在科学的基础上，预测就会不准确，从而影响到媒体的公信力。

实际上，人们要对一个“趋势”进行预测和分析是一件非常困难的事情，需要预判者具有渊博的知识、丰富的经验和科学的态度。对记者而言，则需要吃透精神、吃透政策，对手中的材料进行冷静客观的分析，必要时，需广泛地咨询专家的观点和意见，才能够得出有价值的结论。

请扫码阅读《部分城市楼市放松限制引关注　业内：微调不必过度解读》。

笔者点评：长期以来，我国实行的是“以房地产为龙头”拉动经济的做法，因为房地产与老百姓生活密切相关，它体量大，涉及面广，拉动经济效果明显，尤其是各级政府依靠拍卖土地获得了巨额的收入，对各项改革措施的推行和城市的发展，起到了极大的推动作用。

部分城市楼市放松限制引关注　业内：微调不必过度解读

但是，几十年来房地产的超高速发展，也带来了大量严重的问题。比如房地产的“泡沫”越来越严重，大量资金不进实体经济，实体经济开始萎缩；政府过度依赖“土地财政”，“地方融资平台”的风险越来越高。为此，中央下定决心，采取措施，抑制房地产泡沫，制定各项政策，防止房价过快增长。

楼市调控政策实行以来，总体效果是好的。但也应看到，抑制房地产，会对社会尤其是各级地方政府财政收入带来很大的冲击，因此，社会上必然会产生一些谣言，试图给人们造成“房地产政策已经放松”的印象。

本文用事实说话，并对政策进行深入详细的解读，对种种“房地产政策会放松”的谣言给出了明确的回答，说明房地产调控是中央制定的大政方针，绝不可能放松，从而给出明确的稳定信号。

第三节　调查性报道

一、调查性报道的定义

调查性报道是指媒体或记者出于某些新闻理念或原则，对社会一些不公或黑暗的现象进行主动干预，在详细调查基础上写出的深度报道。与一般着重于分析和说理的深度报道不同的是，调查性报道强调揭露内幕，强调媒体和记者的主动干预，因为没有媒体和记者的主动干预，内幕或黑幕不会自动呈现出来。

在西方，调查性报道通常又被称为“揭黑报道”，由此可看出它的性质。这种“黑”，并非是黑势力，而是内幕或黑幕。谁在制造内幕或黑幕？通常是指具备某种能力为自己谋取超级利益，把这种利益深藏并保护起来的部门或个人，但也可能是政府部门由于工作失误、官僚主义造成的重大损失，还有一些是有意隐瞒起来，不想让社会知道的事件或事情，等等。

所有的调查性报道都具有较强的风险性。这是因为，在调查性报道中，调查者与被调查者之间会形成尖锐的冲突，普通的批评性报道不具备这种冲突性。在我国，绝大多数批评性报道都是已得到内部处理，或者已得出结论的情况下进行的，因此，记者不需要冒太大的风险。但调查性报道不是这样。调查性报道通常是媒体或记者发现线索后主动进行干预，被调查者一般都具备某些特殊的手段和能力，为自己隐瞒真相设置坚固的屏障，甚至能够威胁到调查者的生存状态及人身安全。这些被调查者，或有黑恶势力撑腰，或借各种公权力制造屏障，或靠雄厚的资金保护，都会对调查者造成一定的威胁。

调查性报道还具备一定的艰巨性。即便是在法律和政策的保护下，被调查者不敢公开威胁或阻止记者的调查行为，但其一定会设置重重障碍。而且，被调查者往往处于强势地位，记者的合法采访权和写作发表权难以得到保证，给采访和写作造成了极大的困扰。

二、调查性报道的发展过程

调查性报道（investigative reporting）一词最早源自美国，是美国新闻监督与新闻“揭黑运动”发展的必然结果。

美国等西方国家从20世纪70年代就开始关注并讨论调查性报道，对如何定义调查性报道进行了广泛而深入的讨论。如美国密苏里新闻学院的教授认为：“调查性（揭露性）报道的目的在于揭露被隐藏起来的情况。”①

美国学者大卫·安德森（David Anderson）和皮特·本杰明（Peter Benjamin）在1975年出版的《调查性报道》一书中认为，调查性报道是“报道那些被掩藏的信息……它是一种对国家官员行为的调查，调查的对象包括腐化的政治家、政治组织、公司企业、慈善机构和外交机构以及经济领域里的欺骗行为”。调查性报道的题材涉及人类活动的方方面面，因此，调查性报道需要“更为详尽、更带有分析性、更要花费时间”。②

在所有的定义中，美国全国性的行业联合会——调查记者编辑协会给出的定义引用率最高：“调查性报道是通过某人原创性的工作而发现的关于一些人或组织企图隐瞒的重大事件的报道。”③ 在这个定义中，“某人原创性的工作”和“一些人或组织企图隐瞒的重大事件”这两个关键信息最为重要，深刻地说明了调查性报道的性质。

但也有一些学者认为，“扒粪”新闻揭露的是某些人或组织有负面影响的信息，这些人或组织具有掩盖信息的意图，但并不等于一定具有掩盖的行为。记者在调查时，某些人或组织也许并不知道记者在调查，或者他们做的事情也许仅仅是某些不便明说的，并没有主观想隐藏的意图。比如美国一些媒体报道的关于20世纪中叶澳洲某些土著悲惨境地的调查，确实没有任何人或相关组织企图对这一现象进行隐藏，事实就摆在那里，确实让人触目惊心。这个事件的报道仅仅说明记者在“披露事件”而非在“揭露事件”，因此，这

①②③ 曾华国．中国式调查报道[M]．广州：南方日报出版社，2006：4.

一类的报道应该归为“分析性报道”而非“调查性报道”。

随着“揭黑运动”不断深入人心，调查性报道开始成为美国新闻界的重要工作之一，大批优秀的记者开始把写调查性报道作为自己的天职，典型如美国的“水门事件”。

1972 年 6 月 17 日，刚刚进入《华盛顿邮报》工作的年轻记者伍德沃德（Bob Woodward）在采访警察局时，偶尔接触到了一个有 5 个“小偷”进入“水门”美国民主党总部“行窃”被抓的案子，其他的媒体对此案不屑一顾，但伍德沃德和经验丰富的老记者伯恩斯坦（Carl Bernstein）却看出了其中的“反常”之处：5 个“小偷”身穿工作服，口袋中装着百元美钞和精密的电子设备。于是他们跟踪报道，最终发现总统动用联邦调查局和中央情报局，对民主党总部进行窃听，以达到连任的目的。这个报道最终导致美国总统尼克松被弹劾下台，成为调查性报道最经典的案例。

美国的“扒粪运动”和“揭黑运动”对我国影响极大。从 20 世纪 90 年代开始，我国新闻界掀起了一股舆论监督热潮。许多媒体调整了自己的办刊或办报方针，增加了深度报道，尤其是调查性报道的力度，一些主流媒体还设立了专门从事深度报道（调查性报道）的专题或专栏，如新华社的《新华视点》，中央电视台的《焦点访谈》《新闻调查》，中央人民广播电台的《新闻纵横》，《中国青年报》的《冰点》栏目等。《新京报》《21 世纪经济报道》《南方人物周刊》等，推出了一大批具有影响力的调查性报道，典型的如《财经》杂志推出的《基金黑幕》《庄家吕梁》《银广夏陷阱》《谁在操纵亿安科技》等，成为轰动一时的文章。

随着“揭黑”新闻的正式崛起，大批的“揭黑记者”或称“调查性记者”应运而生，迎来了我国新闻舆论监督和批评的黄金时期。

三、调查性报道的写作特点

调查性报道的写作特点如下：

1. 用第一手的调查事实说话

只听说过可以不去现场，仅凭资料和材料就可以完成的分析性报道，但从来没有听说过可以不到现场就能够完成的调查性报道。

以理服人，用事实说话，是所有新闻报道的共同特征和规律。调查性报道是揭黑，代表某种利益的“黑势力”或集团，总会运用各种特殊手段，或出自某些不可告人的目的，把事实和真相深藏起来，或者把自己巧妙地伪装起来，然后编出一套谎言或炮制出假象，以达到瞒天过海、暗箱操作的目的。

俗话说，“百闻不如一见”。因此，调查性报道一个重要的任务就是，不要被眼前的浮云遮住。要知道，轻易拿到的事实通常是不可靠的，记者需要去核实，而核实才是调查性记者的工作本质。没有到新闻现场核实这个环节，没有找出事实的真相，就没有调查性报道。典型的如《中国青年报》记者蔡平采写的《世纪末的弥天大谎》。

事件起源于 1999 年湖北省十堰市下属的丹江口市发生的一件“大事”——该市均县镇闵家沟村党支部书记闵德伟，因患食道癌去世。在逝世的当天，中共丹江市委书记闻讯，“连夜冒雨”率领三位常委前往吊唁。随即，全市掀起了一个“向优秀共产党员闵德伟学习”的热潮，湖北省把闵德伟列为重大的宣传典型，组织了好几十人的记者采访团到该村采访，当地演出部门还赶排了以闵德伟为原型的大型现代剧《汉江魂》，中共丹江市委组织部编辑出版了《楷模——闵德伟同志事迹汇编》一书，北京市一家出版社出版了报告文学《贫困山区的好书记——闵德伟》，闵德伟的事迹报告团也在全省各地巡回演讲，感动了无数人……

然而，《中国青年报》编辑部却接到举报，说闵德伟的所有事迹都是假的，是有人故意编出来的。

为了查清此事，《中国青年报》记者蔡平决定只身深入闵家沟村进行实地采访。

2000 年正月十三这一天，雨下了整整一夜。蔡平准备进村时，准备给他带路的一位村民临时“反悔”了，推托说“下雨天车不开了”，接着又说“过汉江的船没了”。但这位村民又说了一句实话：“让村干部看见，一上报，我们将来的日子就没法过了。”

但记者执意要进村，无奈，只能与这位村民讲好，由村民将他送到汉江边，剩下的就由记者自己处理了。

一到江边，船果然没有了，记者坐在地上，说：“今天我就是游泳也要过去。”两位村民看见，大喊大叫，好不容易，才叫来一只小船，把记者送到江对岸。

过江的路更是难走，每一脚下去，都会带起一大块红泥，记者的腿直打哆嗦。从早上 7 点出发，一直到午后才进了村。

记者在村里进行广泛而深入的采访调查，发现事实真相是：所谓的“村支部书记闵德伟为村民办实事，做好事，带领村民勤劳致富”是一个“弥天大谎”，宣传报道中的“先进村”“小康村”，实际上是一个到处破房烂屋，百业萧条，用水困难，电和路都不通的贫困村、破落村。

报道中说，闵德伟带领村民们修起了宽敞平坦的水泥路。但记者看到，村里最好的路是几里长的红土泥路，一直通到村里唯一的小白楼——闵德伟的家门口，这条路在宣传报道中被夸大到 7 公里甚至 15 公里。记者在这条红土泥路上艰难地走着，满眼皆是破旧的土墙、土房和猪栏。

报道中说，闵德伟带领大家在冰天雪地中开发荒山，建设了好几百亩高标准橘园，帮助村民走上了致富的道路，但记者调查发现，大多数橘园早在闵德伟当村支书之前就已存在。

报道中说，闵德伟为村民挖机井，解决了村民的吃水难问题，但没有一个村民知道什么叫机井，他们吃的全部是山上流下来的水。

报道中说，闵德伟为村里建起 10 亩鱼塘，年产鱼 46 万斤，实际上村里连一口鱼塘也没有，几个塘长满了杂草，根本没有水。村里招待客人，都要到江边个体渔船去买鱼。

报道中说，在闵德伟的带领下，全村人均年收入 2,700 元，人均养猪 12.6 头，全村共养鸡8,800只，但记者的调查表明，全村至少30%的农户缺粮吃；记者走了大半个村，只看见几个破烂的猪圈，许多村民过年没有猪杀，只能上街买点肉；不少的孩子上学交不起学费，小学三年级就辍学了。

更让人惊奇的是，记者在村里采访，大量的证据证明，县镇村等各级干部，强迫村民编造了一个又一个诺言，如怎样编造致富的假典型，怎样对记者说假话，怎样联合起来往上面报假项目骗钱……谁不照着去做，就会受到各种威胁和惩罚。甚至连闵德伟死后，为了制造村民们痛哭的场景而花钱雇人去哭；说上千人哭昏了头，但实际上全村只有几百人。

特大谎言就这样被一个有良知的记者拆穿了。其实他做得非常简单，仅仅是做到了不找当地任何官员，只身一人到村里进行实地调查，用大量的一手事实说话。光把这些事实摆出来，就足以让人触目惊心了。

但问题出来了——在蔡平之前，曾经有那么多的记者到闵家沟村进行采访，他们难道不知道，或者看不出来这些都是假的吗?

可能的解释是：他们都是带着“报道闵德伟先进事迹”的目的来进行采访的，即使听到或看到有疑问之处，也都抱着视而不见的态度，更何况，他们统统都是被组织起来到村里采访的，所有的采访对象和采访地点都是被精心安排的，都是假象。

2. 发现可疑点，顺藤摸瓜

一个新闻事件出现了，记者也进行了大量的采访，拿到了一大堆证据和材料，准备开始写作了。

如果仅仅停留在此阶段，记者写作的还不是一篇调查性报道，仅算得上是一篇消息，或者是一篇简单的事件通讯、特稿。

问题就出现在这里。把手中的材料拿出来，认真地比较分析。这些材料，它们可能是无用的，也可能是相互矛盾的，甚至可能是互相冲突的。此时记者应该像一个侦探一样，从一堆材料中去发现可疑点，发现那些不对劲的地方。

一定要发现材料在什么地方出了错，才能开始调查性报道的写作之路。

典型的如《南方都市报》记者陈峰采写的《被收容者孙志刚之死》，这篇报道的意义在于，推动国务院废除收容遣送制度，是保护公民权利的著名案例。

陈峰从哪里发现这个案件“不对劲”呢？摆在桌面上的材料说明，刚刚毕业不久并在广州找到工作的大学生孙志刚，在晚上散步时，因没有带身份证被公安机关收容审查了。孙志刚的朋友和单位经过各种努力，仍然无法保释出孙志刚，他也因“无业游民”的身份被送到广州收容遣送中转站，并很快死在广州收容人员救治站中。

死亡的原因，官方给出的说法是“猝死，脑血管意外，心脏病突发”。

按理说，人一死，又有医院证明，这个事件就完结了。

但记者追查到中山大学医学院法医鉴定中心出具的一份死亡原因鉴定书，鉴定书明确指出，“综合分析，孙志刚符合大面积软组织损伤致创伤性休克死亡”。

法医的鉴定还表明，孙志刚的内脏器官“未见致死性病理改变”，“除了腰背部的大面积出血外，肋间肌肉也可以看到大面积出血”。

这个材料足能证明，孙志刚不是死于官方宣称的“心脏病”，而是死于某种外伤，一个重大的疑点出现了。

经过大量的详细调查，记者在大量“表象性材料”的后面，重新获取了大量“深层次材料”，坐实了孙志刚被打死的事实。

按照法医的说法，孙志刚体内大出血，是被钝物打击的结果，而且不止一次。“一次打击解释不了这么大面积的出血。”一位不愿透露姓名的法医看完尸检结果后说。同时法医还告诉记者，一般情况，在冬季穿很厚衣服的情况下，被打才会出现这样的情况。

而记者查找到的孙志刚死亡期间的有关气象资料显示，广州温度在8℃至16℃之间，孙志刚不可能“穿得像冬天一样”。也就是说，孙志刚是被人蒙着厚厚的棉被或棉衣打死的。

第二件需要摸清的事是，孙志刚是怎样被违法收容的。记者查了《广东省收容遣送管理规定》，其中明文规定：“有合法证件、正常居所、正当生活来源，但未随身携带证件的，经本人说明情况并查证属实，收容部门不得收容。”①

记者的调查显示，孙志刚有工作单位，住在朋友家，本人有身份证，而且在派出所的讯问笔录中，也登记了孙本人的身份证号码。

但是在黄村街派出所填写的表格中，孙志刚却变成了“无固定住所、无生活来源、无有效证件”的“三无”人员，于是，派出所领导签了一份“同意收容遣送书”，孙志刚就被收容了，后来，孙志刚就死了。

至于公安机关为什么会这样干，《被收容者孙志刚之死》没有给出结论，只从旁证的角度，从孙志刚的同学处证实了，孙性格耿直，大学时就爱辩论，爱顶嘴；也有旁证证明，孙志刚被收容，原因可能是他在派出所跟人顶了嘴。

《被收容者孙志刚之死》在《南方都市报》上发表之后，除了引起强烈的社会反响之外，它的写作特点也受到广泛的称赞。全文采用严密的逻辑推理的方式，层层剥笋；采用一种平和的语态，注重用事实说话，不说过头话。比如全文并没有说孙志刚究竟是被谁打死的，也没有涉及孙志刚被押往派出所后到底与民警顶嘴没有，甚至还采用了一些不可思议的素材，比如他在离开收容站前往医院时，在一张“离站征询意见表”上写下“满意！感谢！感谢！”字样，让人感受到调查得仔细。但当写到孙志刚被打死的各种证据和材料时，作者不吝笔墨，浓墨重彩，即使还没有打死人的实证，但指向性已经非常明确了。

3. 完美的证据链

要想让调查内容以理服人，让文章产生不可辩驳的信服力，关键是要在文章中提供出足够的让人无法反驳的证据，并形成一个完美的能够相互印证的链条。

① 黎勇．真相再报告：与18位中国知名记者对话[M]．广州：南方日报出版社，2008：71．

写调查性报道文章，最容易犯的错误就是不用事实说话。这个事实，就是提供证据。如果提供的证据太少，文章就没有说服力，就不会令人信服。

写作调查性报道文章如同审理案件一样。法官在审理案件时，遵循的原则是“以事实为依据，以法律为准绳”，他要看案情提供了多少证据。如果是单一证据，被称为“孤证”，孤证在法律上是不被采信的，因为它存在着造假的可能性。

记者在写作时，必须仔细地审理自己手中的证据。理想的状态是，证据与证据之间要能够相互印证，形成一个完美的链条，达到无法推翻、无法反驳的程度。审查自己手中的证据到底有多少，是一位调查性报道记者写作前必须做的事情之一。

例如，中央电视台《新闻调查》节目中调查性报道《钟祥投毒案再调查》，内容讲述的是发生在 2001 年 5 月 6 日湖北钟祥市贺集二中发生的一起投毒案，四名教师被当地警方确认为犯罪嫌疑人。后钟祥市公安局宣布案件告破，案件开始进入法庭审理阶段。

但在审理过程中，案情发生逆转，四位教师集体翻供，他们提供的说法是“在公安审理时遭到了‘刑讯逼供’，屈打成招”。检察机关也多次以“事实不清，证据不足”退回审理卷宗，要求重审。

这案子一拖就是好几年。一直到 2004 年，中央电视台《新闻调查》节目组派记者到钟祥市调查，发现“四位犯罪嫌疑人”与警方观点完全对立。

> “钟祥市公安局副局长安虎城非常肯定地告诉我们：‘在整个审理过程中间，应该是相当自愿的过程。’安副局长认为，在审理中不可能出现刑讯逼供，‘现在的侦察员的心态你们可以了解了解，你叫他刑讯逼供，他为什么给你刑讯逼供？他刑讯逼供把这个案件破了，对他来说有什么大的好处和帮助？谁不知道现在刑讯逼供是个高压线，谁愿意把自己的饭碗拿来开玩笑？’”

在双方陷入僵局，无法突破的情况下，记者只有另辟蹊径，寻找其他的旁证。记者分别采访了派出所附近的居民、医院医生、收容所的相关人员和卖老鼠药的老人。

> 我们首先找到了一位抱小孩的大妈，她家与当时的派出所一墙之隔。记者问这位大妈：“三年前因为那个投毒案被抓进去的几个老师，当时审讯的时候你们知道吗？”“我们知道。”
>
> “审讯的时候，当时你们有没有听到过声音？”
>
> “听到一点声音。”大妈接着说：“听到打的时候发出的声音，‘哎呀，哎呀’，这个声音。”
>
> 另一位也住在附近，与当时的派出所毗邻而居的大妈，向我们回忆了三年前那几个夜晚她所听到的情况。
>
> “哭喽，喊喽。”大妈听到的哭喊声发生在夜里 8 点到 10 点之间。
>
> “这个哭喊的声音听起来大吗？”

“大，不像女同志，男的哭的声音相当粗啦，他就是‘哎呀，天呐，太冤枉啦’，就是这个声音。”大妈模仿当时听到的声音，叙述道。

记者接着又采访了当时给一位名叫毛守雄的老师看病的医生马云华。

“2001 年 5 月 17 日的晚上，你有没有去过当地镇里的派出所，去诊治一位名叫毛守雄的病人？”记者问道。

“去过。”据马云华回忆，当晚 10 点左右，是派出所的民警找他去的。

“当时这个病人在什么地方？”

“在值班室的一个沙发床上躺着。”马云华说当时他看到的病人“脸色发白，全身发抖”。而据毛守雄告诉我们的情况，医生来的时候，他“躺在门卫的一个床铺上，全身是抽搐的状态，自己身体不能够伸直，蜷在那个地方，颤动”。可见，两人说法基本相符。

记者又采访了与毛守雄关在同一监室的一个名叫赵国贵的人。

“你还记得他刚关进来的时候的情况吗？”记者问赵国贵。

“反正脸上通红，”赵国贵比画着说，“眼睛这里红，我问他怎么回事？他说是眼疼，这个我问来着。”

“你有没有问他，眼疼是怎样造成的？”

“我没问他。”赵国贵摇摇头。

“当时毛守雄刚关进来的时候，身上有伤痕吗？”

“有啊，”赵国贵肯定地说，“警员叫他脱衣服洗澡时我看见的。”据赵国贵说，他当时看到毛守雄“两条大腿，两边胸部”有黄色的伤痕，形状跟被拳头捅一拳一样。

“你当时问过他是怎么回事吗？”

“他说打的。”

“说没说是谁打的？”记者问。

“公安人员。”

最后一个至关重要的证据，是找到那位卖老鼠药的老人王广有。

记者来到了贺集 10 公里远的石牌镇，找到了王广有的家，发现他仍然住在那里。

王广友告诉我们三年前那个投毒案发生以后，警察来问过是不是有人在他这里买过药。“你怎么说的呢？”记者问。

“我说这药到处都有卖的。”王广友说公安局的人没有让自己去辨认一下那个投毒药的人。这时，和我们一起来的王克政出现在王广有面前，记者问王广友是否认识这个人。王广友打量着王克政，说“不认识”。

“你印象里头，这个人三年前有没有在你这里买过鼠药？”记者指着王克政问他。王广友肯定地说“没有”，并表示“我能确定”。

考虑到王广友年事已高，记者又追问了一句：“你会不会是因为时间长了记不清楚了？”王广友依然肯定地说：“我记得清楚。”

我们把以上四个证据用图表展示如下：

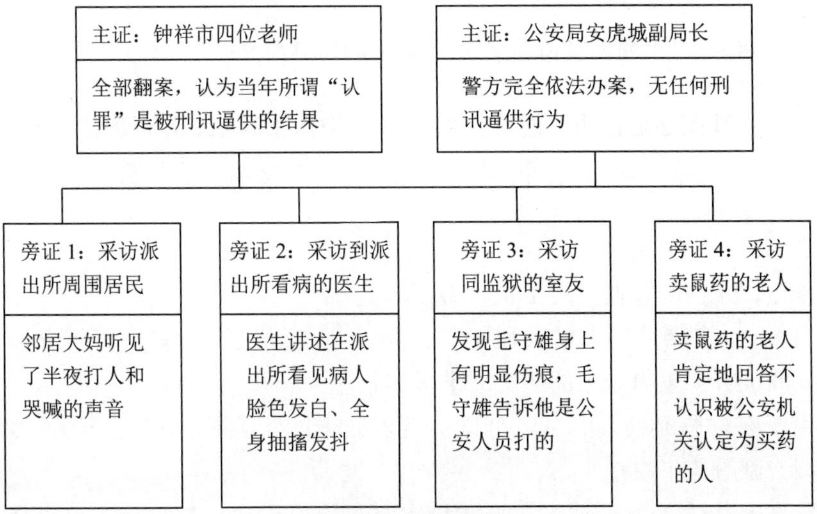

钟祥投毒案证据链

这篇报道中，四位老师到底犯没犯罪，记者没有下任何结论。记者只把完全对立的双方观点和意见客观地呈现出来，然后用完美的证据链来说话。从四个证据来看，受众心里已经非常清楚谁对谁错，谁说了真话谁说了假话。

思考题

1. 为什么说深度报道真正体现了媒体的性质和本质？

2. 把解释性报道与分析性报道合为一体，你认为有没有道理？

3. 西方国家的深度报道与我国的深度报道有何区别？

4. 为什么要反复强调调查性报道的“干预性”？没有主动的干预性，调查性报道能成立吗？

练习题

练习一

列举出当前的热点现象，比如物价上涨、房地产调控、农村耕地荒芜、医患关系、教育公平、城乡统筹一体化、新农村建设、大学生就业矛盾、高考改革、万众创业、技术创新……根据自己的兴趣爱好，选取一个问题，收集相关资料，进行深入研究，并画出相应的逻辑图来。

练习二

认真阅读以下文章，用你学到的深度报道相关知识回答，这是一篇什么性质的文章？

本文提出了哪些值得深思的问题？这些问题对我国的经济发展有什么样的作用和影响？你认为解决的办法是什么？

写作一篇600字以上的阅读心得，分析本文的写作特色。

往东还是往西？透过“东大门”看中西部农民工争夺战

2012年12月18日　广西新闻网　记者：王万程

核心提示：

元宵刚过，东西部企业“用工荒”再度凸显。

改革开放30多年来，上亿农民工下东南的打工潮已不新鲜，每年春节后农民工“东南飞”“闯世界”赢得未来的传奇故事多如繁星。

然而由于东部腾笼换鸟、一系列国家惠农政策的实施等，农民纷纷回乡就业、创业，这些因素都分流了农民工。

如今，新时代农民的精神需求、文化水平、价值取向，都发生了巨大变化。本期“看点新闻”聚集“用工荒”，探寻表象背后的本质。

春节之后，当农民工还在家乡考虑到哪里务工或是留乡创业之时，工厂却迫不及待要开工生产，于是爆发了“用工荒”，由此掀起了东西部企业“农民工争夺战”。拿什么招来、留住农民工？是东西部企业同时在思考并急需解决好的问题。

有关专家指出，这种现象的实质是社会经济发展、东西部区域经济格局的转变、农民工价值观转变等因素引起的民工分流潮。

广东与广西交界处，是中国东部沿海区域与西部欠发达区域唯一直接相连的地方。灵峰镇就位于贺州市八步区东南部的两广交界处，穿过镇区的207国道，是经过广西进入广东的重要交通通道之一，因此，被称为广西“东大门”。

每年春节后，大量的“农民骑士”穿过东大门，到东南部地区。1月25日至31日，记者驻足这里与骑摩托车“东南飞”的农民工畅聊，以探秘当下激烈的农民工争夺战。

东南飞·用工荒

“东南飞”的农民工逐年减少，“春节后用工荒”从东南沿海向中西部地区蔓延

塑料袋裹住双腿，以防寒风伤膝盖，钟山县望高镇村民李远峰骑上载着锅碗瓢盆、

棉衣衬衫的摩托车。妻子春花费劲地迈腿挤进了摩托车后座。“呼”的一声，摩托车发动了，马达声在山间回响。

1月29日上午，207国道上，李远峰一边加油一边与记者闲聊。李远峰这次外出的目的地是清远：“早点去找到好工作的概率大！”

改革开放30多年来，上亿民工下东南的打工潮已不新鲜，“闯世界”赢得未来的传奇故事多如繁星。每年，像李远峰这样春节后“东南飞”闯世界的农民工全国有上亿人，在贺州也有30多万人。

1月30日上午，据207国道收费处工作人员介绍，这几天，骑摩托车去广东的农民工渐渐多起来，从农历初二至初十已有4万多“农民工骑士”进入东部地区，“但与往年相比数量明显减少，往年，这个时候至少有七八万骑摩托车的农民工去广东”。

国家统计局《2011年农民工监测调查报告》表明，2011年，在长三角地区务工的农民工为2,816万人，比上年减少238万人，减少7.8%。在珠三角地区务工的农民工为3,282万人，比上年减少954万人，减少22.5%。

在长三角和珠三角地区务工的农民工减少，特别是在珠三角地区务工的农民工大幅减少，是2011年下半年东部沿海地区出现“用工荒”的一个重要原因。

1月30日，记者驱车前往广东肇庆怀集县采访，该县一家工艺品制造企业负责人说：“正在想办法到越南招工。”

事实上，一段时间以来，不仅珠三角和长三角出现民工荒，在传统的民工输出之地四川、河南、安徽、广西等地也出现了“招工难”，民工荒从东南沿海向中西部地区蔓延。

在贺州，企业“工人难觅”的困境，亦正四处呈现。

节后上班第一天，贺州市望高工业区有关人员正在为如何招到工人而焦头烂额，整个望高工业区工人缺口达2,000多人。其中，雨润集团负责人尤其感到压力大，正在组织人员到湖南的永州抢工人，“至少要招到100人，才能满足最基本的需要”。

贺州桂东电子公司的总经理助理宋宏杰表示：“从建厂至今，工人的数量一直没有满足需求过，春节期间更严峻。”

从去年年初到今年年初，贺州桂东电子公司普工的待遇节节攀升，如今，部分工人的月收入已提高到2,000多元，还买三险和缴纳公积金，但吸引力似乎并不大。

哪去了·去哪里

农民工流向从单一的“东南飞”，向家门口就业、创业等多元化转变

全国各地都呈现“用工荒”，那么，农民工到底流向了哪里？

灵峰镇灵峰商会会长黄春校说：“民工荒的背后既是企业与企业的比拼，也是区域与区域的竞争。”

黄春校多年居住在两广交界线上，目睹了“东大门”的变化：“灵峰商会在2007年成立时，只有2家会员企业，整个灵峰镇所需的农民工也就1,000人左右。而现在，灵

峰商会有会员企业11家，仅会员企业所需农民工数量就增加到5,000多人。10年前，80%的民工流去广东打工；如今，去广东打工的不足10%，大都选择在家养蜂、种药草、养竹鼠、经商等。”

“每当哪个地区焕发活力，劳动力就会加速流向那里。”贺州学院一位人力资源学教授表示。

事实的确如此。据国家统计局统计，2011年在东部地区务工的外出农民工比上年减少888万人，下降8.9%。与此同时，在西部地区务工的外出农民工比上年增加775万人，增长35.8%。

与之相应的是，西部省份的GDP总量虽不及东部，但其活力四射，增速高于东部。

今年，西部省份的增速大都在12%以上。广西就是西部地区一个典型的例子，从2005年起，GDP总量连续7年保持12%以上的增长，今年已迈入“万亿元俱乐部”。

西部地区社会经济的发展，是导致农民工向中西部地区大量转移的重要原因。

“北部湾风生水起，中国—东盟自贸区已经建成，西江经济带生机勃勃。”贺州学院院长谢庆林表示，“位于西部地区的广西，对农民工的吸引力明显在增加，以南宁为例，每年新增就业岗位8万人以上。”

“东部在腾笼换鸟，企业向西部转移；西部企业工资福利在增加；土地流转、种粮补贴等一系列国家惠农政策的实施，促使部分农民工回归土地，这些都分流了农民工。”贺州市人力资源和社会保障局一负责人说。

去年，贺州承接产业转移项目516个，企业用工人数增加2万多人。今年，贺州统计部门监测发现，外出打工人数相对于去年减少7万人左右。

贺州市昭平县走马乡的吴子勋今年显得很寂寞，独自骑摩托车踏上了返粤征程：“春节前和七八个伙伴结伴从广州回来，年后他们都不想去了，在家种茶了。”

停下摩托车，驻足“东大门”，富川瑶族自治县农民林品权说：“这几年村里务农的人比外出打工的收入还多，明年我也不想外出打工了。”

据悉，富川生产的有机脐橙享誉国内外。该县出台政策鼓励种果，补贴苗木款，给予贷款支持，开展技术培训。“5年来，种植脐橙、黄花梨的农民增加了3倍多。”该县副县长邹雪群说。

此外，西部的创业环境渐趋优越，惠民政策叠加，也吸引不少农民工返乡创业。就广西而言，截至2011年底，全区发展微型企业1.3535万户，其中返乡农民工创办微型企业占52%。

农民工流向，从单一的“东南飞”，向创业、家门口就业、回归土地等多元化转变。

留下来·招进来

打造良好就业环境，才能招来并留下农民工

留下的农民工在增多，何以不能解地方用工之困？

“这其中，有着较复杂的社会原因。”长期在农民工就业一线工作的贺州市人力资源和社会保障局就业促进科科长陈忠认为，新时代农民的精神需求、文化水平、认知能力、价值取向，都发生了变化，因此，企业要招来并且留下农民工，也需要做足功课。

后发展欠发达地区的企业就业环境，不能满足农民工的需求。以贺州的望高工业园区为例，望高工业园区周边几乎没有成熟的娱乐、休闲文化场所，故此很难留住农民工。

农民工并不满足于“家门口就业”。去年贺州人力资源和社会保障局做了一个调研，访问数百农民工，其中80%愿意到外地工作。特别是80后农民工，这一代打工者与上一代已经有很大区别，上一代是求生存，这一代是为长见识，你把厂开到他家门口，他还不一定愿意留下来。

贺州的一家电子企业，在深圳亦有公司。面对在贺州招不到农民工的尴尬，采取了在深圳招人，然后把工人转移到贺州工作的做法，结果90%以上的应聘者，拒绝了这种“外出转内销”。

在西部地区，除少部分企业工资待遇与东部沿海的企业接近外，大部分比东部企业低。以贺州为例，贺州农民工工资保持在1,000—1,500元，与农民工收入意愿差距太大，因此很难留人。

有一次，贺州市市长白希专程驱车在望高工业区转了一圈，而后感叹道：“企业周围没有像样的商店，更没有娱乐休闲场所，这样的环境，如何招到工人？”由此，白希提出一个问题，不仅要想办法留下农民工，还得让农民工高兴地进工厂，成为真正的“工人”，而不是留下来做农民。换个角度看，则是西部地区在就业软环境上也应向东部地区看齐，这是未来几年，吸引农民工的关键所在。

第七章　网络新闻写作

本章要点

从人类进入21世纪以来，传统媒体大规模的转型就已经开始。到今天为止，几乎所有的传统媒体（报纸、杂志、广播、电视）都已经完成了转型，由传统媒体蜕变为以PC端和移动客户端为载体的网络新媒体。从这一点来说，当我们讨论网络新闻写作时，实际上讨论的是包括传统媒体和网络新媒体在内的所有媒体的新闻写作。

虽然传统媒体已经基本完成了转型，但传统媒体所坚持的许多写作原则并没有改变，新闻媒体几百年来形成的优秀写作经验和写作格式仍然适用于今日。

所以，本章讲授网络新闻写作时，侧重讨论它与传统媒体的不同之处，在大的写作原则没有改变的前提下，探讨网络新闻写作和传统新闻写作发生了哪些变化，网络新闻写作有哪些独特性。

第一节　网络新闻写作概况

一、网络的异军突起

互联网（Internet）产生于1968年，美国国防部高级研究计划局（DARPA）主持研制，目的是用于支持军事研究的计算机实验网（ARPANet），以帮助那些为美国军方工作的研究人员通过计算机交换信息。它的设计与实现基于这样一种主导思想：网络要能够经得住故障的考验而维持正常工作，当网络的一部分受攻击而失去作用时，网络的其他部分仍能维持正常通信。

1985年，美国国家科学基金会（NSF）为鼓励大学与研究机构，共享了他们非常昂贵的四台计算机主机，希望通过计算机网络把各大学与研究机构的计算机与这些巨型计算机联结起来。开始他们想用现成的ARPANet，不过他们发觉与美国军方打交道不是一件容易的事情，于是决定利用ARPANet发展出来的TCP/IP通讯协议，自己出资建立名叫NFSNet的广域网。受益于美国国家科学基金会的鼓励和资助，许多大学、政府资助的研究机构，甚至私营的研究机构纷纷把自己局域网并入 NSFNet。NSFNet 在 1986 年建成后取代 ARPANet 成为 Internet 的主干网。

20 世纪 90 年代初，随着 WWW 的发展，Internet 逐渐走向民用。WWW 良好的界面大大简化了 Internet 操作的难度，用户数量急剧增加，许多政府机构、商业公司意识到 Internet 具有巨大的潜力，纷纷加入 Internet。这样 Internet 上的点数量大大增加，给世界带来一个全新的信息传播方式。

广播电视在 20 世纪初被发明出来时影响力巨大，被称为“新媒体”，而互联网诞生后，广播电视迅速成为“传统媒体”，时至今日互联网仍然是当之无愧的“新媒体”，它有朝一日也会成为传统媒体吗？

至少目前我们还没有找到答案。根本原因在于，二进制的数字化是一种独特的计算机语言，以 Internet 为代表的“信息高速公路”是在计算机之间搭建起来的，它把全世界数亿台计算机变为可以互通互联、信息共享的系统性整体。

从严格意义上讲，互联网不是一个网络概念，它自己没有网，需依附其他的网络而存在，比如通常的入网电脑，都要连通电信或移动的网络，才能接入互联网。或者说，它只是一个协议，加入其中的电脑都必须遵守统一的游戏规则，彼此之间互相开放，并融为一个彼此之间信息可以共享的整体。最重要的一点是，互联网是数字传播，任何数字信号，都可以通过互联网进行传播。因此，几乎没有一个经过数字化改造后的传统媒体可以离开互联网，包括被改造后的数字广播和数字电视。我们通常讲的三网融合，指的是三个网（互联网、电信和移动、广电）之间的彼此开放和进入。好比是高速公路，只要是符合条件的车辆都可以进来，至于消费者选择哪一条信息高速公路，要看哪条公路的车最多，跑起来最顺畅，服务最好，收费最低。由于互联网 ICP/IP 协议的存在，互联网的全球共享性、互通互联性和海量信息的特点，是其他无法相比的。

二、网络新闻写作的定义

网络新闻写作，概言之，是指利用互联网进行传播，利用互联网电子终端——电脑、数字电视、数字广播、平板电脑和手机等进行内容呈现的媒体写作方式。它可以是传统媒体演变为新媒体的变体，如纸质媒体的电子版、传统广播电视节目的数字化传播，也可以是完全依附网络而产生出来的纯粹的网络媒体，如专业的新闻网络媒体、门户网站、个性化信息推荐平台和各类手机新闻 App 等。

显然，网络新闻写作是一个极大的概念。我们这里说的网络新闻传播，已把绝大多数媒体包含在内。目前，几乎所有的传统媒体都完成了向数字化的转型，实现了网络化互动式传播，传统的传播模式也正逐渐被电子化的传播工具所取代。所以，从严格的意义上来说，目前的网络新闻写作，已经成为所有媒体共同的特征。

新闻是新近发生的事实的报道。在网络中，凡是以传播真实的有价值的社会信息为主要目的的媒体都可以被称为网络新闻媒体，这中间包含传统媒体、部分新媒体和部分自媒体。在一个“人人都是媒体”的时代，本章所说的网络新闻写作，既指过去专业教科书式的新闻写作，也包括非专业的社会大众以展现真实事件为目的的新闻写作。如今，每天在网络上产生的信息浩如烟海，很大部分都与真实的有价值的社会信息无关，比如社会网站上大量的闲言碎语，一些自我抒情、风花雪月的个人主页，大量的商品介绍和推荐，这些内容排除在我们所讲的网络新闻写作之外。

第二节　网络新闻写作方式的改变

一、传播主体大众化

互联网的特征，决定了无论传播者还是被传播者，都是大众日常生活的一部分。过去，信息传播，尤其是新闻传播是专业人士的事情，普通的非专业大众既无条件也无可能进入公共的传播领域。

传统的传播方式，以拉斯韦尔的“5W1H”理论为基础，它决定了信息传播的基本特征和性质，是由一个专业化的机构来垄断，由点到面的单信道传播。在这个模式中，新闻媒体起着十分重要的作用，扮演着信息审查过滤“把关人”的角色。但在互联网时代，这种垄断的局面被彻底打破了。网络已经不再有控制中心，而是“所有人对所有人的连接”，有写作能力的民众，只要遵守国家的法律法规，都可以在网络上自由地进行信息传播。

在网络中，写作变成了很大众的事情，每个人既是信息的接收者，又是信息的传播者，每个人选择信息的主动权掌握在自己手里，他要选择读什么样的新闻——是传统媒体的还是自媒体的，全由自我决定。

长期以来，高等教育所讲授的新闻写作学，都是针对将来准备从事传统媒体专业化写作的；传统的写作方式，已经经历了数百年的媒体写作检验，形成了较为固定的模式。今天的新闻报道中，这些传统的写作方式仍然被广泛使用，也是我们传授新闻写作学的重点。

但是进入互联网时代、新媒体时代和自媒体时代，媒体的写作主体变了，人们接收信息的方式变了，传播的渠道变了，用户的阅读习惯变了，媒体传播的写作方式也会随之发生改变。

在网络中，既有传统媒体又有新媒体和自媒体，写作者既有专业的新闻工作者，又有大量的业余人士、非媒体人士、社会的“意见领袖”和各类“网红大V”等，媒体人大多经过了专业的新闻写作训练，但众多的自媒体人却没有经过专业的写作训练。

二、传播对象小众化

在“所有人对所有人的连接”互联网传播方式下，受众和渠道呈现出典型的两极分化趋势。平台资源，或者叫渠道资源，被具有独特技术和具备核心竞争力的营运商（ISP）垄断，它们设立了极高的进入门槛，搭建了一个非常巨大的网络平台，绝大多数想进入互联网的机构都无法做到这一点，所以无法与这些庞然大物竞争。典型的如百度、腾讯、阿里巴巴、今日头条等，几乎垄断了网络的绝大多数市场。

如今日头条，依靠计算机算法推荐，精准地计算每一个人的信息偏好，有针对性地推送投其所好的文章。这种推送方式的结果，使每一个人看到的内容都是自己感兴趣的和喜爱的，这无疑增加了用户对信息平台的依赖。据 2017 年 8 月统计，今日头条注册用户达到 2.4 亿人，其中活跃用户已经达到 8,000 万人。

互联网是一个开放的场所，在极少数寡头垄断这个市场的同时，大多数内容运营商（ICP）却无法凭借这种超强的实力，聚集起超强的人气。但互联网中仍然有他们的生存空间，只要做到成本足够低，节目内容足够好，任何小型媒体或自媒体仍然能很好地生存下去。

最早发现这个现象的是美国人克里斯·安德森（Chris Anderson），他提出一个著名的理论——长尾理论。安德森的《长尾理论》一书，最早应用于企业产品的销售模型。如下图所示，X 轴代表企业的销售和财务状况，Y 轴代表企业的数量。通常只有极少数的企业处在正态分布曲线的“头部”，具有极高的销售人气和企业盈利能力；绝大多数企业位于正态分布曲线的“尾部”，形成一个长长的尾巴。大多数企业尽管购买力小，企业的生产和销售市场规模偏小，但永远也不会为“0”。

“长尾理论”应用到传播学中，在新媒体状态下，由于传播方式的改变，只有极少数媒体采用“赢者通吃”的方式，用极高的市场门槛和技术壁垒，垄断了绝大多数媒体及渠道，典型的如淘宝、腾讯、百度、今日头条等，它们占据了坐标图中的主要部分，拥有极高的市场份额。而绝大多数媒体却非常小型化，无论是粉丝数量还是点击率都不高，藏在长长的尾巴之中，但点击率仍然永远不会为“0”。

长尾理论告诉我们，在新媒体时代，媒体典型呈“两极分化”状态，强者恒强，弱者恒弱。由于媒体数量的急剧膨胀，加之网民及受众对信息的需求越来越个性化、越来越多元化，媒体传播总体呈现出越来越小众化的趋势，受众的选择面越来越广、越来越大。而且，媒体的传播方式也发生了改变。过去是大众传播媒体式的以点到面的大规模传播，现在变成了传播者与受众之间按照“身份认同”关系重新构建的小众传播，即“意见领袖—粉丝”之间的关系。

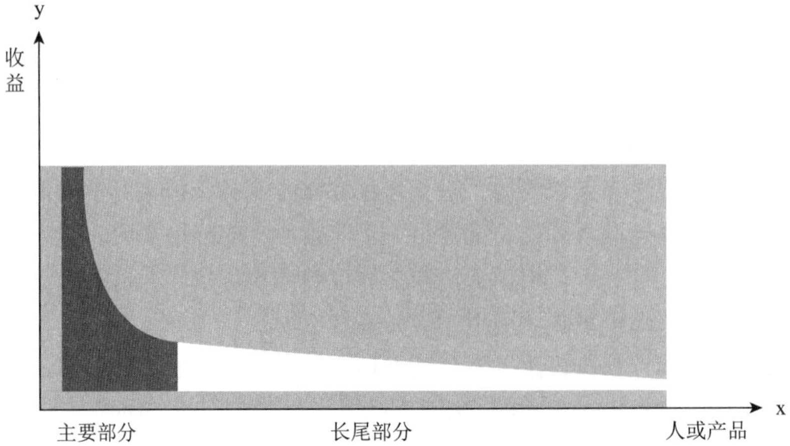

“长尾理论”模型

长尾理论对新闻写作的启示是，除了大众传播媒体由于“把关人”的身份，写作上需要严谨规范以外，绝大多数网络媒体和新媒体，面对的是极具差异性的个性需求，其只要做到运营成本足够低，满足一部分人个性化的需求，获取一定数量的粉丝和身份认同，就可以在激烈的市场竞争中生存下来。英国经济学家舒马赫（Schumacher, E. F），多年前写过一本书《小的是美好的》，可作为网络媒体和新媒体写作的金玉良言。

三、写作内容多元化

过去传播只是极少数人的事情，今天变成了人人都可参与的大众化行为；过去人们只是单纯的信息接收者，今天人们不仅是信息的接收者，同时也是信息的制造者。人人都是媒体，这就是“自媒体”一词的来源。

媒体传播从来没有像今天这样复杂过，既有传统媒体，又有新媒体；既有专业媒体，又有非专业媒体。传统媒体一统天下的时候，它们扮演着新闻传播“把关人”的角色，媒体需要对新闻传播所造成的社会影响和后果负责，起着社会“稳定器”的作用，因此，媒体对新闻内容的筛选非常严格——哪些该说，哪些不该说，说什么，怎样说，都有非常严格的规定。

但是到了新媒体时代，这种局面被打破了，传统媒体不再是唯一的“把关人”，渠道变得多元化，参与传播的媒体越来越多，传播者的身份也越来越复杂。

正如理查德·克雷格在《网络新闻学：新媒体的报道、写作与编辑》一书中所说，网络记者“开始在万维网上从事写作以后，传统媒体与新兴媒体之间的裂痕就更大了——网络记者非常乐意告别传统的写作方式，并对这一‘守旧派’嗤之以鼻”[①]。

传统媒体承担着更多的责任，写作上趋于保守和严谨，但网络新闻显然尺度会大很

① 克雷格．网络新闻学：新媒体的报道、写作与编辑[M]．刘勇，主译．北京：中国时代经济出版社，2010：93.

多。在很多情况下，在传统媒体中无法说出的东西，可以在网络媒体中说出。目前对网络的监管虽说正在加强，但网络的尺度较传统媒体仍然会大很多，因此，它们在衡量内容的把关原则上也会有较大的差异。

这就形成了中国新闻史上一个独特的现象：很多新闻报道，尤其是批评性舆论监督报道，由网络媒体率先发动、率先披露，待到形成一定的社会热点之后，传统媒体迅速跟进，进行深入采访和调查，最后让事件真相大白。这种方式让两种媒体很好地融合了起来，各自优势互补，扬长避短。例如《27 天："微笑表哥"落马舆情还原》。

27 天："微笑表哥"落马舆情还原

四、写作更自由

纸媒写作与网络写作相比，明显要严谨得多，对稿件写作质量的要求相应也要高很多，记者可能花费更多的时间对文章进行精心构思、打磨。网络由于是海量信息的集散地，版面相对比较宽松，这让网络写作具有更大的随意性，往往只需要把新闻事实说清楚就可以了，在写作上花费的时间和精力不会太多。

梦碎雅典

1997 年 8 月 5 日　新华社　记者：杨明　马小林

奥蒂又输了，这次依然输给了"坏运气"。

这位 37 岁的牙买加老将具备夺取世界女子百米冠军的实力已达 17 年之久，但好运却从未降临到她的头上。当奥蒂今晚闪着泪花走出第六届世界田径锦标赛赛场时，她追求了一生的梦想化作了一场噩梦。

奥蒂已经赢得过一次百米冠军。可以说，没有任何一个女子田径选手能在 37 岁"高龄"依然在世界赛场上奔跑；也没有任何一个世界名将比奥蒂遭遇更多的莫名其妙的不幸。

这次大赛前，她以 10 秒 96 的成绩排名今年世界第三。美国的奥运冠军德弗斯和世界冠军托伦斯因故不能参加本届的百米赛，这给了奥蒂一次绝好，也是最后一次竞争世界"短跑女皇"的机会。

经过三轮出色的表现，奥蒂最终站到了决赛起跑线前，观众送给她的激励掌声超过了所有其他选手。她太珍惜这次机会了，这将是她人生最关键的一次搏击，就像剑手要毕其功力于一击。

奥蒂蹲下了，全场静默着。发令员举起手臂。反常的两声枪响表明有人抢跑。所有人跑出后都停下来，唯独奥蒂没有听出是犯规的枪声。这对于比赛经验丰富的她来说，真是不可思议。

起跑通常不好的奥蒂这次"启动"完美至极。她像旋风般掠过跑道，人们惊呆了。

夜色中，孤独的奥蒂如黑色的闪电射向终点，转瞬之间，她已经跑过 80 米！

在全场的惊呼声中奥蒂停下来，她意识到发生了“可怕”的事情。此时，全场再次静默得反常。在这片静默之中，奥蒂转身，面无表情地朝起点慢慢地一步一步走着……

奥蒂，为什么总是不幸的奥蒂！人们想起在 1993 年的世界锦标赛百米决赛中，奥蒂和美国的德弗斯几乎同时撞线，成绩均为 10 秒 82。但是，国际田联通过录像将金牌判给了对手。站在银牌领奖台上，奥蒂的那双泪眼给世界留下了难忘的印象。

历史居然惊人地再一次重演！1996 年奥运会百米决赛上，奥蒂又一次在同样的情形下输给了德弗斯，又一次成为无可奈何的“伴娘”，让世界唏嘘不已。

去年底，奥蒂曾经决定退役。捧着一大堆银牌和铜牌，心怀不甘的她宣布改当时装设计师。当时，世界上所有的体育爱好者都将深深的敬意，献给这位不是世界百米冠军的“女皇”。

现在，奥蒂那两条修长的腿沉重地走着，分明是一步一个坎坷，一步一个艰辛，那条跑道浓缩了她 20 多年的运动生涯和一个未能如愿的梦。数万观众以静默表示着他们的深深的同情。

出乎所有人的意料，奥蒂没有沮丧，没有发脾气。她的脸上是坚毅的神情。

起点前，奥蒂再一次蹲下，再一次使出毕生的气力去拼搏，但结局是大家可以预料的（仅获第七名）。

奥蒂以永不向厄运低头的勇气证明了什么是奥林匹克精神。她的世界百米冠军梦虽然没有实现，但在世人的心中，奥蒂何尝不英雄！

牙买加短跑女明星奥蒂无缘奥运金牌

奥蒂永远想赢，但永远赢不了。今晚，上天再次证明，她自己那颗坚强的心，毕竟对抗不过无情的命运和岁月的双手。11 秒 19，她用比同胞慢百分之一秒的成绩告别了奥运百米奖牌；也用未能攫取到最后一点光荣的手，为自己几乎拉上了职业运动生涯的帷幕。

虽然还将参加本月 30 日的 4×100 米接力赛，可只凭自己双脚跑上奥运冠军领奖台的道路，已经彻底断绝了。

奥蒂今年 40 岁，得过 34 枚世界大赛的奖牌，但其中没有一块是奥运金牌。

她身高 183 米，面容姣好，本来可以当一名出色的模特。但从 20 岁起，她就参加了莫斯科奥运会，16 年前，获得过洛杉矶奥运会铜牌。那时候，当今奥运百米冠军琼斯，还在庭院里和男孩子们戏耍呢。

在足以诞生两代田径巨星的岁月里，奥蒂始终是在百米跑道上有实力争夺金牌的人，但她在奥运会上的最好成绩是 1996 年亚特兰大奥运银牌，她以千分之一秒的差距，输给了美国选手德弗斯。

去年 7 月，奥蒂因为兴奋剂检测呈阳性被禁赛。但她说，完全不知道自己服用了这种药物。尽管国际田联在奥运前取消了她的“禁赛令”，但悉尼奥运上，她注定只能充当“跑道上的伴娘”。

就算只获得第四名，奥蒂仍然执着地拒绝消沉。她说：“这很好。许多人，包括许多牙买加人都觉得，我根本取得不了现在的成绩。”

她用已被岁月拖老的一双腿，固执地在奥运百米跑道上飞奔，只为向世界证明自己的清白和永不放弃。

今晚，站在起跑线前，站在比自己小十几岁，几乎可以当女儿的对手们旁边，奥蒂仍然不动声色，面容如水，像美丽、永恒的女神。她赛后告诉人们：“这是我今生最后一场重要的比赛”。①

笔者点评：从以上两篇同样内容的新闻报道中可以看出，第一篇是专供纸媒的通讯，写作上可算是精品。从标题上，纸媒的标题非常精练，短短四个字，就对内容进行了高度概括。从文章内容来看，此文抓住了读者的阅读心理，先是设置悬念，然后步步推进。

前几段，立足于讲37岁的牙买加短跑运动员奥蒂具备冲击女子100米短跑世界冠军的实力已经17年了，以前由于种种莫名其妙的不幸，她一直没有在奥运赛事上拿到金牌，这次，她似乎胜券在握了。她在预选赛上的出色发挥，使她进入了前三的行列，美国的奥运冠军德弗斯和世界冠军托伦斯因故不能参加本届的百米赛，这给了奥蒂一次绝好的机会。文章写到这里，似乎在告诉人们，奥蒂此次获取女子100米短跑世界冠军已经稳操胜券了。

紧接着，是作者对赛场的出色描写，写了奥蒂如何超常发挥——“‘启动’完美至极”“像旋风般掠过跑道”“如黑色的闪电射向终点”……一步步把情节推向高潮，却在最高潮时戛然而止，把读者的情绪由最高点突然打断，迅速地发生逆转。

原来是奥蒂违规了。在跑过80米时，在人们的惊呼声中，奥蒂停了下来，她意识到发生了“可怕”的事情。

出色的描写出现了，镜头感突然由快速转为慢速，甚至定格。静默之中，奥蒂转身，“面无表情地朝起点慢慢地一步一步走着……”她缓慢的身影刻在现场每一个人的脑海中。

紧接着，是长篇的回忆，历数奥蒂历史上的种种不幸，和此次的不幸有机地结合在一起。当然，最后的结局不出人们所料，奥蒂只得了第七名。

本文的结尾对主题做了非常出色的升华——奥蒂以永不向厄运低头的勇气证明了什么是奥林匹克精神。

本文从结构上精心构思，巧妙布局，抓住人的心理，层层推进，成功地实现感情上的大逆转，最后升华到一个不朽的主题上，可谓经典之作。

反观第二篇网络稿，写作手法上则逊色多了，标题采用网络标准的实标题，内容上平铺直叙。唯一的优点是发挥了网络可以披露更多敏感信息的优点，讲了悉尼奥运会前，奥

① 刘明华，徐泓，张征．新闻写作教程［M］．北京：中国人民大学出版社，2002：545.

蒂因为兴奋剂检测呈阳性被禁赛。她申明自己不知道服用了这种药物。尽管后来取消了她的“禁赛令”，但这届奥运会她却与奖牌无缘。在《梦碎雅典》一文中，似乎有意地回避了这个内容，因为这个内容会对整个结构造成较大的冲突。

五、观点更犀利

在网络中，为了争取到更多的用户和受众，信息发布者往往会用新颖的方式、独特的观点、耸人听闻的标题和内容来吸引读者和粉丝。

这就解释了为什么会有“大V”的产生。“大V”之所以能够成为“大V”，就在于他了解他的用户需要什么，他会根据用户的需要去生产内容。

即便是传统媒体，在它转化为新媒体之后，也会在内容上作出较大的调整和改变，如果它再像传统媒体那样板着面孔说话，就会在新媒体中一败涂地。

以《人民日报》和《人民日报》旗下的“侠客岛”微信公众号为例，同样内容的文章，在“侠客岛”上发布的形式就会很活泼，文字显得轻松幽默，观点也会更加尖锐犀利。如2018年7月，全国爆发假疫苗事件，《人民日报》和“侠客岛”都发布了评论，“侠客岛”的评论直指监管漏洞，对公众的舆论监督做了充分的肯定。相比《人民日报》，“侠客岛”的尺度要大很多。

请扫码阅读《关于疫苗，公众的恐慌该如何平息》。

关于疫苗，公众的恐慌该如何平息

笔者点评：这是一篇相当尖锐的评论文章。尖锐之处在于，它直指的是假疫苗泛滥的核心问题——监管漏洞，甚至直陈失控是全方位的，除了监管部门不作为之外，整个社会都出现了严重的问题——“一开始以为这只是疫苗监管方面的漏洞，却发现这是个全方位的漏洞。洞之大，不知其几千里也。”包括文中提到的“某度”，缺少道德底线，杀人于无形之中。

六、写作方式更灵活

单从文字表达来说，网络媒体与传统媒体并没有太大的区别，传统媒体的所有文章，除了标题变换一下以外，都可以在网络上用。当然，网络媒体有自己的写作特点，这些是传统媒体所没有的，比如交互式写作、在线写作、碎片化写作、多媒体写作、自媒体写作等。

网络写作还有一个特点，就是它的随意性和高宽容度。由于网络是海量信息的聚集地，容量很大，这让发稿变得很容易，所以写作网络原创稿，写作者大多不愿精心打磨、修饰，这让网络写作成为相对随意的一件事情。

网络这种写作方式，很容易让每个人形成自己的写作特点，尤其是自媒体，大多带有自己的见解和观点，特征十分鲜明。

七、碎片化报道

所谓的碎片化，指的是内容不具备完整性，或者是一个片段，或者是一个方面，或者是某一局部的内容。新闻的碎片化只反映了新闻的某一个方面和某一个局部，并没有反映整个事件的全部概况和概貌；内容一般比较短小，只作为事件的一个局部而存在。

无论是网络采访，还是网络阅读，抑或是网络写作，都呈现出越来越碎片化的趋势。这是因为，网络是 24 小时在线，对新闻记者而言，网络新闻报道没有截稿期，尤其是网络的现场直播。在网络现场直播里，新闻报道几乎完全与新闻现场同步，新闻事件每一点微小的进展，甚至包括一个人讲话的过程，都会在网上即时展示出来。新闻事件只要有新的进展，就可以马上发稿。即稿件不用考虑内容的完整性，哪怕是一条信息、一个片段、一句话，只要它有新闻含金量，有传播价值，就可以发稿。网络发稿可以精确到每一分钟甚至每一秒钟，大大提高了发稿的时效性。

突发！成都龙泉世茂城小区一高层住宅起火

2020 年 11 月 10 日 10：06　红星新闻　记者：杜玉全

11 月 10 日上午 9 时许，据多位网友称，位于成都龙泉驿区的世茂城小区一栋高层住宅楼起火。多段视频显示，起火位置为居于高楼层位置的一住户住宅，火焰从多个窗户窜出。

记者从龙泉消防获悉，正在进行扑救处置。火势详情及是否有人员被困或伤亡的信息正在核实中。

笔者点评：这样的碎片化报道在网络上出现得越来越多，原因在于：第一，追求新闻的时效性在网络时代达到极致。第二，“人人皆媒体，人人皆记者”，若有新闻事件发生，只要有人在现场，只要有手机，就可以传播。新闻媒体接到报料之后，只需要做一些简单的核实，证明新闻无误后，就可以在第一时间发稿。比如此篇报道，在起火一个小时左右就进行了报道，虽然非常简单、非常碎片化，但抢得了新闻报道的先机。

从广泛的意义上来说，网络传播的碎片化是全方位的。首先是传播方式的碎片化，人们接收的信息越来越多，选择面越来越广，导致人们不可能长期钟情于某个媒体，人们的关注度和注意力变得越来越零散和琐碎；其次是网络新闻传播越来越向移动新闻客户端转移，手机阅读大多数是在碎片化时间中完成的，甚至将每一次的阅读时间缩短为 3—5 分钟。阅读变成了一种跳跃式的、随意性的快餐化行为。阅读时间的碎片化必然带来内容写作的碎片化，人们越来越难以容忍通过手机看冗长的文章。因此，网络写作除非内容十分精彩，否则一定要注意控制文章的长度。

在网络新闻写作中，提倡用图文并茂多媒体表达的短文章、短段落和短句子。

请扫码阅读《2019年第一场雪来了，接下来进入冰冻模式！》。

2019年第一场雪来了，接下来进入冰冻模式！

笔者点评：这是网络典型的碎片化报道方式，不光文字碎片化，而且段落碎片化，表达概念也碎片化。它不光实现了内容的大幅度跳跃，而且实现了各种表现形式之间的自由转换，采用了夹叙夹议、幽默风趣的文风。这种写作方式目前在网络表达上越来越受到欢迎。

这种极度碎片化的方式还有一个好处是，由于段落很短，一句一段，便于随时随地插进各种多媒体形式，比如图片、视频、音频、网络截图、表情包、H5等，表达更加自由。这篇天气预报新闻，就分别插入了图片和表情包，还有动态图等。

八、写作大多不严谨

网络写作由于容量很大，除了首页和重要推荐的栏目内容供给仍比较紧俏之外，整体网络容纳的信息为“海量信息”，可以无限制供给。这样的结果是，网络文章对字数的限制大大放宽，网络记者很难像纸媒记者那样做到惜字如金、精雕细琢。加之网络编辑要处理的稿件太多，一般很难做到认真修改、仔细把关，有的甚至连错别字都不改就发布了。

这让网络的写作整体变得比较随意，较少反复修改、反复斟酌。两相对比，可以看出传统媒体的优势。传统媒体尤其是纸媒，对写作的要求和标准都比较高，记者需花较多的时间进行构思和修改，所以纸媒的很多报道一发表出来就是精品，在写作中有较多的可圈可点之处。

第三节　网络新闻的写作特点

一、可设置超链接

打开任何一家新闻网站，映入读者眼帘的几乎全是标题或者提要。读者只有点击标题或提要，或者某一个关键词，当鼠标变成一个抓手形状时，才能够进一步看到详细的内容，这就是超链接。

超链接有三种形式：

第一，绝对网址的超链接。当链接时，会出现另一个网址的完整路径。

第二，相对网址的超链接。将自己网页上某一段文字或某个标题链接到其他网页上。这种链接方式，使得我们不用引用或复制别人的文章，只需要建立一个链接方式，就可实现内容的共享。

第三，同一网页的超链接。也就是设立网络书签——对需要另外说明或解释的内容建立一个关键词节点，点进去即进入另外一个页面。

超链接可以实现文章的最大内容呈现，大量的内容藏在文章的背后，但与文章形成有机联系。

超链接使网络新闻阅读方式具有非线性、跳跃性的特点，读者不用遵循文章的逻辑顺序，借助不同的链接方式，可由一个节点跳到另外一个节点，由一个页面跳到另外一个页面。

超链接极大地扩展了文章内容的容量，同时又减少了文章呈现的篇幅。典型的如传统媒体的背景介绍或名词解释，在网络中，则不需要在文章中直接呈现出来，只需要在某一个节点或某一个名词上建立超链接，读者需要时，可自行点击进去阅读。超链接也方便了大量文章的相互佐证和引用，读者可以通过不同的链接，看到同一内容的不同观点、不同写法。不同角度的文章，可以让读者对某个新闻事件形成全面而客观的认识。

新闻报道常见的链接方式有：

1. 同类文章的链接

把同类新闻事件或同题材的新闻事件的报道，用链接的方式，放在文章的中间或末尾，为读者提供全面的、综合的新闻资讯。读者通过链接，可以非常方便地浏览到其他媒体的新闻报道，从而对新闻事件形成公正而客观的见解和观点。

太古里附近高端小区潜伏近百家民宿　成都市民历时一年调查写出一份建议（节选）

2018 年 7 月 20 日 06：50：17　封面新闻

记者：张想玲　见习记者：杨金祝

网上下单，电子解锁，拎包入住……民宿渐渐成为很多人在成都住宿的新选择。这些隐藏在居民区中的“民宿”让许多旅行者体会到了独特的人文风情和居住体验后，却因缺乏法律规范，民宿的消防、治安情况都存在着隐患。在封面新闻近日的连续追踪报道中，陌生人频繁进出活动带来的噪音，成了邻居们难以忍受的烦恼。（此前报道：《9 户与 300 户的对抗　成都一小区业主打起民宿“驱逐战”》《成都美女小区内开 10 家民宿遭业主投诉太多　两年关停一半》）

笔者点评：文章末尾出现的“此前报道”，指的是记者此前进行的同题材的报道，读者可以点击进去看记者以前写的同题材的新闻报道，从而对此连续报道有一个完整、全面的了解。

同类文章的链接往往放在文章的最后，把此类题材其他媒体的报道一一列出来，包括不同的声音、不同的报道角度、不同的观点、不同的题材。超链接大大方便了读者的检索。

2. 背景资料链接

以前传统媒体的背景资料介绍，只能出现在文章的中间，受文章整体篇幅的限制，背景资料只能处理得非常简短；如果背景资料过长，必然会喧宾夺主，使文章显得主次不分。现在有了超链接，媒体可以把背景资料单独用链接的方式列出来，不光使主体内容显得集中干净，而且可以提供更加全面详细的背景资料介绍，帮助读者更好地理解主体内容。

3. 关键词链接

网络文章中的某些关键词，可以设置关键词链接方式。通常，这些关键词在网络文章中的字体用另外一种颜色标识，当鼠标移到这个关键词上时，会出现抓手形状，表明有链接内容；读者点击进去后，会有对这个关键词详细的解释。

二、标题作用巨大

在网络中，标题变得无比重要。这是因为在网络中，由于超链接的作用，网络标题与文章内容实行了分离，人们第一眼看见的是标题，读者只有通过标题才能够产生是否阅读的判断。

这与纸媒有很大的不同。在纸媒中，标题可以用大号字体来突出，读者看见的既有标题又有内容和图片，也就是说，标题和内容是同时呈现在读者面前的，只不过，标题处在非常醒目的位置上。

在广播电视中，无论是标题（提要）还是内容都在一个时间轴上，提要只起预告的作用。受众只要不发生换台 / 频率行为，提要和内容就会强制性地被受众接收。

网络中，由于受版面全是标题的特点限制，网络新闻很难设置纸媒标题的格式，如多行题、引题、副题等，而且不允许采用虚标题——虚标题在只有一个标题的状态下，会引起读者对内容的误解和歧义，所以网络标题一律采用实标题。网络标题基本都是单行题，很少用双行题。

从目前的发展趋势看，网络标题有延长的趋势，最长的甚至超过 30 个字。主要原因是，在网络写作中，导语的作用降低了，导语与内容一起，被隐藏在超链接的后面，除非少数非常重要的文章，把导语直接列在标题的下面，但又不能列出全部导语，会将一部分导语隐藏在“详细”的链接中，只有点击“详细”，才能看到导语的全部内容。

但这样毕竟要占用更多的网络版面，一般不会采用，所以迫使网络更多地在标题上做文章，适度地加长标题，让标题起到导语的作用。

网络标题过长，也会加大排版的困难，所以对超长的标题，编辑多会采取隐藏的方式来处理，把一部分标题藏起来，读者只有点击后才能看到全部标题。

超链接更加突出了网络标题的作用，所以，网络作者特别重视写作一个新颖的、能激发人们阅读兴趣的标题。这个标题，可能概括的不是核心信息，也不是重要信息，但一定是最吸引人的信息。

昨天下午记者断桥目测 1 分钟往来游客 700 人以上（节选）

2012 年 10 月 3 日　杭州网　记者：陈中秋　见习记者：侯海铃

昨天 10：26，“乐活在杭州”的微博：断桥——只看到人，看不到桥！网友惨呼桥要断了。

微博配了两张照片，照片上人头攒动，两个挨着的人中间，一点缝隙也没有。

这条微博被转发近 1,000 次，引来众多网友评论，网友“allblue-go”调侃：“白娘子要哭了，怎么找许仙啊？”不少网友在担心：“天哪，桥真要压断了？”

在新浪微博上搜 9 月 30 日到 10 月 2 日，关键字包含“断桥”的微博，出现 53,586 条（截至昨日 19：10），排在前面的几条，都在议论断桥游人之多。

昨天下午 1 点多，我骑自行车从体育场路出发，走环城西路、省府路，都还顺畅。进入保俶路，机动车道堵车，非机动车道也要小心慢骑，因为行人太多。

到达断桥，已是下午 1 点 50 分。尽管之前已经做好了人海如潮的心理准备，但眼前的情景还是让我震惊了。

临近北山路的断桥口，乌泱泱一片人，哪里有断桥，连西湖都快看不见了！

保安胡智最忙的工作是回答问题

断桥的上桥口，有两个保安执勤。胡智就是其中一位。他一天要站岗 12 个小时，主要任务是阻拦进入断桥景区的违规车辆，比如双人自行车。

不过更多时候，胡智是回答游客的各种问题。

胡智用干干的嗓音说：“今天和昨天比，毛估估今天有 70 万人的样子。我感觉还是昨天人多。这里是不会限定游客量的，游人最多的时间段是早上 9 点到下午 3 点。一天下来，问我路的人就将近 10 万，忙得我连水都没时间喝。”

10 万人？当然是开玩笑的夸张说法，但胡智要回答的问题真是没有断过。我刚采访了他，旁边已经站了一会的女孩先开了口：“师傅，我问一下这里的乘船点在哪里？大船还是小船？”

女孩的问题刚回答完，又一个骑自行车的人靠了过来：“我问一下，哪里有还车的地方？”

胡智笑笑说：“你看，我没说错吧！”

刚准备离开，胡智又被游客包围了，“我想问这附近哪里有银行？”“市民卡在哪里办？”“断桥在哪里？”“雷峰塔在哪里？”问题真是五花八门，层出不穷。

相机举过头顶才能拍到西湖　1分钟往来断桥的游客700多人

跟着上桥游客的大部队，要是不停下脚步看风景，或者拍个照留个影，翻过断桥是很快的，约两分钟就解决。

断桥上人多，主要是因为看景和拍照的人在桥两边逗留。断桥上拍照是技术活，因为顺手一照，你就能把旁边不认识的人也照进去。不少拿相机的游客，举着相机很长时间，就是为了等一个按快门的好时机。

站在断桥靠近白堤那头，面朝东边吴山城隍阁方向，按单位时间一分钟计算，想看看往来的游客究竟有多少。

为了精准些，我一个个点着从眼前经过的人，来来往往应接不暇，他们穿着各色衣服，说着各地方言，有说有笑走过，我的眼睛和手指完全跟不上节奏……

最后点出来的人数：1分钟700人。只会漏掉，不会多数。

笔者点评：这个标题的好处在于，它非常吸引人，仅仅来自记者的观察，对断桥游客进行了粗略的清点，1分钟数出了700人，但这只是一个粗略的估计，这个估计既不是关键信息，也不是核心信息，却让人觉得很新鲜、很独特，从而激发起想阅读的欲望。

标题只要能吸引人就好，这种倾向如果走向极端，就容易形成所谓的“标题党”现象。

什么是“标题党”呢，传统的解释是：“专门用标题来吸引人的一种写作手法。”“标题党”的通常做法是，写出的标题足够醒目和吸引人，但标题内容与文章内容可能并没有多大关系。把最吸引人的那一点从内容中抽出来，虽然有些耸人听闻，但能够产生足够的点击量。也就是说，这种手法把最能够吸引人的东西拿出来放在标题中，把标题看得比文章更重要。

“标题党”走向极端，就走向了反面，让标题完全脱离文章内容，甚至无限夸张、任意编造，目的在于吸引人眼球。标题非常吸引人，但读者读完文章后发现标题与文章一点关系都没有，有一种“上当受骗”的感觉。这样的行为应该坚决反对。

传统媒体的新闻报道内容在被网络采用或转载之后，标题应按网络标题的特点来改编。一般改编的原则是：

第一，把虚标题或比较虚的实标题改为实标题。

第二，改多行题为单行题，单行题文字可适度增加，有的甚至可以把标题增加到20—30个字，实际上相当于一个小导语。

第三，把内容中吸引人的部分提炼出来放在标题中。

例如：

报纸标题：《最牛志愿者的戏剧人生》

网络标题：《最牛志愿者自曝诈骗原因　消费档次降不下去》

笔者点评：四川《天府早报》报道了一篇关于在“5·12”汶川大地震中因表现出色，被评为“中国十大杰出志愿者”称号的陈岩，涉嫌诈骗被公安机关依法刑事拘留，同时报请检察院批准逮捕的消息。报纸标题明显用的是虚标题，网络的标题则改为了实标题，点明了“最牛志愿者”为什么要诈骗。

又如：

报纸标题：《湖北麻城小学生扛课桌上学事件调查——教育为何这么穷？》

网络标题：《湖北麻城市回应小学生扛课桌上学：财政挤不出钱》

笔者点评：报纸在做标题时，巧妙地把政府有关部门的不作为回避了，只强调教育为什么这样穷，并没有非常具体的指向性。但网络标题却直接指向政府就算再没钱，也不至于连小学生的课桌也买不起。言外之意非常明显。网络标题的指向更尖锐。

再如：

报纸标题：《重返青岛：寂静的春节，被污染的海，被遗忘的人》

网络标题：《青岛管道爆炸事故回访：女孩夜里流泪问为何我没爸爸》

笔者点评：先来看报纸标题，这是2014年2月10日《新民晚报》发布的一条消息，主要报道记者对青岛石油管道爆炸案的回访内容，但明显这个标题做得太没有亮点了，很难激发起人们的阅读兴趣。反观网络标题，抓取文章中的一个小女孩，她的爸爸在爆炸中死去了，用小女孩的哭问来煽情，很容易唤起人们的同情心。

三、互动式写作

网络传播的一大特点，是随时随地在线，手机、Wi-Fi和移动互联网的普及与发展，让人们在任何时间、任何地点都可以轻松入网。

新媒体的交互式特点，让信息流动由单向变为双向，而且，随着网络宽带覆盖面越来越广，传输速度越来越快，上网费用越来越低，“24小时在线”成为人们司空见惯的事情。因此，在线写作成为一种时尚。

网络的在线特点和交互式特点，决定了网络的写作不再是一个人的事情。网络写作中网友可随时随地进行身份切换，既可是写作者，又可是信息的接收者和沟通者。

例如，2017年6月21日，新华社发布了一条非常简短的国际新闻，标题9个字，文章内容38个字。此消息发出几分钟后，就被网友刷爆了屏，原来，这个短得不能再短的消息，却用了三个编辑。

请扫码阅读《9个字用了三个编辑，网友在新华社的评论里面炸开了锅》。

笔者点评：此稿发出后，众多眼尖的网民，立即发现了此篇文章中的“不同寻常”之处——一篇只有55个字（连同标题，算上标点符号）的稿子，用了三个编辑。这件事情虽然是件小事，但却引起了一场网络狂欢。网民们用调侃的方式，甚至把哪一个字是由哪一个编辑编的都想象了出来。

9个字用了三个编辑，网友在新华社的评论里面炸开了锅

在传统媒体中，由于信息传输是单向的，发稿人无法与受众有效沟通，即便面对受众的某些误解和误读也无法即时、快速解决，只能任其发

展。新媒体则具备即时交互的功能，消息发出后，新华社编辑也采用幽默调侃的方式，放下身段，与网民展开了一场风趣新潮的对话，博得了网民的极大好感。

四、协同式写作

在网络写作中，写作常常不是一个人的事情，而是许多人共同创作的结果。尤其是一些重大的社会热点事件，能激发起整个社会的强烈关注，大家积极参与、热烈讨论，有的时候还产生极端对立的观点。有的网民甚至运用人肉搜索等极端的手法，把一些鲜为人知的甚至专业的新闻记者都很难搞到的内幕挖出来。

以前，调查事件真相是新闻记者的事情，记者通过深入细致的调查，去了解事实的真相。但在网络上，调查往往变成了公众的一种社会化行为，许多人都参与进来，最后让新闻事件真相大白。在一个完整的新闻事件报道中，许许多多的人在其中只起着很小的一部分作用，但是，把无数的小信息收集、整合起来，就会形成一个完整的深度报道。可以说，一篇成功的网络新闻报道，是无数人合作和协同努力的结果。

请扫码阅读《惊天逆转　成都被打女司机如何从舆论天堂掉入地狱？》。

惊天逆转　成都被打女司机如何从舆论天堂掉入地狱？

笔者点评：2015年发生的成都女司机被打事件，经历了反转再反转的诸多过程，网民的情绪也如坐过山车一般上下起伏。男司机打人已受到法律惩处，但女司机的“恶行”却无法用法律去约束，这激起了网民的“网络正义感”，最后终于迫使女司机道歉。这个新闻事件，也是传统媒体与网络自媒体合作的典范，通过传统媒体和网络舆论的共同努力，终于达到了较为理想的维护社会公平正义的目的。

五、沟通交流式写作

网络的交互式特点使在线沟通与交流成为可能，为此，一些网络平台不仅随时随地把网民的反应与观点列入文章内容，而且还根据网民的意见和观点对文章内容进行补充。比如“澎湃新闻”就专门推出一个栏目“问吧”，就社会上人们感兴趣的难点与热点问题，专门聘请权威人士和相关专家进行对话，这些权威人士和专家具有非常专业或渊博的知识，网民的各种问题往往都能得到令人信服的解答。

这个栏目推出后，非常受网民的欢迎，网上沟通与交流也非常热闹。比如2018年7月，在俄罗斯举办的第21届国际足联世界杯比赛中，克罗地亚队首度打进决赛，并最终与法国队决赛，获得亚军。此届世界杯使克罗地亚这个国家一下红透全世界，也引起了我国广大球迷的浓厚兴趣。为此，“问吧”专门邀请了北京第二外国语学院克罗地亚专家曲慧斌在线回答网民的各种问题。

北二外副教授曲慧斌说克罗地亚（节选）

2018 年 7 月 18 日　澎湃新闻·问吧

我是北京第二外国语学院中欧语学院副教授曲慧斌，主要从事克罗地亚语言文化和中克双边关系研究。克罗地亚有哪些世界自然遗产和非物质文化遗产？马可·波罗出生在克罗地亚吗？领带和钢笔是克罗地亚人发明的吗？在克罗地亚有很多华人华侨吗？去克罗地亚旅游的中国游客多吗？关于克罗地亚的历史文化及中克合作，欢迎与我交流！

织女星：克罗地亚美女多吗？

曲慧斌：随处可见哈~~

海洋之星：特斯拉和马可·波罗都是克罗地亚人的说法成立吗？

曲慧斌：这个问题非常好！关于特斯拉，塞尔维亚和克罗地亚是有争议的。特斯拉 1856 年出生在克罗地亚，并一直生活到 19 岁离开家乡去奥地利读书。从这个角度说，他是克罗地亚人。特斯拉的父母虽然生活在克罗地亚，但他们都是塞族人，所以塞尔维亚人如今坚称特斯拉是塞尔维亚人，并将首都机场命名为特斯拉机场。1884 年，28 岁的特斯拉前往美国的爱迪生工作室工作，后来又加入了美国籍。他的大半人生是在美国度过的。

马可·波罗 1254 年出生在一个叫科尔丘拉的美丽海岛上。当时这座岛属于威尼斯共和国，所以人们常说马可·波罗是“威尼斯商人”；现在这座岛位于克罗地亚境内，岛上完整地保存着马可·波罗故居，并仍然生活着波罗家族的后裔。但在马可·波罗的问题上，克罗地亚人并不争论他是意大利人还是克罗地亚人。主流观点认为“马可·波罗是一位属于世界的伟大旅行家，克罗地亚只是他的故乡，因为他的出生地在这里”。

温柔的一刀：请问曲教授看了克罗地亚国家队的公开信吗？信中声明国家队不欢迎政客到更衣室，且让政客不要利用国家队的成功为个人牟利。请问上述是说那位女总统吗？那位女总统这次赚足了眼球，请问其是否是位为国为民的好领导？

曲慧斌：我看到了微信里转发的这篇报道，但是我不确定它的真实性。我大概浏览了一下几个克罗地亚的门户网站和克足协网站，都没有找到这篇所谓的“公开信”，不知道原文在哪里。女总统科琳达在其国内的支持率还是挺高的。

飞来飞去：他们为什么喜欢格子衫？

曲慧斌：克罗地亚的国徽就是红白格（棋盘），所以红白格在一定程度上是国家和民族的标志。

……

笔者点评：此帖发表时，恰逢 2018 年俄罗斯世界杯足球赛结束。曲慧斌回答的问题，既客观又科学准确，解答了网民非常感兴趣的许多问题，也对一些网络谣言进行了澄清。这样的新闻报道，针对性很强，也很有含金量，所以特别受欢迎。

六、多媒体表达

网络虽然已经存在半个多世纪了，但仍然是当之无愧的新媒体，原因在于网络使用的语言，是计算机使用的数字化语言，无论何种表现形式——文字的、图表的、图片的、视频的、音频的、三维动画的、数据新闻可视化的、符号的……它们都使用同样一种数据编码，具有同一个内核，这为网络的多媒体表达创造了技术上的基础和条件。

过去网络之所以多媒体表达不够丰富，主要原因在于数据传输的速度不够快，带宽不够宽，各种软件的制作技术还不够成熟和完善。

请扫码阅读《生死时刻！女大学生跪地救人，却因这个动作被质疑……》。

生死时刻！女大学生跪地救人，却因这个动作被质疑……

笔者点评：这篇新闻报道，综合了当时各家新闻媒体的报道，主要有《辽宁日报》、《中国青年报》、中央电视台等，这充分体现了网络与新媒体报道的特点。一是采访内容并非来自自己记者的独家采访，而是运用“中央厨房制”，博采各家之长，只要是对主题有提升、有帮助的内容，都可以从网络上获得，并加以采用；二是文章多媒体化，既有文字，又有视频、图片、网络截图、网民留言等，多媒体表达让文章内容变得更加丰富多彩。

七、“轻阅读”和“轻写作”

“轻阅读”的概念，最早源自上海文化出版社出版的一套丛书“轻阅读书坊”。当时上海文艺出版社的王肖练曾经就“轻阅读”一词做过诠释：“‘轻阅读’是轻松地阅读、轻快地阅读、轻灵地阅读，‘轻’不是没有分量，‘轻阅读’是另一种重质感的阅读。”① 这种阅读方式注重小资情调，强调人的闲情逸致，让人在轻松、休闲、散漫、闲暇的状态下进行阅读。

随着网络与新媒体的异军崛起，人们接收信息的方式发生了极大的改变，网络和移动信息接收终端（手机和平板电脑）成为人们生活中须臾不可或缺的重要组成部分。在任何时候、任何状态下，人们都可以随时随地接收信息，人们的阅读习惯发生了根本性的改变。这些变化表现在：

1. 信息越来越碎片化

坐公交时、上电梯时、短暂的休息时，都是人们接收信息的时间，在这样的时间里接收信息，必然会使信息接收越来越碎片化。大量的社交平台，如微博、微信等，也只需要简单化表达，绝大多数信息都只有几十个字，最多几百个字。字数一多，人们就容易选择放弃。

① 轻阅读[EB/OL]. [2020-01-18]. 百度百科，https://www. chazidian. com/r_ci_41823a66cb15994338a3632724825700/.

2. 思维越来越浅表化

由于人长期于闲暇的碎片化时间里接收信息，根本没有时间静静地坐下来，对接收的信息进行认真阅读、认真思考，长此以往，必然让人的思维越来越浅表化。随着思维的浅表化，人们更加倾向于浅表化阅读、快餐式阅读，从而形成一个阅读与思维的怪循环。博客最终被微博淘汰，多多少少与这种阅读方式的改变有关。

于是，网络写作越来越向“轻”的方向发展，人们越来越难以容忍过长的文章、偏重于说理的文章，或者过于严肃的文章。这一点，在尼尔·波兹曼（Neil Postman）的《娱乐至死》一书中有十分详细的论述。

3. 信息接收越来越多元化

我们正处在一个信息泛滥的时代，人们无时无刻不被信息包围，甚至到了手足无措、不知道该选择什么信息的程度。被大量信息所包围的社会大众，绝大多数都不具备太高的文化素养，缺少深度思考的能力，他们大多选择阅读一些轻松愉悦的内容。

阅读方式的改变，必然引起写作方式的改变。轻阅读必然带来轻写作。

什么是“轻写作”呢？轻写作指的是：写作时针对阅读对象思维越来越浅表化，阅读越来越娱乐化的趋势，在写作手法上采用人们喜闻乐见的各种表达形式，不再注重强推理和强逻辑，而是采用一种轻松愉悦的方式，让文章显得有趣、散漫，让人在轻松愉悦的状态下进行阅读的写作方式。

贴士

网络新闻的特殊写作方法

腾讯《新闻哥》的写作方式，就是一种典型的轻写作方式。详见《网络新闻的特殊写作方法》二维码里的内容。

思考题

1. 网络新闻的主体由哪些构成？
2. 网络新闻写作与传统新闻写作方式相比发生了哪些变化？
3. 什么是“长尾理论”？长尾理论在写作中有什么实际意义？
4. 网络新闻写作有哪些特点？
5. 互动式写作与协同式写作要注意哪几个方面？
6. 什么是“轻阅读”和“轻写作”？
7. 用《新闻哥》内容编辑的原理，策划一个相似的选题。

练习题

练习一

网上寻找3个图文并茂（有图片、图表、视频、音频、截图的最好）并生动有趣的故事，用连接转换语句把它们串起来，要求文字表达碎片化，全文多媒体化。

为这篇文章取一个新颖别致的标题。

练习二

在网上查一下“乌兰布统”和“塞罕坝”这两个地方，看看它们都有什么景色，再看看它们之间有多长距离。

用碎片化报道的方式改写以下新闻，要求采用丰富多彩的多媒体表达形态。

全篇采用幽默式调侃体，适度引用网友的留言评论。

乌兰布统至塞罕坝大堵车　10公里走了近5小时

2019年8月3日 《新京报》 记者：王颖

新京报讯　8月3日下午，从内蒙古乌兰布统景区经塞罕坝至河北承德围场满族蒙古族自治县路段出现严重拥堵，约10公里的路程，需近5个小时才能通过。

北国草原本就是夏季旅游胜地，又是暑期，举家自驾出游者众多。恰逢周末，进出景区的车辆众多，双向单车道的道路难以承载，还有个别司机逆向行驶，加剧拥堵。

因为堵车，不少人下车休息、散步，有人在路边采花、玩耍，还有乘坐大巴的游客下车成群结队地向前走。

时至炎夏，不少市民选择周末旅游、避暑，《新京报》记者提醒市民，短期旅行尽量注意道路情况，避开热门区域。

新京报记者　王颖　摄影报道

网友评论：

用户3463019144440：这段道路的管理有很大问题，两省交界处，都想赚得盆满钵满，游客数量没有上限控制，乌兰布统收过路费等诸多原因加剧了堵车，各方如何提升旅游品质，不能只想经济效益，社会效益和好的口碑更重要。

A多啦没有了A梦：今天我们就在这附近旅游，堵车时正在农家院吃晚饭，饭后准备出发时发现（手机）地图播报堵车，老板安排家人开车带我们抄近路绕过了堵车路段，顺畅回到宾馆，省去了折腾还及时看到了酒店的演出，非常感谢农家院的老板。

tntdynasty：我也在那里堵过巨久，一片风景区塞罕坝属于河北，乌兰布统属于内蒙古，两省交界那里有个检查站查门票什么的，造成大堵车。

轻描淡写981：昨天才从塞罕坝回来，还好没赶周末过去。赛罕坝国家森林公园取消了景点门票，加上又是暑假期，诸多原因吧。我就是避暑去了，北京实在太热了，天天待在空调房间里。所以选择了塞罕坝，先到了草原天路，又去了塞罕坝，绕承德避暑山庄回的北京。这一圈还好没大堵车。小堵还是有的，欣赏美丽的大草原、蓝天白云、凉爽的天然大氧吧，这一切还是值得的。

唐僧偷笑：7月份两辆车原计划去乌兰布统，没想到行驶至塞罕坝就被拦住按人头收费130元每人，而且导航怎么导都必经收费处，当地人说这是河北过内蒙古的钱，不想交钱就去御道口找人带我们走小路才能到乌兰布统（当然也是收费的），然后我们直接去了多伦、锡林郭勒盟，晚上住的蒙古包也是醉了，全是虫子，厕所大粪溢出……掀开褥子下边一堆虫子……只好把车里帐篷搭在蒙古包里，草原一次就够了，看网上把草原说的跟仙境似的，其实全是水军，哎，去一次就够了。

老金虫藏：遥想30年前的今天，哥儿四个骑二八自行车从承德出发第一天隆化宿唐三营夜遇查身份证，第二天上坝前围场宿八十三号，第三天半骑半推车上坝宿机械林场，第四天沿沙窝路画龙骑车赶到御道口牧场，第五天一望无垠大草原骑到多伦喝上都白醉卧路边，第六天背心裤衩骑车进丰宁大滩见路人皮搂军大衣双方互相惊讶。

我是临时工的临时工：景区那个收费站就是根源，去年我们“十一”时候就堵，要到那儿下车去买票，车自然就堵了，那是路，就在路边屋子里买票，拦路收费你就不能提供点方便么，主动到车那儿增加点人手。

雁门关外三千里：八月一号早上从承德出发，中午到了御道口，被告知今天不用买票（票价130元）。八月二号过界河去乌兰布统草原被告知不用买票（票价120元，好像是当地百姓和管理部门有分歧，在闹事）。八月三号早上从七星湖附近出发回河北，在围场上高速时堵了半个小时（出塞罕坝景区时还是免费）。应该是赶上周末又是免费才堵成这样的。

用户1611117710670：七月二十四日本来想从乌兰布统直接回家，因担心一小时不能行过塞罕坝，所以购全票去七星湖转转，七星湖花海部分有木桩，儿子去踩摔成重伤，现在还在医院，我恨塞罕坝！

一个邪人：修订路线吧，野景路边，骑马按小时，张嘴八十可还价，非高峰期，五十都行。当地四十以上的人都非常纯朴，但是别压草，现在是真管，人和马没事，车轱辘一翻地，确实破坏得厉害。

用户8936997898188：发誓再也不去塞罕坝和乌兰布统，民风彪悍，到处都是收费，我们几个女孩子去被宰得一塌糊涂，祖国到处风光，千万别去这两个地方。

第八章　自媒体新闻写作

本章要点

本章首先讨论了自媒体的定义，确定了这个定义的三个关键词：普通民众、大众参与、信息分享与传播。这个定义中最重要的是普通民众，当普通民众可以拥有极大的自主权去参与网络的信息分享和信息传播的时候，自媒体就诞生了。

本章第二节集中讨论了自媒体的发展形态。

本章第三节探讨了自媒体的传播特征。正因为有了这些特征，比如个人成为传播主体、监管相对较弱、个人有了更多的写作自由，才形成了自媒体风格各异、百花齐放的形态。

本章第四节讨论了自媒体的写作特点。

本章第五节讨论了自媒体新闻的写作技巧。

本章第六节集中讨论了各类写作的修辞方法，这恰恰是自媒体人写作的最大优势和特点。

第一节　自媒体概念

一、“自媒体”一词的提出

“自媒体”一词，最早来源于美国硅谷《圣何塞水星报》记者、科技专栏作家丹·吉尔摩（Dan Gillmor）。2002年，他在自己的博客中提出了自媒体的几大原则：

第一，读者比我知道得更多。

第二，与其说自媒体是威胁，不如说是机会。

第三，我们可以利用它创造讨论或对话，使大家共同感受。

第四，互动与沟通的艺术，无论是电子邮件、博客、讨论区还是网站或其他，都可以造就自媒体。[①]

丹·吉尔摩第一次提出了“自媒体”概念，但并没有说自媒体由哪些机构和个人构成。之后，他在《自媒体：草根新闻，源于大众，为了大众》一书中，进一步明确了自媒体的构成主体，即伴随着互联网和移动互联网的极大普及，普通民众已经可以参与到过去只有机构才能参与的大众传播过程中来。从此，大众传播不再是机构的专利，而是变成了人人都可以分享，人人都可以参与的事情。[②]

二、自媒体定义

自媒体的定义如同新媒体的定义一样，历来众说纷纭。概括起来，无非有以下几个要点：普通民众、大众参与、信息分享与传播。

在这几个关键词中，“普通民众”是最重要的关键词，也是“自媒体”一词区别于其他媒体形式最重要的标志。也就是说，当普通的民众可以以个人的身份和名义参与信息分享和信息传播的时候，自媒体就诞生了。

我们可以把自媒体理解为：在互联网技术极大地成熟和普及的基础上，普通民众和某些社会机构拥有极大自主权地参与网络的信息分享与传播，从而起到分享信息和传播信息的作用。自媒体打破了专业媒体对信息传播的垄断，标志着一个大众传播时代的到来。

第二节　自媒体的主要形态

如果以普通民众的参与对网络信息传播拥有极大的主动权和决定权来界定自媒体的话，最早的网络个人主页、BBS论坛可以视为自媒体的开先河者。随后，随着网络技术的发展，网民参与网络信息传播的门槛越来越低；随着大众化传播工具（智能手机、笔记本电脑、平板电脑、MP4）的极大普及，大众使用网络越来越便捷，越来越多的自媒体新形态及新的传播方式将会涌现出来。

到目前为止，符合自媒体定义和特征的形态主要有：BBS论坛、博客、微信及公众号、微博、播客、微视频、维基、新闻客户端和个性化推荐平台等。

一、BBS论坛

BBS是英文“Bulletin Board System”的缩写，翻译成中文为“电子布告栏系统”或“电子公告牌系统”。它实际上等同于一些网站专门划出一个公共讨论空间，每个用户都

①② 彭兰．社会化媒体：理论与实践解析[M]．北京：中国人民大学出版社，2015：7.

可以在上面发布信息或提出看法。BBS 论坛可以按照言论的内容进行分类，比如分为“时政”“投诉”“环保”“教育”“经济”“读书”“地方”“养生”“旅游”等，每位论坛坛主按性质将自己的帖子挂在相应的栏目之中，以避免言论的范围过于分散。

顾名思义，BBS 每位论坛坛主可以把自己的观点和见解挂在一个下拉式的公告板上。这相当于网站为网民提供了一个表演的舞台，每个人都可以上来表演，人人各唱各的词，各吹各的调。

BBS 论坛的意义在于，每个用户都可以在公共媒介上发出自己的声音，这相对于过去媒介被少数的专业人士所垄断而言，是一次巨大的进步。

但缺点在于，这些言论和观点大多零碎和分散，所发出的声音既不系统也不全面，更缺少必要的深度，无论是专业的网络写手，还是某个影响力颇大的网络大咖，都有可能淹没在言论的汪洋大海之中。

二、博客

博客，英文名为“blog”，为“web”和“log”的合成词。它的正式名称为“网络日志”；“blog”加后缀“er”，变为“blogger”，意为使用特定的软件，在网络上出版、发表和张贴个人文章的人。①

我国网民巧妙地依据“blogger”的发音，将其音译为“博客”。“博”者，“广博”之义也，意思指内容的丰富多彩；“客”者，不单是“blogger”，更有“好客”之意，意指看 blog 的人都是“客”。

自从有了博客这种形式以来，一场嘈杂而混乱的舞台大合唱变成一场场个人专场表演，每个人都可以申请一个账号，把自己认为有价值的内容和信息分门别类地装入这个网络账号中。在此之前，也有一些个人主页在网络上出现，只不过博客的出现，让进入的门槛变得很低。以前要在网络上建立个人主页，需要专门的技术和编辑能力，并要定期进行维护，时间成本和精力成本都比较高。博客提供有成熟的模板，博主只要把自己要发表的内容按模板要求装进去即可。

顾名思义，博客是个人写作的记录。不过，为了人们阅读方便，博客里的文章通常根据发帖时间，以倒序方式由新到旧排列。

一篇博文可以包含文字、图片、图像、其他博客或网站的链接等元素，同时还允许读者留言。大部分的博客内容以文字为主，不过，根据博主关注点不同，往往会对艺术、摄影、视频、音乐、播客等主题有不同的偏好。

通常，大的门户网站会以粉丝数量和访问量作为衡量博客等级的标准。

为了查阅方便，一些博客网站还设置了检索窗口，人们可以输入文章名称进行检索，也可以按年份进行查找。

---

① 何坦野. 新媒体写作论[M]. 杭州：浙江大学出版社，2008：194.

博客既不是一个社会组织，也不是一个传媒机构，它实际上是一个平等的、开放的个人发布信息的平台，比较著名的有新浪、网易等博客平台。

博客的兴起，第一次把个人的价值在网络上凸显了出来，它开始允许人们用个人专栏的方式，在网络上开设属于自己的网页和日志，系统地发表自己的文章或图片。在此之前，网络言论大多被淹没在 BBS 嘈嘈杂杂的喧嚣之中，自从有了博客之后，人们开始把目光转向那些更具话语权和更善凝聚人气的“精英人士”身上，他们成为社会舆论的中心和焦点。

三、微信及公众号

微信是腾讯公司 2011 年 1 月 21 日推出的一款智能化即时通信服务应用程序，它只消耗极少的流量，就能支持语音短信、视频、图片和文字传输，同时还具有极强的社交功能，支持多人群聊、添加好友、朋友圈信息分享等。由于具有很好的私密性和交际沟通性，微信一经上线后，立即成为中国第一大社交平台。

微信最大的特点是它的社交性。人们可以根据自己的意愿建立自己的社交群，与自己的朋友之间设立朋友圈。一般微信群不超过 200 人，少数群可达 500 人甚至 1,000 人，在群中实现一对多或多对多的信息沟通。群的建立一般依从于单位、社团、职业、工作关系，但也有一部分是依照共同的世界观、共同的兴趣爱好和情趣而建立的。

在群的建立上，微信与 QQ 有很大的相似之处。所不同的是，微信的私密性更好，社交功能更强，操作上更简单，对多媒体的融合和文件的转发更方便，所以，腾讯公司推出微信之后，立即吸引了众多原 QQ 用户，操作的简便性使之在老年群体中也大受欢迎。

微信公众平台，简称公众号，是腾讯公司针对企业、机构和个人推出的自媒体平台。与博客相同的是，商家和个人都可以依法在上面建立自己的个人主页，并利用微信便捷的沟通交流方式进行信息传播。对普通商家和企业而言，建立公众号往往带有强烈的商业化行为，商家利用微信公众号可以进行一对多的产品推广和营销活动，如商家通过微官网、微会员、微推送、微支付、微活动、微报名、微分享、微名片等，形成一种线上线下微信互动营销方式。对普通大众而言，建立公众号实际上起到的是博客的作用，但比博客使用更方便，尤其是微信强大的沟通社交功能和裂变式的传播方式，让绝大多数网络意见领袖和“大 V”写手们转到了微信平台和某些个性化推荐平台。

腾讯公司发现了公众号的巨大价值，为了保证公众号在公众中的巨大传播力和影响力，2015 年 8 月 19 日，腾讯发布公告称，自媒体人在平台上发布的优质内容，将会被推荐到腾讯新闻客户端、天天快报客户端、迷你首页和腾讯微博，并将启动扶持奖励计划，对具有较大社会影响力并能够保证一定稿件质量和数量的“大 V”写手，给予让人眼红的稿费奖励。

四、微博

微博（micro blog），又称“微型博客”，人们单从名字就很容易联想到它是博客的微型版。其实，从技术特征上看，它与博客有着本质的区别。微博最早是由博客技术先驱创始人埃文·威廉姆斯（Evan Willams）2006 年推出来的社交平台，推特（Twitter）是微博的典型应用。国内则主要是 2009 年前后由各大门户网站推出的微博平台，如搜狐微博、网易微博、新浪微博等。目前，新浪微博一家独大。

微博是一个基于用户关系信息共享的网络平台，信息传播和信息分享都十分便捷。微博对字数的要求非常严格，只能控制在 140 个字以内，可以分享图片、视频、音频等多媒体文件。

微博的产生对自媒体传播具有十分重要的意义。相对于过去的 BBS 论坛和博客，微博具有书写形式简单，病毒式、裂变式传播，双向互动，分享快捷方便，传播速度极快等优点。微博一经推出，立即成为民众分享信息、沟通交流信息的重要传播工具。

五、播客

播客，顾名思义，是适用于听力方面的新媒体和自媒体，近年来在网络上极火，诸如“喜马拉雅”“罗辑思维”等网站和手机 App，它们提供了大量优质音频、个性化节目，斩获了极高的用户资源。

播客最早来源于世界第一个播客网站——亚当·柯里（Adam Curry）的“每日源代码”，这个网站于 2004 年 8 月 13 日正式创建。

播客可以看作是“网络广播电台”的延续，但又不同于传统的网络广播电台。传统的广播电台是以点到面的单向传播方式，听众的收听方式是线性的，听众不能改变节目的内容和收听的时间顺序。

播客降低了在线广播的技术门槛，每个人都可以成为节目主持人，都可以在网上传播自己制作的音频文件。

播客的播出内容非常庞杂，有专业从事新闻播报的播客，也有从事历史、文化、军事、经济、生活知识、教育、医学健康、养生、读书、综艺、相声、少儿节目、小故事等专业性内容的播客。

因为音频制作的成本很低，所以只要有一群特定的用户，播客就能较好地生存。

六、微视频

微视频通常指短则 30 秒，长则不超过 20 分钟的视频短片。微视频的内容涉及非常广泛，视频形态也非常多样，通常有微电影、纪录短片、DV 短片、个人视频剪辑短片和广告片段等。

微视频是在所有自媒体中出现得较晚的一种，原因在于，它受到网络带宽和流量的极大限制。当网络和移动互联网全面进入 4G 时代时，各个移动互联网终端可以清晰流畅地看到视频内容时，人们才看到了微视频自媒体的大爆发。

微视频最早出现在某些视频网站上，作为众多视频节目的补充，比如爱奇艺、土豆、优酷等。现在，众多的微视频专业网站和手机 App 开始大量涌现，如秒拍、美拍、快手、抖音、斗鱼等。

网络微视频的开山之作是 2006 年网民胡戈根据陈凯歌导演的《无极》改编的《一个馒头引发的血案》。

七、维基

维基技术是一种面向社群的可以协作式写作的超文本系统，由沃德・坎宁安（Ward Cunningham）于 1995 年创建。

2001 年 1 月 15 日，拉里・桑格（Larry Sanger）提出新词"Wikipedia",维基百科创立，开始成功地运用此项技术。其中文版 2002 年 10 月 24 日正式上线。①

维基百科采用多人协作的方式，对已有的知识进行系统的整理；也可以采用此方式进行新闻尤其是突发性新闻的报道，此类报道，允许网民在一定的规则基础上对内容进行编辑、修改，使新闻的知识处于不断更新、不断完善的过程中。

维基新闻延续了维基百科的中立性、可查证和自有版权的原则，同时也设立了一些和新闻报道相关的独特的原则，如新闻写作风格、原创报道的标题与流程、新闻提交期限等，保证让知识和新闻永远处于及时更新状态中。

如果新闻事件有新的进展，不能够在原先的文章上进行编辑，维基技术能让其生成一篇新的文章，将原先的内容列入参考条目中。

八、新闻客户端

"客户端"是某些专门针对手机用户的应用性软件的统称，又称为"App"，它通常安装在用户的手机使用终端上，与服务端相对应，为客户提供适其所需的内容服务。

通常，新闻客户端并不属于自媒体范畴。典型的客户端，指的是各大门户网站、新闻网站、科技公司推出的为手机用户提供"订阅平台＋实时新闻"的移动新闻服务。它可以实现内容的及时推送和个性化服务。

用一句简单的话来说，新闻客户端就是装在手机客户应用终端上的应用软件，如门户网站转化为手机新闻接收端口（网易新闻客户端、腾讯新闻客户端、搜狐新闻客户端等）、

① 彭兰. 社会化媒体：理论与实践解析 [M]. 北京：中国人民大学出版社，2015：322.

大量的手机新闻 App（澎湃新闻、一点资讯、界面新闻、今日头条等），以及一些媒体所推出的新媒体应用软件（如人民日报新闻客户端、新华社新闻客户端等）。

从 2014 年起，为了解决某些新闻客户端新闻报道内容和信息来源严重不足的问题，众多的客户端开始接纳自媒体加盟，推出自媒体写作和“参与式新闻”。这些自媒体内容凭借某些客户端超高的用户群，极大地提高了自己的地位和影响力。

与博客、微博、微信等“舞台表演 + 观众围观”的传播模式不同，客户端的传播原理是“观众点击 + 媒体推达”模式。在客户端，内容被分门别类地装在不同的文件夹中，读者可根据自己的兴趣爱好选择相应的栏目。

九、个性化推荐平台

个性化推荐平台实际上是新闻客户端的一种进化版。近年来，以“今日头条”为代表的个性化推荐平台异军突起，占据了极高的市场份额。统有关部门统计，截止到 2017 年底“今日头条”注册用户达到 2.4 亿人，每日活跃用户达到 8,000 万人，而且多为 25—45 岁的年轻人。

个性化推荐的产生，得益于计算机与网络已经进入大数据时代。每个人在敲击键盘的时候，都会在数据库中留下痕迹。过去，人们都把海量信息当作“垃圾”无情地删除了，但到了大数据时代，这些看起来毫无头绪、杂乱无比的“垃圾”信息会透露出某种“规律”和“有价值的隐私”，于是，各类大数据分析公司开始出现。

“今日头条”的工作原理是，动用大量高速计算机和数据分析师，网民每点击一条新闻，就会在“今日头条”的数据库中留下痕迹，计算机会算出对方的“信息偏好”，并有目的地向对方发送“让对方喜欢的信息”。

“今日头条”成功的原因，就是充分利用了人性的弱点——人总喜欢对自己有利和能让自己高兴的事情，而不喜欢自己厌恶的事情。信息阅读亦是如此，人总是喜欢阅读自己感兴趣的内容，而不喜欢阅读自己不感兴趣的内容。

“今日头条”是由北京字节跳动科技有限公司开发的一款基于数据挖掘的推荐引擎产品。由于没有采访发稿权，它只能转载其他媒体的文章。为了解决文章来源问题，“今日头条”借鉴微信公众号的做法，开设自媒体头条号，并推出了“奖励计划”。2015 年 9 月 8 日，“今日头条”客户端推出“千人万元计划”，即在未来一年内，“今日头条”将确保至少 1,000 名头条号创作者单月至少获得 1 万元的保底收入。只要作者发稿量达到一定数额，并能保持一定的粉丝量和点击率，就会得到价值不菲的稿费报酬。

让自媒体写稿人也能够赚大钱，微信公众号和“今日头条”的这个举措，意味着大量自媒体职业写手即将产生，一个自媒体写作时代已经到来。

第三节 自媒体的传播特征

一、个人成为传播主体

新媒体最典型的特征是“去中心化”。

在传统的传播模式中，所有的信息传播都要通过一个机构或渠道，这个机构或渠道通常被称为“传统媒体”，由于它具有垄断性，因而具备独特的“把关人”作用。也就是说，没有这个机构或渠道的允许，个人无法对公众传播信息。

但在网络与新媒体中，这个“控制中心”和“把关人”不复存在，网络由“One to N”的模式，变成了“N to N”的模式，机构或渠道的垄断优势已失，传统媒体（或称传统媒体转型下的新媒体）、各类新媒体和自媒体“三国并存”的时代已经到来。

当每一个人都可以自由地在网络上发声的时候，网络发声主体事实上被极大地扩大化了，实现了“我的信息我做主”的梦想。尽管这种 / 这些声音可能显得非常嘈杂和混乱，但毕竟每个人都可以直接对公众表达出自己的观点和看法，这是几千年来从来没有过的事情。

我们这里所讨论的自媒体传播主体，当是那些传播上积累了一定的影响力，写作上有一定的深度和价值的自媒体人。

这里我们应该给自媒体一个严格的界限。自媒体中的“自”，指的是在社会中能够独立地代表自己、独立地行使自己言论权利的每个人。

如果利用的是新媒体平台，发言者也是个人，但代表的却是机构的观点，这种公众号严格意义上不能算作自媒体。诸如《人民日报》的微信公众号“侠客岛”，由该报海外版的几位年轻人担纲主要写手，每位作者都有自己很新潮的笔名如“东郭栽树”“独孤九段”等，近年来发表了大量鲜活新颖的言论和文章，深受广大读者的欢迎。但“侠客岛”所有写手从严格意义上讲并不能代表自己，所以，也不能被称为自媒体人。

著名自媒体人傅踢踢，本名傅盛裕，原上海《文汇报》记者。2016 年 7 月，他从《文汇报》辞职出来，专业从事自媒体写作，他创立的自媒体公号“futeetee”，粉丝超过 20 万，文章点击量常常 10 万 +。

傅踢踢总结自己成功的经验时说：“过去我无论做得好坏都是以《文汇报》记者的身份出去，在写稿或者拍片上要考虑到我这个机构所在的属性，这个稿子应该从什么角度切入比较合适。但是在做自媒体的时候，就是一个人，只代表你自己，意味着你能够释放的空间相对宽泛、宽松一点，也就有了个人形成品牌价值的空间。”

另外一位自媒体大咖“六神大侠”也非常赞同这种说法。他说：“不管是什么机构、什么团队在操作微信号时，要让受众觉得是一个人，是一个价值观统一的、性格清晰明显的、有人格魅力的个人，不要让大家觉得背后是多个人，不要觉得这个人是分裂的。'拟人化'是特别重要的。"①

当个人成为传播主体时，我们会发现，一个重大的改变是，他们身上那种机构的"重负"没有了。虽然他们也要承担大众传播的责任，但毕竟他们不需要代表一个机构去说话，只需要根据自己的价值观（世界观、道德观、价值理念和社会道义）去写作。当然，任何人作为社会中的人，都要接受法律和道德的制约。

除非传播的目的就是自娱自乐，一般自媒体也要研究其主要目标受众是哪些人，所传播的内容受众需要不需要、满意不满意。毕竟以个人为代表的传播者与其粉丝之间的关系，是一枚硬币的两面，任何一面都不可或缺。

二、监管与过滤相对弱化

在传统传播模式中，媒体作为唯一的"把关人"而存在，虽然媒体的决定权、审查权可能并不在媒体本身，但毕竟所有的监管和过滤都是由一个单一的渠道来完成的，由这个媒体或机构来决定哪些新闻该发，哪些新闻不该发。

但在自媒体时代，传送信息的主动权在个人手里，监管由事前监管变成事后监管；加之个人作为信息传播主体，带来的是海量信息，这也让监管变得非常困难。

自媒体监管仍然不能放松，尤其是随着自媒体写作主体的极大海量化，带来了网络媒体和自媒体内容的鱼龙混杂，有些内容可能严重低俗不堪，甚至违背国家政策和相关法律法规。如果不加强监管，任由其发展，必将祸国殃民，给社会造成极大的危害。

相对于传统媒体，自媒体身份不同，承担的社会责任不同，影响力也不同，作为一个思想多元的社会，自媒体写作尺度适度放宽，当在情理之中。

这也是自媒体广受欢迎的原因之一。人们在传统媒体中无法满足的部分，在自媒体中可以得到一定程度的弥补。这要求自媒体人，在不违背国家政策、法律和社会道德规范的前提下，保持思想的敏锐性和活跃性，敢于发表自己独立的见解和看法。

三、意见领袖和"大V"的产生

20世纪40年代，拉扎斯菲尔德（Paul Lazarsfeld）在调查选民行为时意外发现，许多选民在选举中获得的信息并非来自大众传播媒体，而是来自一个他们自认为非常信任的"中介"。大众传播并不是直接"流"向一般受众，而是要经过这个中间环节，再由他们转达给相对被动的一般大众，这就是著名的"二级传播"理论。②

---

① 六神磊磊、傅踢踢、石榴婆：微信大号炼成的"六神神器"[EB/OL].［2020-10-21］. https://www.pinlue.com/article/2018/09/1415/237144959940.html.

② 小约翰. 传播理论[M]. 陈德民，叶晓辉，译. 北京：中国社会科学出版社，1999：591.

用图表示为：

由于这个“中介”位于普通受众与大众传媒之间，成为民众民意的代表，所以，人们给他们起了个名称——“意见领袖”。

“意见领袖”是指在信息的传播过程中能够代表大众意见，处于领袖地位的那个人物。通常，“意见领袖”是大众中的少数杰出人物，他们具备独特的信息收集能力、敏锐的观察和认知能力、超强的社会影响力、较高的写作和动员能力。他们能够左右大众的思想及情绪，大众的意见往往要通过他们来传达和表达，从而成为大众公共舆论的代表。

“大 V”是微博传播中的一个特殊用语。它通常指的是在微博传播中具有极高人气、具有庞大粉丝群的人。“V”是指贵宾账户（VIP，全称“very important person”），账户会在其名字前面显示一个 V 字符，是微博实名认证的高级账户，后来就成了尊称。

“大 V”与“意见领袖”相同，多是演艺界明星，此外就是一些有一定知名度的学者和名人，以及一些具有上乘写作能力的人。“大 V”由于在社会上具有较大的影响力，所以他们往往成为大批粉丝追随和求助的对象。有的“大 V”微博访问量和转发量相当惊人，达到数亿人次，甚至起到了某些媒体也无法起到的作用。

四、“粉丝群”与“身份认同”

在传统媒体的传播过程中，由于传播渠道单一，并且是单向传播，传播的内容由媒体说了算，受众除了被动地接受之外，没有更多的选择。虽然媒体也会做一些民意调查或收视率调查等，以改进自己的工作方式，但毕竟媒体与公众处于不对等的地位。

在新媒体与自媒体的传播过程中，媒体去中心化了，不存在一个明确的中心。在网络平台上，所有的人都自主地去寻找链接对象，网络平台浩如烟海的资源给了人们极大的选择余地。每个人都可以自由地选择自己喜爱的媒体，按自己的意愿与媒体建立较固定的信息传播关系。

在网络上，媒体是怎样选择用户，而用户又是怎样选择媒体的呢？

从受众的角度来看，在多对多的传播模式中，媒体与用户之间的关系实现了充分的选择自由，写作者为了扩大自己的影响力，他必须了解自己的用户是谁，他们需要什么，他们喜欢什么，并把用户的喜好与需要作为自己写作的出发点和标准。

从用户角度来说，按照二级传播理论，一般公众由于种种原因，不能够直接面对公共舆论，他们只能选择某一精英人士或“意见领袖”作为代言人，并把自己的观念和情感曲折地投射到代言人身上。

所以，无论是“意见领袖”还是其粉丝群，他们之所以能够建立固定的信息沟通关系，靠的是某个共同点——或思想相同，或观念相同，或情趣相同，或爱好相同——他们之间有一种“身份认同”，或者说，有一种无形的“契约”关系。

1.“意见领袖”与“粉丝”关系

有“意见领袖”，必有其“粉丝”。“意见领袖”与“粉丝”，是不可分割的两个方面。

“粉丝”是英语“Fans”的音译。“fan”有“爱好者、崇拜者”之义，“fans”为“fan”的复数，有“狂热”的含义在。粉丝现象是一种古老的人类心理现象，它通常是指社会的某一部分群体，将自己无法实现的梦想或理想，外化或升华到某个特定人的身上。

在传播过程中，众多的民众实际上存在着巨大的“表达”障碍。他们由于能力的原因，无法直接面对公众和社会，必然要寻找自己的“代言人”，把自己的意见投射到自己的“领袖”身上，从而产生出一个特殊的“代言人阶层”，这就是“意见领袖”产生的社会基础。

2. 身份认同关系

“身份认同”是文化现象中的一个重要概念，它通常指主体对外的一种寻找和认知描述，主要包括性格认同、兴趣认同、文化认同、价值观认同和国家认同等。

“身份认同”广泛存在于信息发布者与接收者之间，它会在信息接收者一方建立一座“阀门”，凡是获得自己认同的阀门就会打开，反之则会关闭。也就是说，人们按照自己的世界观和兴趣爱好，对进入的信息进行筛选和过滤，对认同的信息采取接受的态度，而对不认同的信息则采取排斥的态度。就普通大众而言，人们只愿意接受那些自己感兴趣和符合自己价值观的信息，而排斥和拒绝那些自己不感兴趣和不符合自己价值观的信息。

现代研究表明，现代人在选择信息接收对象和建立网络组群、朋友圈时，“三观”认同成为最普遍、最典型的现象。

所谓的“三观”，是人的世界观、价值观和人生观的统称。“三观”是一个人看待世界和看待社会的基本依据和原则，也是一个人精神世界的立身之本。人一旦形成了“三观”，通常是很难改变的。

普通大众在信息沟通和社会交往中，通常会以“三观”作为最重要的选择标准，相同则接受之，不同则拒绝之。“道不同不相谋也”，说的就是这个道理。

五、协同化写作

新媒体的交互式，使写作往往不再是一个人的事情。尤其在重大新闻事件的报道上，网民用独特的视野和超强的信息收集能力，为新闻报道提供了大量新鲜内容和新鲜素材，从而增加了新闻报道内容的丰富性和精彩度。

典型的如“人肉搜索”功能。网民为了所谓的“网络正义”，不惜启动“人海战术”，动用所有的网络搜索技术，甚至包括“黑客”技术，对某些新闻对象、公共热门事件进行信息收集，甚至包括大量的个人私密信息。如郭美美事件、杨达才事件、龚爱爱事件、周老虎事件、魏则西事件、北京红黄蓝幼儿园虐童事件等，网民都在其中起到了极大的作用，但也带来了信息真假难辨、侵犯个人隐私等弊端。

周老虎事件

2007年10月12日，陕西省林业厅召开新闻发布会，宣布镇坪县“发现野生华南虎”，同时公布了10月3日，农民周正龙拍摄的一组华南虎照片，并向其颁发奖金2万元。

第二天，中科院植物学专家傅德志在植物学论坛“义妹论坛”上发表文章指出，照片上的老虎与植物大小尺寸类别不匹配，可以判定照片是假，并建议造假者“立即自首”。

网友“第一印象”也在“色影无忌”论坛上发帖，从光影等角度进行质疑，网络上顿时展开了一场热烈的大讨论。

之后一段时间，网络上几乎全是华南虎的照片，“挺虎派”和“打虎派”在各大论坛上吵成一团。

11月16日，网友“小鱼啵啵啵”在“色影无忌”论坛上公布了4张华南虎照片。晚上9时许，网友“攀枝花xydz”发帖称:“老虎是假的。我今天仔细看我家的一副挂在墙上的老虎画，除了耳朵不一样，哪里都是一样的，连老虎的纹路都是一样的。但我不知道怎么传图，我已经照下来了。”

第二天上午10点半，网友“小鱼啵啵啵”将他收到的“攀枝花xydz”的图片发到了同一论坛,《人肉引擎搜索结果，请看四川攀枝花朋友给我发的疑似老虎原图》。这张照片刚一出来，到中午就已被顶到了13页。各路高手更是立即将年画老虎与“周老虎”进行了比对，得出是同一只老虎的结论。打虎阵营一片欢呼。

网友“书童”立即发现了年画的出处。“去义乌！去义乌！”他对这个年画风格太熟悉了，马上判断出这是义乌出品的年画。

下午3点06分，百度华南虎吧IP显示为“222.209.26.*”网友根据发上来的壁画图，仔细分辨其左下角的商标。他只认出来一个繁体的“龙”字。他用“龙年画”“龙壁画”“龙墙画”在网上搜索，找到了有同样商标的浙江义乌威斯特彩印包装公司的“鑫龙墙画”。

蜂拥而来的网友发现虎画竟然就在威斯特彩印包装公司网站的产品展示上。威斯特老板骆光临的手机也很快被找到，骆承认墙画是自己公司生产，更是他亲手制作的，这款墙画于2002年就已面世并销往全国。

至此，“挺虎派”的网友大部分开始反水。比较出名的“flower7166”不再发言，华商论坛网友、河南的“学霸误国”在抵达镇坪参加搜虎队活动时看到网上虎画，发帖认输。

2008年2月4日，陕西省林业厅就“草率发布华南虎重大信息事件”，发出了《陕西省林业厅向社会公众的致歉信》，信中说，“2007年10月12日，我厅召开新闻发布会，宣布‘镇坪县发现野生华南虎’，并公布了周正龙拍摄的两张华南虎照片。此后，新闻发布会上公布的两张照片引起了公众的质疑，成为社会舆论的热门话题”。

致歉信说，“举行此次新闻发布会，我们既未按规定程序履行报批手续，也未对华南虎照片拍摄情况进行实地调查，在缺乏实体证据的情况下，就草率发布发现华南虎的重大信息，反映出我厅存在着工作作风漂浮、工作纪律涣散等问题”。

6 月 29 日，陕西省人民政府召开新闻发布会，通报了这起系列造假事件，并对相关责任人进行了行政及降职处理。周正龙也被公安机关依法逮捕。

至此，这场持续 200 多天的重大新闻终于落幕，引发了全国媒体持续报道，在全国造成了重大影响。

笔者点评：这个事件发生时，国内还没有博客、微信，更没有微博，网民基本都是利用 BBS 论坛进行信息沟通和发布。正是网民的聪明与智慧，让一个弥天大谎被揭穿，真相大白于天下，充分彰显了自媒体在新闻传播中的巨大作用。

第四节　自媒体写作特点

在新媒体时代，传播的方式改变了，传播的主体改变了，传播的渠道改变了，人们阅读的兴趣与爱好也改变了，必然会引起内容的巨大改变，从而引起写作方式的极大改变。

一、写作形式多样化

在新媒体和自媒体时代，信息传播数字化，所有的信息无论它们的表现形式如何，都最终演变为“0”和“1”，这为新媒体传播多媒体化创造了良好的条件。过去，人们大多通过单纯的语言文字来表达，今天，人们可以自由地在文字、声音、图像、图片、符号等介质中自由转换，写作形式也受个人风格的影响而呈现出多样化的特点。

二、内容表达个性化

在自媒体写作中，写作者大多非专业人士，写作方式不受专业化的束缚与限制，没有固定的写作格式和写作规范，因此，很容易形成自己独特的写作风格。

加之在新媒体和自媒体时代，写作的参与者多了，除了传统媒体以外，还有新媒体、网络媒体、自媒体等，写作者除了代表机构以外，更有不少的人只表达个人的观点和个人的倾向性，具有强烈的个人特征。

写作是一种很个性化的行为，写久了自然就会形成自己的风格。尤其是某些自媒体的“大 V”，有的以说理见长，有的以抒情见长；有的幽默，有的风趣；有的喜欢用长句子，有的喜欢用短句子；有的擅用形象的比喻，有的擅用辛辣的讽刺……总之，人的个性不同，知识和阅历不同，写作偏好和习惯不同，自媒体写作呈现出不同的风格特征。

三、大多以主观言论为主

自媒体写作者大多为非媒体人。非媒体人在采访上受到极大的限制，不能够靠采访去核实和查找新闻事实。自媒体人在报道中发布的新闻事实，大多来自自己的亲身感受，或者来自自己认为可靠的信息收集渠道，更大量的则来自网络的流传。这些信息让自媒体人在传播中陷入非常尴尬的境地。这些信息不能不用，但用了又真假难辨，稍不注意就有可能传播虚假信息。

为了规避这一风险，自媒体人大多采用以言论为主的写作方法，以言叙文，以言叙志，嬉笑怒骂，皆成文章。或者借某个新闻事件展开评说，强烈地表达自己的倾向性和观点。以观点取胜，是自媒体的一大特点。

四、碎片化报道

网络与新媒体报道总体而言是越来越碎片化了，这既是网络与新媒体传播的特点，也是人们阅读方式和传播方式使然。

这种阅读方式的改变，源自漫长的传统媒体传播方式的改变，这一点，在《娱乐至死》一书中有过十分精彩的论述。尼尔·波兹曼认为，在一个以电视为代表的“娱乐时代”，被图像所控制的人的思维方式必然会变得越来越浅薄化，使人们丧失了深层次的思考能力。[①] 当然，波兹曼没有看到后来的网络时代与手机时代，这种娱乐式的阅读方式变本加厉，读者往往停留于现象的表层，不愿去做深层次的思考和阅读。尤其是手机时代，阅读时间碎片化，写作时间零碎化，阅读内容浮浅化，已成为普遍现象。

五、写作大多不严谨

自媒体写作由于是非专业写作，带有一定的随意性和个人消遣性，或出于个人喜好，或出于个人职责，有感而发，有情必渲。这种写作方式决定了自媒体人的写作内容大多是快餐式的，会有很多的闪光点，也会有自己独特的观点，但整体写作略显粗糙，较少有传统媒体那种字斟句酌、反复修改、精益求精的要求。

当然，确实也会有少数的精品——写作认真，排版精美，内容丰富。这样的精品在自媒体的传播上自然广受欢迎，能获得大量的转发。

---

① 波兹曼．娱乐至死［M］．章艳，译．桂林：广西师范大学出版社，2012：87.

第五节　自媒体新闻写作技巧

一、紧跟时代焦点、热点

紧跟时代焦点、热点这一点，自媒体与传统媒体并没有多大区别，所不同的是，传统媒体可以垄断渠道，垄断新闻资源，所以，传统媒体在考虑受众的想法和感受方面会弱一些。自媒体则不同了，信息接收的主动权在受众，要赢得受众的芳心，自媒体需仔细体味受众的需求，拥有更多的抓人眼球的内容和写作技巧。

认真研究信息传播规律会发现，人们接收信息的热度非常短暂，通常不过几天时间，即便是重大新闻，往往十天半个月就会被人忘得干干净净。

传统媒体为了激发人们的阅读兴趣，不得不不断地提高新闻的时效性，自媒体也是如此，必须紧紧地跟着热点走，抓住社会热点的高峰期和爆发期，才能够取得较好的轰动效应，否则，一旦社会热点消失，写的文章再好也没人会感兴趣。

什么是“热点”？即一段时间内人们集中注意的一个焦点，在这个焦点上，人们的注意力与关注度如井喷般爆发出来。

2020年年初，新冠疫情爆发，武汉封城，无数的医生、护士、各级政府基层干部、公安武警、新闻工作者，包括广大市民，战斗在抗疫第一线，他们的英勇事迹，感动着每个中国人。其间，很多的自媒体也自发地加入新闻报道的行列中来，它们报道的故事，也同许多战斗在第一线的媒体人一样，产生了巨大的社会影响力。

请扫码阅读《抗疫时期一个外卖小哥的感人故事》。

抗疫时期一个外卖小哥的感人故事

笔者点评：这是一篇非常感人的自媒体文章，描写了武汉疫情期间，一位坚守岗位的外卖小哥的所见所闻。2020年年初，一场特大灾难袭击我国武汉，新型冠状病毒肆虐，给武汉人民的生命安全造成巨大威胁。古鑫作为一名普通的外卖小哥，却和许多坚守在抗疫第一线的英雄们一样，冒着极大的危险，为市民们送去生活必需品。他目睹了许多感人的场景和细节。本文采用自诉体方式讲述，极具现场冲击力，这中间有感动也有伤心，读起来特别感人。本文写在抗疫的关键时刻，所以在网络上影响很大。

除了大量的正面报道以外，自媒体人还用自己的写作参与各种社会难点和热点事件。比如近几年来的北京红黄蓝幼儿园虐童事件、雷洋事件、魏则西事件、假疫苗事件，都掀起了一场又一场舆论大潮，其中都有自媒体的参与。

近年来，在众多的新闻事件上，自媒体与传统媒体达成了某种“默契”，即当新闻事件刚刚发生时，自媒体利用无处不在的优势，率先在网络上发帖，待新闻事件在社会上炒得沸沸扬扬之时，传统媒体开始接棒，用自己采访的独特优势，追踪新闻事件，揭示真相，从而形成了自媒体与传统媒体扬长避短、互相协作的格局。

如 2018 年 8 月的假疫苗事件，长春长生生物科技有限责任公司疫苗制假被曝光，在全国引起了一场轩然大波。网上舆论沸沸扬扬。面对舆情，几大官媒一齐发声，措辞之严厉，前所未有。新华社、《人民日报》发表社论，认为应该建立“一次违法，终生禁入”制度，加大处罚力度，让违法者倾家荡产。国务院总理李克强也作出重要批示，要一查到底，给人民一个清清楚楚的交代。

然而，谁也没有想到的是，引发这一场轩然大波的却是一个自媒体。一个名叫“兽爷”的自媒体人在其公众号“兽楼处”上发表了一篇关于我国疫苗生产企业造假的文章，把矛头直指长春长生生物科技有限责任公司等企业。文中列举了大量的事例，说明长春长生生物科技有限责任公司从当年改制时，就被少数人操纵，低价将国有资产转为私有财产，一批企业在生产过程中，肆意偷工减料、弄虚作假、逃避监管，造成大量虚假疫苗流向市场。

该文发出后，立即在社会上引起了强烈反响，不到一天，转发量就达千万以上，甚至到了凡是有孩子打过疫苗的家庭都十分恐慌的程度。

其实，“兽爷”的这篇文章，并没有什么新鲜内容，他的所有素材均来自近年来的媒体报道。所不同的是，“兽爷”虽是自媒体人，但他曾是《南方周末》的资深调查记者，自身具备良好的新闻职业素质。这使得该文尽管大量采用媒体资料，却处处用事实说话，用调查的结果说话，使文章具有不可辩驳的冲击力。一篇自媒体文章会造成这样大的影响，着实大大出乎人们的意料。

请扫码阅读《疫苗之王》。

疫苗之王

笔者点评：作者把多年来见诸媒体的新闻事实收集并整理出来，进行重新梳理和汇总，形成全面的事实链和证据链，揭示了一个又一个的黑幕和内幕，加之抓住了广大注射疫苗儿童家长的心理，所以产生了巨大的社会冲击力和影响力。

这篇报道深刻地说明：自媒体人，只要遵循新闻的客观规律，用事实说话，辅以严格的逻辑分析和事实阐述，也可以达到与传统媒体一样的效果和影响。

二、观点犀利，切中要害

自媒体写作受接收终端和接收方式的限制，大多篇幅不长。有的平台，例如微博，甚至要求不准超过 140 个字。

在轻阅读的背景下，要想获得较高的点击率，甚至获得 10 万 + 的特殊效果，莫过于在观点上下功夫。如果文章写作得四平八稳、不痛不痒，或者观点平淡无奇，毫无新意，这样的自媒体文章，即便传播也不会取得好的效果。

带观点的自媒体文章，从新闻写作类别上应归于“评论”一类，当服从于评论写作的一般规律。在评论的三个要素——论点、论证和论据中，论点无疑是串起整篇文章的那根线。论点不好，文章写得再好也无济于事。

如何让自己的观点鲜明起来呢？可以参考以下几点。

1. 尖锐、泼辣，一针见血

写带观点的文章最怕的就是不痛不痒，摆出一副不偏不倚、四平八稳的样子。许多文章之所以受欢迎，就是因为它们畅快淋漓，爱憎分明，态度鲜明，敢亮底牌。看见美好事物，满腔热情讴歌之；看见丑恶现象，敢于挺身而出，奋力抗争；看见黑恶势力，敢横刀立马，勇于搏斗；看见弱势群体，能俯下身段，有着旷世天下、悲天悯人的情怀。

所以鲁迅先生说，杂文是“投枪”，是“匕首”，它直接刺向敌人的心脏。如果文章没有锋芒，没有锐气，也就失去了自媒体文章的吸引力和魅力。

例如下面这篇自媒体文章：

处罚“保时捷女司机”岂能止于“二百五”？（节选）

2019年7月31日　作者：李蓬国

7月30日上午，重庆渝北区两路附近，一位驾驶红色保时捷的女子在掉头时与另一辆车的男司机发生口角。视频显示，女子先出手给了男司机一耳光，男子反手扇了该女子一耳光，女子的帽子也被扇飞。30日19时左右，@平安重庆发布通报称，交巡警查明，女子未按规定掉头罚款200元，驾车戴帽、穿高跟鞋等妨碍安全行车的行为，扣2分，罚款50元。双方就纠纷达成调解协议。(7月31日红星新闻）

重庆保时捷女司机打人事件就这样“和解”了，违规掉头且当街骂人、打人甚至恐吓人的女司机，仅仅被扣2分，罚款250元。我以为，如此断案，挺“二百五”的。

国人常把傻瓜或说话不正经、办事不认真、处事随便、好出洋相的人叫作“二百五”。涉事警方对保时捷女司机事件的处置，就有装傻充愣扮糊涂，敷衍了事走过场，俏皮有余欠严肃的嫌疑。

涉事女司机霸气外露，隔着屏幕都能感受到她飞扬跋扈，目中无人，目中无法。明明是她在人行道上违规掉头，挡住男司机去路，却反过来辱骂男司机，嘲笑他开“乞丐车”，还当众掌掴对方，这种“无理不饶人”的野蛮行径，绝不仅仅是“未按规定掉头”，更是对他人人格的鄙视，对法律尊严和公平正义的藐视。可是，警方仅仅对她罚款250元就完事，难道不是有意偏袒吗?

被打男司机在接受《南方日报》采访时称，“当时对方说了很多话，让我很害怕”，至于对方说了哪些威胁的话，不便再回忆，但“派出所都做了笔录，备了案”。虽然警方已经知道女司机恐吓他人，却在通报中只字未提，又何尝不是包庇纵容呢?

更令人气愤的是，该女司机打人时还口出狂言：“我在渝北飙车是出了名的，老子红绿灯从来都是闯。”据《新京报》7月31日报道称：“重庆保时捷女车主称闯红灯随时消‘打个电话全部改’。”“老子红绿灯从来都是闯”“打个电话全部改”，这分明是不打自招，自我举报，警方岂能装聋作哑，既不核查也不回应？如此不作为，又岂止“二百五”？

……

笔者点评：此交通肇事女司机，肇事后口吐狂言并打人，警方对此也做了一定的处罚。记者在调查时发现，该女子之所以如此嚣张，是因为其老公是某派出所所长。记者多次致电警方查证，警方都以“不便回答”搪塞。

问题在于，传统媒体在报道此事时，碍于某种规定，大多不敢往深处追，问题点到为止。警方在处理此事时，也采取避实就虚、避重就轻的方法，处处打马虎眼。这样的新闻报道会给公众留下许多难以回答的疑问。

但自媒体人出于一位公民的道义和良知，没有太多的顾虑，直接指出问题的要害与实质，大胆地进行监督和批评。这就是自媒体的长处和优点。

2. 反大众化思维

大众化思维指的是在社会中占有很大比例的民众对一个事物或事件形成的共同观点和看法。一般普通民众，由于环境趋同、信息来源趋同、接受的思想和道德规范趋同，容易对一个事物或事件形成相同的观点和看法，具有一定的趋同性。

所谓的反大众化思维，指的是媒体写作者（包括自媒体人）在写作时，需要换位思考，想一想，“我写的这个内容，大众会怎样想，怎样看”。

请记住：大众希望你告诉他们一些他们不知道的新鲜的东西，而不是告诉他们已经知道的老而又老的东西。

也就是说，写文章如果落入大众化思维的窠臼，那就一定是值得商榷的，你需要找到一个新的观察和切入角度。站在反大众化思维的角度上去想一想，也许就会找到一个更好的主题和角度。

比如，一段时间以来，大学生支教成为社会热点，这也是有担当、有理想的当代大学生的选择，应当受到社会的赞扬。

叔叔阿姨，暑假请不要来我们这里支教了！

但是，在一片赞扬声中，自媒体人航亿苇却发现，大学生在支教表达自己爱心的时候，也会带来一些负面效果和影响。比如，大学生支教一般都是利用自己的假期时间，最长不超过两个月。这就意味着，支教大学生与乡村的孩子们刚刚熟悉就得离开了，这很容易对孩子们的心理造成伤害。他在网上发现一篇乡村孩子写的文章，为此，他配上自己的评论，发在了自己的公众号上。《叔叔阿姨，暑假请不要来我们这里支教了！》这篇文章虽然有些失偏颇，但发人深省。

三、尽可能用事实说话

新闻的生命力在于它的真实性，这一条，自媒体也不例外。即便是自媒体写作观点较多，引用的事实较少，但自媒体写作者仍然不能缺少事实，因为事实才具有最大的说服力和冲击力，没有事实支撑的文章会显得非常抽象和空洞。虚假和不真实的“事实”只会遭到受众的厌弃。

但是自媒体要做到这一点，确实有很大的难度。因为自媒体写作者大多非媒体人出身，本身不具备采访的资格和能力，在核实新闻信息的真伪上有很大的难度。他们的新闻素材，或来自网上的流传，或来自自己的耳闻目睹，往往处于真真假假、难以辨别的状态。为了让自己的文章具有公信力，自媒体人唯有努力提高自己的基本素养，尽可能地避免新闻报道上的虚假和失实。

自媒体人提高自身素养的方法有：

1. 提高对材料的识别和鉴别能力

自媒体人大多不具备采访能力，他们的信息来源非常复杂，有道听途说，有网上下载，也有自己独特的信息收集渠道等，这些信息真假难辨，稍不注意就有可能以讹传讹。如果传播的是虚假信息，不仅达不到传播效果，还会对自己的声誉造成影响，严重时甚至可能引发纠纷或官司，触碰言论监管红线。自媒体与传统媒体一样，也有一个公信力的问题。

对自媒体写作者而言，重要的是提高自身识别真假信息的能力。其实，严格把关，绝大多数虚假信息是完全可以鉴别并避免的。

2. 靠自己体验去鉴别

俗话说，百闻不如一见。有的网上传言，确实真假难辨，如果条件允许，不妨自己去经历体验，到现实中去收集第一手资料。这些资料，虽然可能有局限性，但它毕竟是亲耳所闻、亲眼所见，具有较强的真实性。

请扫码阅读《听说最近都不让去杭州，于是我亲自试了一下》。

笔者点评：2016 年 9 月，二十国集团（G20）领导人第十一次峰会在浙江杭州举办。一些流言在网络上流传，难辨真假。为了查证网络流言的真伪，上海市民陈小花决定自己坐火车去杭州体验一番。

陈小花把自己的所行所闻所见忠实地记录下来，最后得出较为真实的结论。当然，她的观察可能是肤浅的，但基本上是可靠的，达到了客观报道 G20 杭州峰会街头现状的目的。

听说最近都不让去杭州，于是我亲自试了一下

3. 靠常识、逻辑推理去判断

某一信息刚在网上出现时，为了追热点，一些自媒体人可能迫不及待地想采用它，但由于信息来源过少，很难从其他方面进行核实，于是，靠常识和逻辑推理去判断就显得尤为重要。比如有些信息过于离奇，过于不符合常理，或者露出了某些明显的破绽，就要引起高度的重视了。比如河南郑州发生一起滴滴司机杀害空姐恶性案件，事后有网民上传了一段空姐与出租车司机吵架的视频，认为这个杀人案是由于两人吵架所致。但视频有明显的破绽，案件发生在半夜，但这段视频却发生在白天，明显是移花接木的虚假信息。

当然，靠常识和逻辑推理判断，不能够从根本上解决新闻素材来源不真实的问题，但至少可以防范一些有明显错误的新闻素材。

4. 多信道印证

这是传统媒体几百年来总结出的宝贵经验。当一条信息刚刚冒出来的时候，一定要对这条信息进行核实才能采用。单条信息从法律角度上叫“孤证”，一般而言，孤证失误的可能性是非常大的，这一点已被几百年来的新闻报道所证实。

对自媒体写作者来说，他虽然不能像传统媒体记者那样，通过采访去核实新闻事实，但不妨采取稍微冷静一点的态度，当一个热点事件发生时，不可立即盲目跟风，可以稍微等一等，看看还有没有其他的消息出来。如果有不同的信息，将它们相互进行对比，从媒体的权威性、渠道的可靠性、事件的可信度等几个方面相互印证，提高引用材料真实性的可能。

5. 尽可能多搜集资料

如今已进入网络时代、大数据时代，信息搜索引擎非常发达。一般而言，我们只要肯下功夫，搜集的资料和数据越多，得出的结论就越科学、越客观，很多复杂的问题都可以迎刃而解。

典型的如“人肉搜索”。网民进行人肉搜索时，只要不采取违法手段，信息搜索是正当合理的。高超的信息搜索者，可以通过合法的手段，利用互联网大数据进行分析，从而得出科学的结论。

2018 年 7 月，全国爆发疫苗危机，网民众说纷纭。为了帮助大家了解这次疫苗造假事件的真相，一位名叫“wstart”的网民，凭一己之力，花了 14 个小时，从全国各官方政府网站上，收集了 1,529 组统计数据，涉及全国 28 个省、市、自治区，写作了《我花了 14 个小时找了一下长春长生们究竟卖到了哪里去？》一文。

该文用大量的数据分析，说明了长春长生生物科技有限责任公司的疫苗到底销往哪里，市场占有率有多大。下为文中自媒体人 wstart 制作的图表：

```
[{'name': '天津', 'value': 14.0625},
 {'name': '辽宁', 'value': 17.647058823529413},
 {'name': '黑龙江', 'value': 13.274336283185843},
 {'name': '安徽', 'value': 9.75609756097561},
 {'name': '新疆', 'value': 16.94915254237288},
 {'name': '江苏', 'value': 14.563106796116504},
 {'name': '江西', 'value': 12.179487179487179},
 {'name': '山西', 'value': 16.52173913043478},
 {'name': '吉林', 'value': 17.857142857142858},
 {'name': '贵州', 'value': 14.17910447761194},
 {'name': '广东', 'value': 13.445378151260504},
 {'name': '四川', 'value': 16.93548387096774},
 {'name': '宁夏', 'value': 17.5},
 {'name': '海南', 'value': 14.285714285714285}]
```


长春长生销往部分省份的疫苗数量所占百分比（2017—2018 年）

从图中可以看出，长春长生生物科技有限责任公司在两年时间内（2017—2018 年），在 14 个省份的销售量是比较大的。从公司的销售策略来看，公司产品主要销往东三省和长三角地区，但实际销售却遍布西北、西南、华南、华东等地。

四、语言通俗易懂

在语言应通俗易懂方面，自媒体与传统媒体并没有什么不同，它们同为大众传播，不可能不考虑受众的接收水平。在网络时代，网民对信息的接收更加碎片化，对自媒体写作语言提出了更高的要求，要求语言更通俗，道理更浅显，比喻更形象。

例如，《上海地铁禁止外放，谁承担成本？谁得了便宜？》是一篇上乘的自媒体作品，它把一个司空见惯的经济学现象“公地悲剧”讲得非常通俗易懂。如果在公共场所不对人的行为进行约束的话，大家就会形成“羊群效应”，纷纷仿效，最终让公共秩序荡然无存。此文的语言是典型的大实话，人人都能够明白，比如“大家出门在外，是不是有个很大的痛点，就是旁边有人手机大喇叭外放，你提醒他吧，有点不好意思，万一发生争执不划算，可是你不说吧，噪音又实在受不了，有人想了个委婉的办法，把自己的耳机递上去暗示一下，结果对方来了句，不用、别客气，我这样方便，声儿大挺好的。如果你遇到这种情况，是不是当场晕倒。”这样的语言，就好像在拉家常一样。另外，此文用的比喻例子也非常好，比如公共牧场如果不加限制的话，很快草就会被吃光，比喻非常贴切。

上海地铁禁止外放，谁承担成本？谁得了便宜？

五、用形象说话

在之前章节中，我们反复强调，人类的故事化情节植根于人类最原始的集体无意识之中，是人类最早的思维方式。

形象化思维方式与生俱来，一般不需要后天刻意学习，所以，它最容易被人理解，最容易被人接受。

由于形象化传播具有简单易懂、通俗性强、生动有趣等特点，所以在自媒体写作中备受欢迎。

打不过你，但骂也把你骂死（节选）

2016年8月30日　航亿苇微信公众号　作者：航亿苇

有一夜，我梦见一个骂国成立了一支新的军队，名曰骂军。国家征招全国骂人最狠、最毒的人，分列入骂元帅、骂将军、骂先锋、骂司令、骂神、骂斗士、骂王等不同的兵种，他们人数众多，每个兵种都有上千万人，排出的方阵声势浩大，骂声震天。

骂国与邻国正在进行战争。其他的军队，什么陆军、海军、空军、火箭军、导弹军、牛皮军、虎狼军、威武军等，都一一败下阵来，唯有骂军慷慨激昂，势不可挡。骂军个个精神抖擞，前面倒下去，后面的冲上来，哪怕做了俘虏，也斗志不改，骂个不停。敌人的武器先进，战术了得，很快占据了骂国的大半个河山。但那根本不管用，无论前方还是后方，都是骂国人民又狠又毒的叫骂声。邻国的炮弹、火箭弹、精确制导炸弹甚至核弹哪怕声音再大，也抵不过骂国的骂声。邻国终于害怕了，只能撤兵。骂国大胜，举国欢腾。

骂人有几种常见的骂法。一曰国骂，也不一定有什么特定的对象，张口就来。二曰道德骂，挟道德之威，把人骂死。三曰神经骂，见什么骂什么，就图个骂得爽。四曰人身骂，即人身攻击，问候被骂者的父母、祖宗十八代。五曰爱国骂，扛着“爱国主义”的大旗，激情澎湃，骂起来极其威武豪迈。六曰亲情骂，越是与自己近亲的人越是要骂，夫妻骂、亲友骂、同事骂、乡邻骂、同学骂、战友骂，体现“打是亲骂是爱”的优良传统。七曰牢骚骂，心情不好，自然要骂骂咧咧。八曰权贵骂，有权有势，骂起人来，更显一种霸凌的气势。九曰反智骂，主要是针对有学问、有智慧的人。你很厉害，自以为了不起，老子骂得你狗血喷头，骂得你一钱不值，等等。

骂人确有将人骂死的不少案例。2014年11月16日下午，某小区门口，郑姓女司机（省教育厅的一名科级官员）驾车从大门出口进入小区，与保安赵宗伟争执（遭）拒绝。郑女司机跳下车对赵宗伟大肆辱骂“看门狗”。赵宗伟倒地后气绝身亡。

历史上，传说诸葛亮六出祁山时，70多岁的曹魏太傅王朗（总理级高官）自动请缨，决定与诸葛亮以骂战决定胜负。王朗用了很多成语，骂诸葛亮“偏安一隅”“螳臂当车”，可王朗哪是以磨嘴皮子名震三国的诸葛亮的对手。诸葛亮在一番铺陈后，痛骂王朗是“皓首匹夫，苍髯老贼”“汝即日将归于九泉之下，有何面目见二十四帝乎？老贼速退！”遭受此凌辱，王朗顿时急火攻心，只见他大叫一声，跌下马来。跟在他后面的将士赶过来一瞧，太傅王朗已经归西了。

……

当下中国，也真有一支专事骂人的军队，他们的名字叫作“网络水军”。

第六节　自媒体写作修辞手法

自媒体多是个人写作。每个人由于性格不同、认识不同、思想观念不同、知识水平不同、写作风格不同、语言运用不同，在写作上也呈现出极大的差异。自媒体写作常用的修辞手法主要有如下几种。

一、幽默

幽默是人类进化到一定阶段后所具有的一种特质，也是一种充满智慧的表现。为什么这样讲呢？第一，当一个人开始幽默的时候，他会把一个直白的表达深藏在一个充满着意蕴而又意味深长的揶揄和玩笑之中，让人既了然其中的意味又忍俊不禁。第二，幽默是人获得更高自由的表现。人具有了幽默感，就好像是挣脱了现实的束缚，高高地站在云霓之上俯瞰人生，把人世间的一切磕磕绊绊、喜怒哀乐都化为一场淡淡的调侃，轻松地化解所有的挫败和危机。

正如林语堂所说：“幽默都含有笑的成分。不过笑本有苦笑、狂笑、淡笑、傻笑各种的不同，笑的后面有立意的态度。有的是酸辣，有的是和缓，有的是鄙薄，有的是同情，有的是片语解颐，有的是基于整个人生观，有思想的寄托。最上乘的幽默，自然是表示‘心灵的光辉与智慧的丰富’。幽默最富于感情，是一种能激发起人类心理某种情感的智慧。”[①]

由于网络的存在，中国人的幽默感似乎正处于一个爆发期，这既是一个民族心智成熟的表现，又是一个衡量民族文明程度的标准。

国人的幽默感首先体现在网络层出不穷的段子中。一些新闻报道的留言与跟帖，往往充满了幽默感，读这些段子，常常为创作者丰富的想象力而拍手叫绝。一些网民的跟帖，有时候甚至超过文章本身。

比如调侃有些人说话口心不一的段子这样说：

> 刚买了一个西瓜，一刀下去，愣是没看到心……是冬瓜出轨了？还是西瓜变心了？难道是黄瓜长胖了？后来有人告诉我，说是冬瓜文身了。这个社会太复杂。

2015年4月14日一早，一封辞职信引发热评，辞职的理由仅有10个字：“世界那么大，我想去看看。”有人评这是“史上最具情怀的辞职信，没有之一”。写辞职信者为2004年7月入职河南省实验中学的一名心理女教师顾少强。如此任性的辞职信，领导最后真批

① 林语堂．林语堂经典作品选：论幽默、论读书[M]．北京：当代世界出版社，2007：37.

准了。

短短十个字，让她瞬间爆红。她的这封辞职信让许多人感同身受，从而引发了一场网络大狂欢。尤其是网民们的幽默感，更让大家忍俊不禁。

（1）“领导，我想辞职”“为什么？”“世界那么大，我想去看看。”“挺好的，我支持你的想法，对了，每月房贷多少？”“5,000。”“社保呢？”“780。”“油费煤气水电物业费呢？”“差不多3,000。”“每个月买包买衣服多少钱？”“呃，领导我去忙了，还约了几个客户谈合作。”“其实我理解你的想法的……”

（2）昨儿刚被“世界那么大，我想去看看”的辞职信感动cry，正幻想着什么时候也可以如此潇洒一把，今天一上班老板就递过来一份辞职信，上面写着“世界那么大，我想让你去看看……”尼玛，防不胜防啊！

（3）世界那么大，我想去看看，我带着你，你带着钱，你一定要带着钱，多带点啊！

（4）**我**：老板，我要辞工！

老板：理由！

我：世界那么大，我想去看看！

老板：滚，赶紧去卸货，明天给你弄个地球仪看个够！

（5）**上联**：世界那么大，我想去看看。

下联：钱包那么小，谁都走不了。

横批：好好上班。

（6）“世界那么大，我想出去看看。”“别急，还有一年你就能出去了。”狱警对我说：“世界不是你想看，想看就能看的！”

这样的段子和调侃在网络上太多太多，不一而足。

幽默除了集中表现在各类段子和网民的各种跟帖上以外，还体现在大量的自媒体作品中。

沉痛悼念那只为国捐躯的穿山甲!

2015年7月15日，一位香港“公子”到广西考察，回来后发了一条微博，显摆他与当地领导——李局长和黄书记，共同吃穿山甲的事情。穿山甲是国家一级保护动物，这位“公子”不以为耻，反以为荣，极尽炫耀之能事。为此，著名自媒体人，“罗辑思维”的掌门人罗振宇写作了《沉痛悼念那只为国捐躯的穿山甲！》。

二、讽刺

讽刺这种修辞手法是专门用于批评的，所不同的是，写作者在批评的时候，不是谩骂，也不是赤裸裸地指责，而是反把自己的攻击性藏起来，用一种夸张和局部放大的方式，让对方陷入荒唐可笑的境地。

对抨击和批评社会种种不公正、不合理的丑恶现象而言，讽刺具有特殊的效果，它常常采用夸张和局部放大的方式，把对方的丑陋和可笑之处，用漫画的方式展现出来，从而产生出一种荒诞和幽默的效果。

讽刺是一种很好的修辞手法，它会使文章的攻击性更强，针砭时弊的效果更好，文章的艺术性更高，让对方看后更加难受；也让自己的态度更鲜明，风格更泼辣。

讽刺的写作手法很多，使用也非常灵活：或冷嘲热讽，或旁敲侧击，或挖苦揶揄，或正颜厉色，或嬉笑怒骂。无论采用何种方法，作者都要态度鲜明，一针见血。

三、反讽

反讽法，又称倒反法、反语。讽刺本来是为了批评和抨击，但我在批评你时，却带着“表扬”的意味，把你夸得如一朵花似的。但明眼人一眼就看出了是在说反话，明在表扬你，实际在更大程度地反对你和批评你。

反讽，简而言之就是正话反说，花朵里带刺，赞美里藏针。

反讽的写作手法被很多的自媒体人用在自己的文章中，以增加文章的可阅读性，比如《太极雷雷又挨揍了！》采用反讽手法，将所谓的“大师”批得体无完肤。文章写得风趣幽默，妙笔横生。

表面上看，本文对雷雷擂台上的表现大夸特夸，虽然被人打趴下了，嘴巴却是站立的，说自己是“术高莫用”，因为他是个宅心厚重的人，自己如果动了真格，对手命就没了。

为此，作者在文中极力表扬：“宗师就是宗师，早已脱离了低级趣味，早已看淡了名誉得失，看透了赛场输赢。”“他是一个高尚的人，一个纯粹的人！”

文中还有很多溢美之词：“太极雷雷的嘴永远比拳头硬，一代宗师的脸永远比脑仁厚。下次要揍雷雷的人，一定要记住往他最硬最厚的地方招呼，真大师从来不怕挨揍，真大师从来也不计较自己挨揍。”但明眼人都看得出来，这是在拿所谓的“大师”开涮，满篇的冷嘲热讽，挖苦讽刺。

这种反讽的作用，胜过直接的批评，可把对方置于尴尬可笑的境地，让人读起来寓意深远，回味悠长。

太极雷雷又挨揍了！

2021 年 4 月 21 日　微信公众号“文小刀的文”　作者：小昭

话说，近日江湖又掀起了腥风血雨，著名太极大师雷雷又被人给揍了，与以往不同的是，这次揍他的人有 6 个。

说实话，看到这视频，我的心情愉悦了一个晚上，但我还是忍住了笑，人家被打，你幸灾乐祸总是有点不太厚道。出于人道关怀，我建议大家开心藏心里就好，笑也别太过放肆。

为毛我前面说太极雷雷“又”被揍了？容我慢慢道来。

下面我带大家先来领略下雷公曾经的风采！

首先，我们先来瞅瞅雷雷眼中的自己，是这个样子的，一代宗师风范：

再来看看，对手眼中的他，那场惊天地泣鬼神的几秒KO战——雷公一顿王八拳耍得猛如虎，被人家一拳下去倒地就躺成了二百五。

雷公虽然人躺下了，但他的嘴却始终是站着的。他说，术高莫用！

他不是赢不了那位揍得他满地找牙的人，他是宅心仁厚，饶了对手不死，他怕自己若动了真格，对手命就没了。

是的，他没有输，他更没有碰瓷，他只是想用最快的时间，找到舒服的躺地姿势，然后去思考人生，思考宇宙的奥秘。

宗师就是宗师，早已脱离了低级趣味，早已看淡了名誉得失，看透了赛场输赢。

他是一个高尚的人，一个纯粹的人！

面对职业选手，雷雷术高莫用，放过了他；面对民间大汉，雷雷再一次展现出了宽广的仁义之心，饶人一命，胜造七级浮屠。

雷雷大师就这样委屈着自己，照亮了别人。他一次又一次的术高莫用，一次又一次的默默地去造着七级浮屠。

这场比赛结束后，雷大师抹着眼泪留下一句：你强任他强，清风过山岗。然后拂袖而去，深藏功与名。

现在太极雷雷又一次挨揍，据说是一家健身俱乐部的6名教练围殴他，雷大师脖子上留下了被裸绞的伤痕，鞋子也被打掉了一只。

你们以为雷雷真的打不过他们吗？定然不是，他的师傅教导过他，武术只能生不能杀。

雷大师要是动真格的，使出一两成功力，那可就是6条人命的人间悲剧。

太极雷雷的嘴永远比拳头硬，一代宗师的脸永远比脑仁厚。下次要揍雷雷的人，一定要记住往他最硬最厚的地方招呼，真大师从来不怕挨揍，真大师从来也不计较自己挨揍。

无论你是否认可雷雷这位太极大师，

都应该誓死捍卫雷雷挨揍的权利！

四、自嘲

自嘲，用一句简单的话来说，就是自我嘲讽、自我贬损。

自嘲有时能体现说话者的谦谦智慧。贬损自己的目的是抬高别人，体现自己心胸的宽广。通常，人们在语言或文字中，会有意识地自我向下定位。比如说，称自己为“小人”“愚钝”“鄙人”，这是一种“以退为进”的语言方式，表现为一种自谦或自损。它以自我矮化的方式拉低预期，展现自己与人无害、单纯善良的本性。

老北京有一句歇后语，叫“卖烧饼的不带干粮——吃货”。一些对美食具有相当品位的人不说自己是“美食家”，而说自己是“吃货”，表面上看是一种“自谦”，但它又不同于完全贬义的“饭桶”，属于一种略带优雅的自嘲。俗话说，进一步狭路相逢，退一步海阔天高，主动地矮化自己，实际上是把自己由被动转化为主动的最佳方式。老子就曾说过：“上善若水，水善利万物而不争。”水表面上看是专往低处流，既不逞强，又不争胜，但它实际上是最厉害的，所以老子说：“此乃柔德也……故柔之胜刚，弱之胜强。”

自嘲是一种以退为进。自嘲的背后，某种意义上是一种自夸，一方面说自己是“吃货”，一边大快朵颐；一边秀着小蛮腰，一边感慨自己“怎么也吃不胖”，饱餐着山珍海味，招来众人的羡慕；一方面住大房子开豪车，另一方面却自叹“穷人”，让别人感觉没法活。

这就是网络文化。这种语言方式，自我贬损与自我炫耀相混合，真话与笑话彼此换位。看似在用一种玩世不恭的态度对待人生，实际在抬高自己；看似十分低调，实际异常骄傲。

自嘲体现了作者在写作时的一种消解和调适，是言说者以一种传统的方式寻求自身定位的体现，是一种实现自我纾解，拉近社交距离的一种策略。

五、调侃

调侃，多指用言语和他人开玩笑，或用言辞嘲弄、戏谑他人。

讽刺与调侃在揶揄和抨击别人方面性质相同，但讽刺是自己赤着胳膊上去干，调侃则是自己不当主角，看别人打架，自己站在一旁品头论足，摆出“一副事不关己，高高挂起”的姿态，在与别人开善意的玩笑的同时，表达自己的观点和看法。

赛格大厦在颤抖

请扫码阅读《赛格大厦在颤抖》。

笔者点评：本文采用调侃的方式，在兼顾官方与媒体正式报道的同时，收集网民众多的观点，各种言论和观点五花八门，读后让人忍俊不禁。

比如，大厦为什么出现晃动，刚开始有人怀疑是地震引起的，随即被人推翻：“深圳赛格大厦摇晃是上下震颤而不是左右摆动，与地震不符。目前赛格大厦主体结构良好，内部结构坚固，大楼周边场地未见地面开裂，附属设施完好。”于是，网民脑洞大开，有人把赛格大厦的晃动比作意大利的比萨斜塔，有的把晃动比作跳广场舞的大妈，但“立马有人反驳，这纯属对广场舞大妈的污蔑，从科学的角度讲，脖子扭扭屁股扭扭是左右摇晃，这与地震带来的摇晃一致，如果这样摇晃，大厦早就出事了。如果硬是说在跳舞，也最多是上下跳动蹲上蹲下的僵尸舞，扭腰转胯跳广场舞的大妈坚决不背这个锅”。

更好笑的是，有人甚至把赛格大厦的晃动与高昂的房价联系在一起，断言说：“深圳这么高的房价，高得连房子自己都颤抖起来。”“那么它为什么早不颤抖晚不颤抖？只因为赛格大厦建在千禧年，就像今天千禧年的孩子，已经二十出头，开始离开父母独立谋生。结果一看房价动辄一平方米十万元出头，一辈子为了一套房子，关键还买不起，怎不颤抖？”这些言论虽然有些尖锐，但仍然属于善意的玩笑，体现了网络的宽容度和自媒体写作的个性化。

在文章的结尾处，本文的作者不忘调侃幽默一把，“有人说，晃动，不自信的表现；晃而不倒，是自信的证明”。

六、比喻

比喻又称打比方，是写作中一种常用的修辞手法。它的特点是，利用两个事物的相似性和共同性，用一个事物去代替另外一个事物。通常，我们把要表达的某个事物称为“本体”，而把要代替它的事物称为“喻体”。为什么要用喻体去代替本体，主要原因是本体不够通俗，让人难以理解。

比喻的好处在于，借用一个非常形象和生动的喻体，来代替晦涩难懂的本体，这样既把抽象的事物简单化，把事情交代得清清楚、明明白白，又读起来风趣有味、形象生动，让人产生广泛的联想和想象。所以，用比喻的方式来写文章是一个好办法，需要写作者具有很强的文字功底，也需要他具有丰富的想象力和形象思维能力。

比喻的本体与喻体之间，有一个重要的原则，是它们的相似性。相似度越高，比喻就越贴切。因此，写作者需要有丰富的联想能力，借用一个有非常高相似度的喻体来代替本体。如果相似度不高，或者根本就没有相似度，那么这种比喻就让人莫名其妙了。

全球市场一夜换季，别怕！因为他们都没说清（节选）

2012 年 12 月 1 日　懒人听书 App　作者：许树泽

在一个水平如镜的湖边，有一群小动物，它们无忧无虑地在吃草、散步、戏水、打闹，特别幸福。这个时候，突然听到湖里面咕咚一声巨响，美好的画面被突然打破，在湖边吃草的兔子第一个听到，拔腿就跑，猎狗看见兔子在跑，它也跟着兔子跑，它问兔子说，你跑啥？兔子说，咕咚来了，少废话，赶紧跑！然后越来越多的动物看见它们在跑，也不问为什么，都跟着一起跑。一直到最后大家都跑不动了坐地上了才意识到，到底这是跑什么呢？问兔子，兔子说，咕咚来了，就在湖里。于是大象打头阵，大家一起壮着胆组团来到河边，才发现不过是一个木瓜“咕咚”一声掉到了湖里。

你看到现在全球市场一夜换季，由夏季来到冬天，美国股市扮演了故事中兔子的角色，它第一个跑了，然后是欧洲，中国香港是猎狗，跟着一起跑，一直演变成一场全球的大逃亡，比谁跑得快。可是有谁问过，这到底在跑什么呢？

在资本市场里，扮演“咕咚”的其实就是美联储。它隔三岔五地会出来拿加息吓唬人，来撩拨你的神经。会对你说，“咕咚”来了，你还不跑？听起来很可怕。其实本质上，它就是一个“咕咚”，就是一个木瓜呀。之所以这么讲，是因为美联储目前根本不会实质性加息。

什么叫实质性加息？1994 年一年内将基准利率从 3% 上调至 6%；1999 年一年内将利率从 4.75% 上调至 6.5%。2004 年，在两年里 17 次以每次 25 个基点的节奏加息，基准利率从 1% 上调至 5.25%。这才叫湖里的怪兽，否则都是咕咚。

为什么美联储不会实质性加息呢？首先要搞清楚加息的目的是什么。加息都是应对资产泡沫和经济过热的，比如20世纪80年代末，日本股市40,000点，东京都的楼价可以买下整个美国，这是典型的泡沫，所以需要加息来把脓包刺破。所以，加息对应着泡沫。

……

所以既然兔子美国，并没有以泡沫收场，那请问，实质性加息的必要在哪里？所以这不是咕咚是什么？

笔者点评：经济新闻是最难写的，因为它要涉及众多的经济原理、经济数据，一写就很容易死板，让人读起来感觉沉闷有余，活泼不足。许树泽是写作经济类报道的自媒体高手，他善于用风趣幽默的语言、形象生动的比喻来报道经济类新闻，把高深的经济现象和经济原理解释得通俗易懂。

《全球市场一夜换季，别怕！因为他们都没说清》这篇文章，把美联储推行实质性加息所达到的效果比喻成一个木瓜“咕咚”一声落在水里，结果引起森林里的动物们（比喻在股市上投资的全球投资者）一场慌不择路的逃跑。用一个形象的比喻，激发起大家浓厚的阅读兴趣之后，许树泽再列举基本的概念和数据，说明这只是一个吓唬人的“咕咚”，让人对美联储的实质性加息有所了解。

七、卖萌

要搞清卖萌，首先要知道什么是“萌”。

所谓的“萌”，是指人具有某种清纯可爱之处。一般作正面理解，天真、纯洁、可爱、有趣、新潮、有招人喜爱之处，或有招人喜爱的独特本领，都可以用“萌”来解释，比如“萌女郎”“萌老师”“萌学生”等。

那么，什么是“卖萌”呢，重点在一个“卖”字。卖，是指卖弄、炫耀、作秀，故意把自己的“萌”展示给别人看，以招人喜欢，或提高自己的影响力。

写作上的卖萌，是指把写作的重点，突出放在写作对象的“萌点”上。什么是萌点？就是那个人萌的特点，每一个人萌的特点都不一样，有的是清纯，有的是可爱，有的是有趣，有的是新潮。写作萌文章，一定要浓墨重彩地写对象的萌点，把萌点突显出来。

但“卖萌”，也可能作为贬义词来使用，有的人不萌装萌，没有萌却不自量力地弄出一个萌来炫耀。所以，在网络用语中，“卖萌”也常常作为无知和智商低下的贬义词来使用。

正面的卖萌文章，有助于凝聚极高的网络人气，形成网络热点。

请扫码阅读《“最萌”批卷女老师火了，“花式”评语萌翻众人，网友：想回学校》。

“最萌”批卷女老师火了，“花式”评语萌翻众人，网友：想回学校

笔者点评：这是一篇典型的卖萌的自媒体文章，老师在批改学生作业的时候，一改过去严肃死板的形象，变得非常和蔼可亲。比如，在学生作

业本上写下一些有热度的批语："今天的作业我喜欢！""请拿出你的真实水平！""认真就会有收获！"等等，给学生一些轻松有趣的花式评语，尤其是画上一些卡通画，给学生以亲切感，有效地拉近了老师与学生的距离。用"小清新""小可爱"的萌点，让学生改变对老师的刻板印象，即便自己有错误，也非常乐意去改正。

思考题

1. 什么是"自媒体"？
2. 自媒体有哪些形态？
3. 自媒体的传播特征是什么？
4. 自媒体主要有哪些修辞方式和写作技巧？

练习题

练习一

请扫码阅读《甘柴劣火》，写作一篇心得体会，字数不少于 800 字。

甘柴劣火

写作内容：

（1）自媒体人由于没有采访权，所以内容均来自以前媒体的新闻报道，这样的报道方式是否构成网络内容的侵权，谈谈你的看法。

（2）此篇文章在社会上引起强烈反响，但这篇文章中的内容传统媒体以前都报道过，却没有产生多少社会影响力，这个现象说明了什么？

（3）这篇新闻报道和传统媒体的报道相比，在写法上有创新吗？如果有，创新在哪里？

练习二

请就幽默、讽刺、反讽、自嘲、调侃、比喻、卖萌等修辞手法，在网上搜索相关例子，并进行点评，写作一篇 500 字左右的心得体会。